Gestion et esprit d'entreprise

Gestion et esprit d'entreprise

Guide à l'usage des chefs de PME

Geoffrey G. Meredith
Robert E. Nelson
Philip A. Neck

BUREAU INTERNATIONAL DU TRAVAIL
GENÈVE

Première édition 1982
Quatrième impression 1992

Meredith, G. G., Nelson, R. E., et Neck, P. A.
Gestion et esprit d'entreprise. Guide à l'usage des chefs de PME
Genève, Bureau international du Travail, 1982
/Guide/, /Formation à la gestion/, /Entrepreneur/, /Qualifications/, /Gestion/, /Petite entreprise/. 12.04.1
ISBN 92-2-202846-5

Titre de la version originale en anglais: *The practice of entrepreneurship* (ISBN 92-2-102846-1), Genève, 1982. Publié aussi en espagnol: *Lo que todo pequeño empresario debe saber* (ISBN 92-2-302846-9), Genève, 1982

Données de catalogage du BIT

Imprimé en Suisse ICO

AVANT-PROPOS

Le présent ouvrage s'adresse essentiellement aux chefs ou dirigeants d'entreprise, aux personnes qui souhaitent se lancer dans cette carrière et aux conseillers en gestion désireux d'améliorer leurs compétences dans le domaine de la direction d'entreprise.

Le Bureau international du Travail se préoccupe depuis assez longtemps déjà de développer l'activité d'entreprise. *Gestion et esprit d'entreprise* est cependant la première de ses publications qui soit expressément consacrée à ce sujet. Elle est l'œuvre de trois auteurs convaincus que leur travail comble une lacune de la bibliographie sur la question. Son contenu trouve sa confirmation dans la pratique et s'appuie sur des recherches autorisées.

L'ouvrage comprend trois parties. La partie I expose les caractéristiques de la personnalité et du comportement du chef d'entreprise. La partie II aborde les aspects financiers de la gestion, qui conditionnent le plus souvent le succès de l'entreprise. La partie III traite des rapports du chef d'entreprise avec le monde extérieur, notamment pour le recrutement du personnel, la commercialisation des produits et l'exploitation des ressources extérieures à l'entreprise.

Geoffrey G. Meredith dirige le Centre de recherche de gestion financière de l'Université de Nouvelle-Angleterre, à Armidale, Nouvelle-Galles du Sud (Australie). Robert E. Nelson est Président de la Division de l'enseignement des techniques de gestion de l'Université de l'Illinois, à Urbana, Illinois (Etats-Unis). Philip A. Neck, ancien chef de la Section du développement de la petite et moyenne entreprise au Service de la formation à la gestion (Service du perfectionnement des cadres dirigeants) du Bureau international du Travail, à Genève (Suisse), est actuellement directeur du Bureau de l'OIT à New Delhi (Inde). Tous trois sont des spécialistes du conseil en management et de la formation à la gestion, qui ont travaillé avec des entreprises appartenant à des branches très diverses des services, du commerce ou de l'industrie, en milieu rural et urbain. Ils ont eu eux-mêmes à mettre en pratique les principes qu'ils professent. Leurs activités pour le Bureau international du Travail ou d'autres institutions les ont amenés à travailler dans les pays développés comme dans les pays en développement d'Afrique, des Amériques, d'Asie, d'Europe, du Proche-Orient et d'Océanie. Le présent ouvrage est le fruit de leurs recherches et de leurs lectures, comme de leur expérience personnelle et de leur connaissance directe des chefs d'entreprise et de ceux avec qui ces derniers traitent.

Les auteurs tiennent à exprimer leur gratitude et leurs remerciements à tous ceux — collègues, chefs ou dirigeants d'entreprise, chercheurs — dont le concours a permis que cet ouvrage voie le jour.

TABLE DES MATIÈRES

Partie I. Les caractéristiques du chef d'entreprise

Partie III. L'utilisation rationnelle des ressources

PARTIE I

LES CARACTÉRISTIQUES DU CHEF D'ENTREPRISE

Avoir l'esprit d'entreprise, c'est savoir combiner dans une situation donnée les qualités personnelles, les moyens financiers et les autres ressources dont on dispose. Tout chef ou dirigeant d'entreprise doit posséder certaines caractéristiques particulières, que nous nous proposons d'exposer dans la partie I du présent ouvrage.

En effet, si chacun a son style propre, sa manière de posséder et de gérer son affaire, il existe bien des caractéristiques que vous pourriez souhaiter développer et qui seraient de nature à favoriser votre succès en affaires.

La partie I s'articule comme suit :

1. Avoir l'esprit d'entreprise
2. Etre un chef
3. Savoir prendre des risques
4. Savoir prendre des décisions
5. Savoir planifier
6. Faire bon usage de son temps

Les six chapitres de la partie I portent donc chacun sur une des principales qualités personnelles qui contribuent au succès d'un chef d'entreprise. Certes, faire montre de ces qualités est à la portée de tout le monde ou presque, mais seuls ceux qui ont l'entreprise dans le sang sauront en tirer parti pour réussir en affaires.

Avoir l'esprit d'entreprise, c'est être apte à percevoir et à peser les chances qui s'offrent, à trouver les ressources nécessaires pour les concrétiser et à prendre les mesures qui conviennent pour faire fructifier ces ressources.

C'est être un chef, car les qualités de chef sont indispensables pour bien gérer une affaire.

Le chef d'entreprise sait prendre des risques calculés et engage volontiers les paris qui l'exposent à des risques modérés.

Le chef d'entreprise a foi en lui-même et en sa capacité de prendre de bonnes décisions. Cette aptitude à la décision est d'ailleurs son signe distinctif.

Le chef d'entreprise doit consacrer une bonne part de son temps à la planification de ses affaires. Plus l'entreprise prend de l'extension, plus il importe de planifier.

Le temps est une valeur qu'il n'est pas possible de thésauriser et dont il faut user avec sagesse. Le chef d'entreprise doit faire un bon usage de son temps, et le secret de ce bon usage, c'est une meilleure organisation.

Les six chapitres de la partie I présentent des caractéristiques de la personnalité du chef d'entreprise que presque tout le monde possède à un certain degré et que l'on peut développer avec le temps. Parcourez ces chapitres en vous pénétrant de l'idée que vous pouvez prendre en main ces traits de votre personnalité et les utiliser de telle sorte que votre travail soit plus positif et plus en accord avec votre fonction. La conscience de l'influence positive que votre personnalité peut exercer sur vos affaires devrait vous encourager à développer le plus possible celles de vos qualités qui feront de vous un vrai chef d'entreprise.

AVOIR L'ESPRIT D'ENTREPRISE

1

Le chef d'entreprise est un homme qui sait déceler et apprécier les chances qui s'offrent dans les affaires, trouver les ressources nécessaires pour les mettre à profit et prendre les décisions propres à assurer le succès de l'action qu'il va entreprendre

Le chef d'entreprise est un homme d'action, fortement motivé, qui prend des risques pour atteindre ses objectifs. Les qualités et les traits caractéristiques énumérés ci-après esquissent le profil du chef d'entreprise :

Qualités	Traits caractéristiques
Confiance en soi	Sérénité Indépendance, personnalité Optimisme
Conscience claire de la tâche à accomplir pour obtenir le résultat escompté	Volonté de réussir Souci du profit Ténacité, persévérance, détermination Grande capacité de travail, allant, énergie Initiative
Aptitude à prendre des risques	Goût du risque Goût du défi
Aptitude au commandement	Comportement de chef Aisance dans les relations avec autrui Aptitude à faire son profit des suggestions, des critiques
Originalité	Capacité d'innover, créativité Souplesse (ouverture d'esprit) Débrouillardise Adaptabilité, aptitude à s'informer
Souci de l'avenir	Prévoyance Perspicacité

Dans cette liste figurent des traits que vous devez posséder ou développer en vous si vous désirez avoir l'esprit d'entreprise. Vous ne devrez pas nécessairement les posséder tous, mais plus vous en réunirez, plus grande sera votre chance d'être un bon chef d'entreprise.

Vous remarquerez que nombre de ces traits sont étroitement interdépendants : l'homme qui a confiance en lui-même est probablement prêt à assumer la responsabilité de ses décisions, à prendre des risques et à devenir un chef.

Tous les chefs d'entreprise ne se ressemblent pas entre eux, que ce soit par les dix-neuf traits énumérés plus haut ou par leurs qualités individuelles. Ils sont souvent fort différents les uns des autres : certains sont distants et arrogants, d'autres sont chaleureux et amicaux ; d'autres encore sont réservés et timides. Il est toutefois évident qu'en tant que catégorie sociale, les chefs d'entreprise, par leur personnalité et leur savoir-faire, se distinguent nettement des autres gens.

Il est peu probable que vous rencontriez jamais un chef d'entreprise qui réunisse au plus haut degré les dix-neuf caractéristiques précitées. En revanche, il y a de fortes chances pour que les chefs d'entreprise que vous croiserez dans l'existence possèdent dans une large mesure la plupart d'entre elles, notamment la confiance en soi, l'aptitude à prendre des risques, la souplesse, le goût prononcé de la réussite et un grand besoin d'indépendance

LA PHILOSOPHIE DU CHEF D'ENTREPRISE

Votre succès de chef d'entreprise sera plus ou moins conditionné dans la mesure où vous assumerez la responsabilité de votre travail. Pour poursuivre des objectifs conformes à ce que vous désirez le plus dans la vie, il vous faudra beaucoup apprendre sur vous-même. Votre pouvoir émane de votre propre action plus que de celle des autres. Bien que l'échec soit toujours possible, le chef d'entreprise prend les risques et assume la responsabilité de ses actes. L'échec doit être accepté comme une leçon. Certains ne parviennent au succès qu'après une succession d'échecs. Grâce à ce que vos expériences vous auront appris, vous maintenez vos actes de manière à en obtenir des résultats plus positifs, et le succès couronnera votre persévérance dans l'effort.

Fixez-vous des objectifs en rapport avec votre savoir et vos aptitudes. Acceptez-vous tel que vous êtes et efforcez-vous de mettre en relief vos qualités maîtresses et de ne pas laisser paraître vos faiblesses. Si vous suivez la voie que vous vous êtes tracée avec franchise et détermination, vous avez de bonnes chances d'obtenir des résultats positifs. En vous concentrant sur vos objectifs, vous mettrez en valeur vos meilleures qualités. Lancez-vous dans les actions qui vous tiennent à cœur, en choisissant celles que vous pouvez réussir le mieux.

Rares sont ceux qui, dans l'action, sont conscients de la marge réelle de manœuvre dont ils disposent. La perfection est certes l'idéal, mais le plus souvent ce n'est pas un objectif réaliste pour un chef d'entreprise. Mieux vaut se contenter de résultats acceptables que s'entêter à attendre des résultats parfaits. Cette obstination excessive ne peut que freiner votre progression et entraver votre développement.

LA PERSONNE DU CHEF D'ENTREPRISE

Tout homme est unique, nul n'est absolument semblable à un autre. Chacun a une expérience propre, vit des situations qui lui sont propres, assume ses propres obligations et responsabilités, se fixe ses propres objectifs dans la vie.

En général, le passé professionnel d'un chef d'entreprise est riche et divers, et c'est lui qui conditionne sa situation présente dans la vie. Le plus souvent, l'intéressé s'est appliqué à suivre l'exemple d'un autre chef d'entreprise, vraisemblablement son aîné. Cette imitation du «modèle du rôle» prépare l'acquisition des comportements et des qualités de chef.

Le poste que vous occupez actuellement, votre situation financière et familiale, d'autres facteurs aussi contribuent à façonner votre comportement de dirigeant. Vous avez des obligations diverses, vis-à-vis de vous-même et des autres, de votre épouse, de votre famille, de votre employeur éventuel ou de vos subordonnés, de vos amis et des autres membres de la collectivité. Si vos obligations et responsabilités extra-professionnelles sont trop nombreuses, votre tâche de chef ou de dirigeant d'entreprise ne s'en trouvera pas facilitée. Quand vous dressez vos plans d'avenir, soyez réaliste dans les choix que vous faites à propos de vous-même, en sachant distinguer entre ce qui peut être changé et ce qui ne peut l'être. Vos expériences passées devraient vous aider à mieux comprendre votre situation présente.

Presque toujours, le chef d'entreprise s'est fixé des objectifs et nourrit des espoirs précis. Plus vos objectifs seront nettement délimités, plus vous aurez de chances de les atteindre. A la colonne 1 de la figure 1, vous trouverez énumérés quelques-uns des facteurs de votre vie que vous devrez considérer pour mieux comprendre qui vous êtes et où vous allez. Les données que vous inscrirez dans les trois colonnes qui suivent vous aideront à déterminer les objectifs que vous souhaitez vous fixer en relation avec chaque facteur, à faire le point de votre situation au regard de chaque objectif et à décider de ce qu'il convient de faire pour l'atteindre. La liste des facteurs mentionnés dans la figure 1 n'est certes pas exhaustive et il vous faudra la compléter vous-même. Après avoir rempli les colonnes de ce tableau, vous serez mieux à même de vous considérer comme une personne intégrée. Mieux vous intégrerez vos divers buts dans la vie, plus grande sera votre compétence de chef d'entreprise.

Figure 1. Tableau des facteurs de votre vie de chef ou dirigeant d'entreprise

Facteur	Objectif visé	Situation présente	Action projetée pour atteindre l'objectif
Progression dans la carrière			
Extension de l'affaire			
Situation financière			
Bien-être physique			
Education			
Situation de famille			
Amitiés			
Service à la collectivité			
Epanouissement personnel			
Débouchés professionnels			
Sécurité			
Autres facteurs :			

Vous devez être disposé à tirer les leçons de l'expérience et à évoluer avec le temps. Votre intérêt pour les méthodes nouvelles susceptibles d'accroître votre propre productivité doit toujours être en éveil. Le souci constant de votre progrès personnel est un des principaux facteurs de votre succès

SACHEZ GÉRER VOTRE CARRIÈRE

Etre chef ou dirigeant d'entreprise, ce n'est pas seulement une profession ou une carrière : c'est tout un mode de vie, et certains principes pourront influencer votre stratégie de carrière dans l'exercice de vos fonctions. Vous devez faire preuve de souplesse et d'imagination, être capable de planifier, de prendre des risques, des décisions et des mesures en vue d'atteindre vos objectifs. Vous devez être à la fois réaliste et tourné vers l'avenir. Vous devez être prêt à faire face aux situations de conflit, de changement et d'ambiguïté. Cela exigera de vous que vous vous analysiez vous-même dans vos rapports avec le milieu où vous devrez travailler.

Vous devrez fixer l'ordre de priorité de vos objectifs de carrière en rapportant les résultats souhaités à des finalités quantifiables et signifiantes. Vos objectifs doivent vous stimuler et vous inciter à apprendre et à aller de l'avant. Vous apprendrez mieux si ce que vous faites vous intéresse et si vous vous êtes assigné des objectifs définis de façon précise.

Vous devez juger vos propres qualités avec réalisme. Les réponses que vous ferez aux questions ci-après vous renseigneront sur votre personnalité et sur les qualités qui peuvent faire de vous un vrai chef d'entreprise :

- ☐ Votre travail vous oblige-t-il à vous fier à vous-même ?
- ☐ Etes-vous généralement automotivé pour la réalisation d'un objectif ?
- ☐ Travaillez-vous facilement avec d'autres ?
- ☐ Lorsque vous faites partie d'un groupe, jouez-vous généralement un rôle dirigeant ?
- ☐ Saisissez-vous les occasions d'enrichir vos connaissances par une lecture ou par la fréquentation de cours ?
- ☐ Savez-vous communiquer avec autrui ?
- ☐ Savez-vous écouter ?
- ☐ Vos réalisations attestent-elles votre progrès personnel et professionnel ?
- ☐ Avez-vous bonne opinion de vous-même ?
- ☐ Quels objectifs vous assignez-vous ?
- ☐ Ces objectifs sont-ils pour vous un stimulant ?
- ☐ Prenez-vous vos décisions facilement et avec assurance ?

Un aspect important de l'esprit d'entreprise se rattache au fait d'être utile aux autres. Plus le produit ou le service que vous offrez est nécessaire au public, plus vous vous sentirez récompensé. Si vous travaillez pour aider autrui, pour élever son niveau de vie et améliorer ses conditions d'existence, vous contribuerez à satisfaire les besoins de la société. C'est cela être un vrai chef d'entreprise

LA BONNE ATTITUDE VIS-À-VIS DE VOTRE CARRIÈRE

Les chefs ou dirigeants d'entreprise ont en commun certaines qualités qui se prêtent à une gamme étendue de carrières. Une réflexion sur les facteurs énumérés ci-après vous aidera à adopter l'attitude qui convient vis-à-vis de la carrière que vous aurez choisie :

- ☐ Choisissez une carrière qui vous laisse la liberté de vous exprimer de façon créatrice tout en favorisant votre progrès personnel et professionnel. Ne sous-estimez ni vos aptitudes ni vos talents.
- ☐ Au seuil de votre carrière, prenez modèle sur des personnes qui ont réussi dans le même genre d'activité. Quand vous aurez compris ce qui a fait leur réussite, mettez en œuvre les mêmes moyens pour conduire votre carrière à votre façon ; ne suivez pas aveuglément leur exemple. Concentrez vos efforts sur telle ou telle des qualités qui ont fait leur succès. Cultivez, par une pratique quotidienne, les aspects que vous jugez positifs.
- ☐ Cherchez à savoir tout ce qu'il est possible d'apprendre au sujet de la carrière que vous aurez choisie. Ce bagage fera de vous un expert dans votre branche.
- ☐ Cherchez toujours à vous perfectionner. Sachez vous satisfaire de ce que vous avez accompli, mais fixez-vous de nouveaux objectifs pour l'avenir, afin de vous inciter à progresser.
- ☐ Tout change sans cesse, vous devez donc vous-même changer.
  Acceptez le changement et mettez-le à profit pour vous inciter à atteindre des objectifs plus élevés.
- ☐ Tournez-vous vers l'action. Ce n'est que par l'action que vous pourrez saisir dans votre carrière les nouvelles occasions qui vous conduiront à de nouveaux succès.
- ☐ Ayez nettement conscience de vos points forts et de vos points faibles. Faites valoir les premiers sans perdre trop de temps à corriger les seconds. Reconnaissez vos faiblesses et compensez-les en faisant appel à d'autres ressources.

- ☐ Observez une routine dans votre activité quotidienne, afin de vous ménager plus de temps pour votre rôle de gestion. La routine consomme moins d'énergie que les activités qui s'en écartent ; c'est pourquoi l'établissement d'un ordre routinier dans votre travail journalier vous aidera à consacrer plus de temps et d'énergie aux tâches de création et de gestion proprement dites.
- ☐ Acceptez la responsabilité de veiller au succès de toute opération dans laquelle vous êtes personnellement engagé. Assumez avec réalisme les responsabilités comme les inconvénients d'une situation.
- ☐ Sachez combiner les qualités uniques de ceux qui travaillent pour vous afin d'en tirer le plus grand avantage. Votre succès dépend aussi de vos collaborateurs.
- ☐ Manifestez votre confiance en vous-même et en votre personnel. Vous devez faire fond sur le talent de vos collaborateurs et sur leurs succès.
- ☐ Votre apparence extérieure influe sur l'opinion que vous avez de vous-même. Si vous en êtes satisfait, vous vous sentirez à l'aise. Selon votre apparence, les autres vous opposeront une réaction positive ou négative. En soignant votre apparence, vous raffermirez votre opinion de vous-même et l'impression que vous produirez sur les autres.
- ☐ Pour réussir en affaires, il faut savoir décider. C'est le plus souvent au vu d'informations fragmentaires qu'on est appelé à prendre une décision. Lorsqu'une situation exige qu'une décision soit prise, vous devez être prêt non seulement à la prendre, mais encore à veiller à son exécution.
- ☐ Vivez au présent et ne perdez pas votre temps à faire revivre vos échecs passés. Croyez en un avenir d'expériences positives et enrichissantes.

> Le meilleur moyen pour vous de garder l'esprit d'entreprise c'est d'adopter une attitude positive. Il vous faudra aussi de la détermination, de l'expérience, de la ténacité et, plus prosaïquement, de la puissance de travail

VOS ATTITUDES MENTALES

Les chefs d'entreprise ont une vision saine de la vie. Leur maturité d'esprit leur permet d'en considérer les péripéties de façon équilibrée. Les suggestions qui suivent vous aideront à choisir l'attitude mentale qui convient à chaque situation :

- ☐ Un chef d'entreprise est un homme qui sait tirer satisfaction de son travail et qui est fier de ce qu'il réalise. Adoptez une attitude mentale positive vis-à-vis de votre travail car votre succès en dépend.

- ☐ Votre intelligence est un outil efficace. Si vous ménagez chaque jour un certain temps à la réflexion, vous vous habituerez à approfondir les questions.
- ☐ La plupart des gens se bornent à penser à leurs problèmes et à leurs activités au jour le jour. Mettez votre imagination à contribution pour élargir le champ de votre réflexion et voir «grand». Ceux qui voient grand ont l'esprit d'entreprise et sont des chefs en puissance dans la collectivité ou dans le monde des affaires.
- ☐ Le sens de l'humour aide à garder une attitude mentale saine. Trop de sérieux peut être malsain et nuire à votre travail. L'humour agit sur les autres et les incline à l'optimisme. De plus, il détend l'atmosphère.
- ☐ Mentalement, vous devez être très organisé et pouvoir vous concentrer sur plusieurs problèmes à la fois. Vous devez pouvoir déplacer votre attention d'une préoccupation à une autre avec le minimum d'effort.

> Il est de la plus haute importance d'observer l'attitude mentale qui convient dans le travail. Les chefs d'entreprise qui réussissent sont des hommes qui aiment ce qu'ils font et s'y consacrent tout entiers. Leur attitude mentale positive fait de leurs tâches une activité stimulante et intéressante, source de multiples satisfactions

L'IMPORTANCE DES ATTITUDES

La plupart des gens se laissent dicter leur attitude par les circonstances, alors que le chef d'entreprise se sert de la sienne pour agir sur l'événement. Une attitude mentale positive vous aidera à concentrer vos énergies sur l'activité ou la circonstance que vous aurez choisie, et sur les résultats que vous entendez obtenir. Même vos expériences négatives vous procureront certains acquis positifs. Vous devez vous imposer une attitude mentale positive vis-à-vis de tout événement et chercher à tirer parti de toute situation.

Il faut du temps pour se forger une attitude mentale positive. Les facteurs énumérés ci-après ont leur utilité pour y parvenir :

- ☐ Ne vous engagez que dans des activités positives.
- ☐ Choisissez pour votre travail des objectifs positifs.
- ☐ Associez-vous avec des gens qui pensent et agissent en chefs d'entreprise. Il est probable que vous acquerrez quelque chose de la façon de penser et d'agir des personnes qui vous entourent ainsi que certaines de leurs caractéristiques.
- ☐ Fuyez les pensées et les idées négatives.

- ☐ Reconnaissez que c'est vous qui gouvernez votre esprit et mettez-le à contribution de façon productive.
- ☐ Soyez toujours en alerte, prêt à saisir les occasions d'améliorer votre situation, qu'il s'agisse de votre vie privée, de votre vie professionnelle ou de votre vie communautaire.
- ☐ Ne craignez pas de renoncer à une idée qui ne produit pas les résultats escomptés. Mieux vaut changer de cap que s'entêter sur un projet mal engagé.
- ☐ Le milieu où vous évoluez influe sur votre performance. S'il ne répond pas à vos besoins, transformez-le ou quittez-le pour un autre plus positif et plus propice à la réalisation de vos projets.
- ☐ Ayez fois en vous-même et en vos capacités. Le succès sourit à ceux qui croient en leurs talents et qui les exploitent sans réserve.
- ☐ Délivrez-vous de la tension mentale dans l'action. Concentrez votre réflexion sur un problème particulier. Une fois que vous avez pris votre décision, faites ce qu'il faut pour le résoudre. Efforcez-vous de résoudre les conflits psychologiques le plus rapidement possible.

En ce qui concerne ce dernier point, il ressort de recherches récentes qu'une des qualités majeures du chef d'entreprise efficace est son aptitude à prendre de bonnes décisions dans des conditions de grande tension. Diriger dans des situations de stress persistant exige une bonne santé mentale et physique. On a beaucoup écrit à ce sujet. Pour combattre le stress, il faut respecter certains principes de base : manger et boire avec modération ; prendre assez de repos et assez d'exercice ; s'abstenir de fumer ; séparer «l'important» de «l'urgent» et des «autres choses à faire», puis s'attaquer aux questions «importantes» en premier lieu, en s'engageant soi-même dans l'action au lieu de se faire du souci ; élaborer des plans de rechange en prévision de ce qui peut arriver de «pire», de ce qui peut arriver de «mieux» et de ce qui arrivera «probablement»[1]. Il faut se rappeler qu'un bon moyen de réduire le stress est de prendre le temps de planifier son travail et de faire l'effort de s'en tenir à son plan.

> En observant d'autres chefs d'entreprise, leurs paroles et leurs actes, on comprend mieux leurs attitudes mentales. Les attitudes positives contribuent fortement aux réalisations heureuses. La manière d'agir des chefs d'entreprise est fonction de ce qu'ils pensent d'eux-mêmes et du milieu dans lequel ils évoluent

[1] Voir l'ouvrage publié sous la direction de Milan Kubr : *Le conseil en management - Guide pour la profession* (Genève, BIT, 1978), chap. 2, p. 244.

LES HABITUDES

Il n'est pas facile de prendre de bonnes habitudes, mais une fois qu'on a fait l'effort de les acquérir, elles constituent un atout précieux. Nombre de dirigeants de haut niveau se sont habitués à commencer le travail de très bon matin.

Se lever deux ou trois heures plus tôt que de coutume peut être un moyen de devenir plus productif. Cela peut exiger un gros effort et même constituer un obstacle. Toutefois, si vous parvenez à vous y tenir tous les jours pendant un mois, l'habitude sera prise.

Pour mettre à profit le temps du petit matin, vous aurez peut-être intérêt à décider de son utilisation la veille au soir. Cela vous incitera à prendre une autre habitude excellente qui consiste à planifier chaque soir les activités importantes du lendemain, avant de vous abandonner au sommeil.

Si, au bout d'un mois, vous souhaitez garder l'habitude que vous venez de prendre, il est plus que probable que vous ne le regretterez pas et qu'elle exercera une influence déterminante sur votre performance future.

Si vous avez compris que vous êtes responsable de vos actes, vous devriez être prêt à changer vos habitudes pour tenir compte de vos objectifs futurs. Il peut être nécessaire de substituer de nouvelles habitudes aux anciennes pour mieux assurer votre succès futur.

Beaucoup de gens rêvent d'être quelqu'un d'autre, de faire autre chose. Beaucoup de gens voudraient mener une autre vie, mais peu s'y décident réellement. Il existe pourtant des gens qui sont prêts à prendre des risques pour améliorer leur situation. Saisir les occasions de progresser dans la vie : c'est une caractéristique de l'esprit d'entreprise. Le chef d'entreprise est un homme dont la vie est en constant mouvement, en constant développement. Une attitude positive, une saine confiance en soi-même : ce sont là deux traits essentiels de tout chef d'entreprise

ÊTRE UN CHEF

2

La performance globale d'une entreprise dépend surtout des attitudes et des actes de celui qui la conduit. Votre efficacité de chef se mesure aux résultats que vous obtenez

Les patrons d'entreprise qui réussissent sont des chefs capables ; peu importe que les effectifs sur lesquels s'exerce leur autorité se comptent par unités ou par centaines. De par la nature de leur travail, ils sont chefs, parce qu'ils doivent chercher des occasions, lancer des projets, réunir les ressources humaines, financières et matérielles nécessaires à l'exécution de leurs projets, fixer des objectifs pour eux-mêmes et pour les autres, diriger et guider les autres dans la réalisation de ces objectifs.

Savoir trouver les meilleurs moyens d'accomplir la tâche, c'est être un chef efficace. Vous pouvez espérer réussir en tant que chef si vous croyez à la nécessité de progresser constamment et d'améliorer le rendement, et si vous avez foi en la réussite de votre entreprise.

COMMENT DÉVELOPPER VOS QUALITÉS DE CHEF

Les qualités de chef ne sont pas les mêmes chez tous les individus ; c'est pourquoi chacun doit développer celles qui lui sont propres. Vous sachant responsable de votre aptitude à commander, vous aurez plus à cœur de la développer. Il n'existe pas de méthode universelle pour devenir un chef. Chaque dirigeant a élaboré son propre style de direction. Si vous cherchez à suivre servilement l'exemple d'un autre dirigeant de renom, ou à acquérir une série de qualités idéales, vous ne parviendrez jamais à mettre tout à fait en valeur vos propres talents de chef.

Votre personnalité doit contribuer à influencer votre comportement de chef. Le poste que vous occupez actuellement devrait vous offrir un certain nombre d'occasions de pratiquer l'art de commander. Les situations nées de vos activités quotidiennes et de vos relations avec votre personnel vous fourniront prétexte à vous perfectionner dans le rôle de chef. Savoir exploiter les occasions de manifester vos capacités de commandement dans votre activité de tous les jours est un bon moyen de vous rompre à l'exercice de l'autorité. Cela vous préparera à assumer de plus hautes fonctions de direction.

En tant que chef, vous êtes avant tout responsable du perfectionnement de votre personnel. Efforcez-vous de l'utiliser le plus efficacement possible. Les travailleurs étant le bien le plus précieux d'une entreprise, vous devez déterminer comment il est possible d'améliorer la performance de chacun d'entre eux. Cela fait, vous serez en mesure de leur ménager les occasions de développer et d'améliorer leurs qualifications. Il vous appartient aussi d'évaluer les résultats de vos collaborateurs ainsi que leur part au succès de l'entreprise, pour déterminer les autres tâches ou responsabilités que vous pourriez leur confier à l'avenir.

Plus vous vous consacrerez à votre tâche de chef, plus vous devrez pouvoir compter sur votre personnel et lui déléguer une part importante de vos responsabilités. La délégation de pouvoirs développe la confiance en soi et en vous dont votre personnel a besoin pour donner toute sa mesure dans son travail. Quand votre personnel aura donné toute sa mesure, vous-même aurez donné votre mesure de chef.

L'art d'être un chef consiste pour une large part en une attitude que l'on reconnaît dans la façon dont les dirigeants accomplissent leur travail. Le plus souvent, un chef accepte aisément les défis, les entreprises qui promettent un grand succès moyennant de grands risques. Un chef appréhende globalement la tâche à accomplir et n'hésitera pas à recourir à des moyens novateurs pour la réaliser.

«Traitez les autres comme vous voudriez que l'on vous traite» est un précepte clé de l'art de commander. Cherchez à voir la situation avec les yeux des autres et vous vous habituerez plus aisément à accorder à vos interlocuteurs la considération qu'ils attendent de vous. Si vous avez les qualités d'un chef, vous répondrez «oui» aux questions suivantes :

- ☐ Etes-vous porté à entraîner les autres plutôt qu'à les suivre ?
- ☐ Les autres recherchent-ils vos directives et vos conseils ?
- ☐ Etes-vous capable de lancer des idées nouvelles et de les faire passer dans les faits ?
- ☐ Prenez-vous une part active dans la vie communautaire ?
- ☐ Vous efforcez-vous sans cesse d'améliorer vos qualités maîtresses et de vaincre vos faiblesses ?
- ☐ Organisez-vous votre temps et votre action selon des critères d'efficacité ?
- ☐ Suivez-vous un plan ou un programme précis pour améliorer vos qualités de chef ?

- ☐ Laissez-vous les autres vous aider à atteindre vos objectifs ?
- ☐ Tirez-vous la leçon de vos erreurs ?
- ☐ Avez-vous le souci du résultat et terminez-vous ce que vous avez commencé ?
- ☐ Usez-vous de votre pouvoir de chef pour aider autrui ?
- ☐ Les autres ont-ils confiance en vos capacités ?
- ☐ Les avis des autres vous aident-ils à prendre vos décisions ?
- ☐ Etes-vous capable de traiter avec autrui de façon efficace ?
- ☐ Apportez-vous des modifications à une opération en cours pour rendre votre affaire plus efficace ?
- ☐ Déléguez-vous vos pouvoirs et vos responsabilités à votre personnel ?
- ☐ Partagez-vous vos succès avec votre personnel ?

Approfondissez avec soin chacune des questions qui précèdent et cherchez à vous rappeler au moins deux occasions que vous avez eues de faire la preuve de vos qualités de chef dans les deux derniers mois.

> Plus vous gagnerez en expérience dans le rôle de chef, plus votre emploi du temps sera rationnel, plus votre personnel sera performant et plus le volume de votre production se développera. Tous ces résultats sont quantifiables

LE STYLE DU CHEF

Le style du chef peut revêtir deux formes : *a)* la direction centrée sur la tâche à accomplir (fixer les objectifs, planifier le travail et gérer l'exécution pour atteindre les objectifs) ; *b)* la direction centrée sur les personnes (susciter et fortifier les motivations, animer les relations humaines).

La direction centrée sur la tâche

Le chef conscient de la nécessité d'un tel style de direction adopte le comportement suivant :

- ☐ Il définit de façon précise son propre rôle et celui de chacun des membres de son personnel.
- ☐ Il fixe des objectifs ambitieux, mais néanmoins accessibles, et veille à ce que chacun sache ce que l'on attend de lui.
- ☐ Il établit des moyens de mesurer le progrès accompli en direction de l'objectif fixé et le degré de réalisation de cet objectif, ce qui suppose que les objectifs sont définis de façon univoque et avec précision.

- ☐ Il exerce son autorité dans la planification, la direction, l'orientation et la surveillance d'activités axées sur des objectifs.
- ☐ Il agit pour accroître la productivité.

Les chefs les moins doués pour cette forme de direction sont en général peu enclins aux initiatives axées sur des objectifs, comme la planification ou la programmation. Ils préfèrent travailler parmi leur personnel sans se prévaloir de leur fonction de chef et d'organisateur.

La direction centrée sur la personne

Les chefs prédisposés aux comportements qui vont de pair avec cette forme de direction témoignent généralement des qualités suivantes :

- ☐ Ils se préoccupent d'entretenir l'harmonie dans leur affaire et de réduire les tensions quand il s'en produit.
- ☐ Ils s'inquiètent des travailleurs en tant qu'hommes plutôt qu'en tant que moyens de production.
- ☐ Ils comprennent et respectent les besoins, les aspirations, les désirs, les sentiments et les idées des membres de leur personnel.
- ☐ Ils établissent avec leur personnel une communication dans les deux sens.
- ☐ Ils appliquent le principe de la récompense pour améliorer le travail de chacun (principe selon lequel la fréquence des comportements récompensés doit augmenter) tandis que celle des comportements non récompensés (c'est-à-dire sanctionnés) diminuera.
- ☐ Ils délèguent leurs pouvoirs et leurs responsabilités, favorisant l'esprit d'initiative.
- ☐ Ils créent une atmosphère de travail d'équipe et un esprit de collaboration avec la maison.

Les chefs peu enclins à cette forme de direction entretiennent avec leurs travailleurs des relations impersonnelles et sans chaleur, mettant l'accent sur le rendement individuel et sur l'esprit de compétition plutôt que sur l'esprit de collaboration ; ils ne délèguent ni leurs pouvoirs ni leurs responsabilités.

Les champions de la direction centrée sur la personne ne sont pas nécessairement cordiaux ou sociables, mais plutôt capables d'efficacité dans leurs relations avec des personnes de mentalité différente. Les plus doués sont passés maîtres dans l'art des relations humaines. Ils conseillent, coordonnent, orientent et suscitent l'action de leur personnel plus qu'ils ne le critiquent, le désapprouvent ou le jugent. Ils obtiennent par la persuasion plutôt que par la sanction. Ils exercent une influence et une autorité qui sont fortes, mais d'une manière qui ne heurte pas.

Les chefs très portés à la direction centrée sur la personne possèdent notamment les qualités suivantes :

- ☐ Ils ont nettement conscience des besoins, objectifs, valeurs, limites et capacités qui sont les leurs.

- ☐ Ils perçoivent les besoins des autres et les aident à les satisfaire. En communiquant avec leur personnel, les chefs peuvent orienter leur action plus efficacement, de telle sorte que les objectifs de l'entreprise et les besoins du personnel soient également satisfaits.
- ☐ Ils savent apprécier des valeurs et des modes de vie différents des leurs. Ils sont disposés à entretenir des relations avec des personnes très différentes d'eux-mêmes et capables de le faire.
- ☐ Ils suscitent l'engagement de leurs collaborateurs vis-à-vis de la réalisation des objectifs de l'entreprise par la compréhension de leurs besoins, la délégation de pouvoirs et le partage des responsabilités.
- ☐ Ils possèdent l'art de communiquer : ils savent écouter, poser des questions, débattre d'un sujet, soutenir une argumentation et exploiter les informations reçues pour inciter leur personnel à s'engager dans l'action.

> Encore qu'il existe une infinie variété de styles de direction, la grande majorité des chefs d'entreprise sont de fervents adeptes de la direction centrée sur la tâche à accomplir. Toutefois, ceux dont le succès ne se dément pas à la longue sont également experts dans l'art de la direction centrée sur la personne

CONDUIRE LES AUTRES

Un chef doit savoir obtenir des résultats en travaillant avec les autres. Vous devez être capable de voir une situation comme la voient ceux que vous dirigez. C'est en cela que l'art de commander est humaniste : vous devez vous préoccuper des sentiments et des comportements des autres et non pas être mû par vos seules motivations personnelles. C'est sur vos actes que l'on jugera votre aptitude à diriger. Si vous respectez vos collaborateurs et les traitez comme faisant partie intégrante de votre entreprise, ils auront vraisemblablement pour vous la même considération.

Certains des problèmes les plus ardus auxquels il vous incombera de faire face, en tant que chef, mettront en cause vos collaborateurs. Aux prises avec un problème de personnel, posez-vous cette question : «Si j'étais à la place de ce collaborateur, comment voudrais-je que l'on me traite ?» Votre réponse vous fournira l'information dont vous avez besoin pour prendre la bonne décision. C'est cette décision qui révélera la mesure dans laquelle vous tenez votre personnel pour le bien le plus précieux de votre entreprise.

Le souci de l'élément humain dans votre travail importe peut-être tout autant que les salaires que vous versez à votre personnel. Il ne vous en coûtera rien d'être un chef soucieux de la qualité des rapports humains et vous en retirerez peut-être un très grand profit. Ainsi, rien ne vous est plus facile que de vanter les mérites de vos collaborateurs, qui y attachent quant à eux le plus grand prix. Ne ménagez pas vos éloges : ils seront pour votre personnel un puissant encouragement à améliorer son travail.

Un chef se soucie toujours de prendre les initiatives propres à servir les intérêts de son entreprise. Si vous agissez en créateur et en novateur, vous prouverez que vous vous préoccupez d'améliorer la situation de votre entreprise.

Vos actes doivent attester votre volonté d'innover pour accroître votre efficacité dans tout ce que vous faites. Exigez beaucoup de vous-même. On a coutume de modeler son comportement sur celui de ses supérieurs et, dans une entreprise, il importe que tous ceux qui exercent une fonction d'autorité exigent d'abord beaucoup d'eux-mêmes. Plus élevé est le poste, plus celui qui l'occupe doit être conscient de la responsabilité qui lui incombe et doit l'assumer, qu'il s'agisse de ses propres actes ou de ceux de ses collaborateurs. Manifestez vous-même dans le travail l'enthousiasme que vous attendez d'eux. Votre personnel s'inspirera sans doute de vos habitudes de travail : soyez donc un exemple.

> Si vous voulez être un chef efficace, efforcez-vous de voir avec les yeux de ceux qui sont sous vos ordres. Avant de prendre aucune décision qui les touche, demandez-vous comment ils vont réagir. Vous devez être capable de vous mettre à leur place et d'imaginer ce qu'ils ressentent

SAVOIR DIRIGER ET MOTIVER

Un chef d'entreprise doit savoir motiver son personnel. Certains y parviennent par l'exemple d'un travail acharné, mais ceux qui obtiennent les meilleurs résultats sont ceux qui sont habiles à pratiquer la direction centrée sur la personne. Vous trouverez ci-après quelques-unes des méthodes auxquelles recourent les tenants de cette façon de faire. Vous arrive-t-il souvent de mettre vous-même ces méthodes en pratique ?

- ☐ *Entretenez chez vos collaborateurs la bonne opinion qu'ils ont d'eux-mêmes.* Plus haute sera cette opinion, plus votre personnel fera du bon travail dans les situations de direction centrée sur la tâche. En conséquence, donnez à vos collaborateurs confiance en eux-mêmes, félicitez-les lorsqu'ils ont bien travaillé et faites-leur comprendre que vous comptez sur eux pour donner le meilleur d'eux-mêmes. On cherche presque toujours à se hisser à la hauteur de son rôle.
- ☐ *Informez votre personnel.* Faites l'effort d'expliquer à vos collaborateurs le but que vous vous êtes fixé. Une bonne communication interne est

indispensable au succès de l'entreprise. Rares sont ceux qui sont prêts à s'engager à fond sans savoir à quoi ils travaillent. Un chef digne de ce nom exposera à ses collaborateurs les raisons pour lesquelles l'entreprise se lance dans telle ou telle activité. Votre personnel doit non seulement savoir en quoi consiste la tâche que vous voulez mener à bien, mais aussi comment le travail doit être exécuté.

☐ *Déléguez vos pouvoirs et vos responsabilités.* Un chef sait comment déléguer ses pouvoirs et ses responsabilités. Votre affaire, c'est d'aboutir à des résultats, mais vous ne pouvez faire tout vous-même. Le chef doit être capable de se fier aux autres pour atteindre son but. Une fois qu'ils s'en sont montrés capables, vos collaborateurs doivent être laissés libres de prendre des décisions, de les mettre en pratique, de se tromper, de corriger leurs erreurs et d'arriver au but sans être soumis de votre part à un contrôle constant. Si vos collaborateurs vous abandonnent pour chercher un autre emploi, cela peut signifier que vous ne leur ménagez pas assez d'occasions de mettre en valeur leurs talents. Tout collaborateur est un bien précieux pour l'entreprise et il appartient au chef de tirer tout le parti possible des ressources humaines dont il dispose.

☐ *Gardez le contact.* Usez de vos qualités de chef pour entretenir des contacts personnels avec vos proches collaborateurs. Soyez conscient de leurs traits de caractère, de leurs aptitudes et de ce que vous pouvez en attendre. Les contacts personnels vous assurent de pouvoir tirer le meilleur parti des talents de chacun.

☐ *Analysez les problèmes, pas les personnes.* Ne dites pas qu'un travail mal fait dénote la «mauvaise volonté» ou le «manque d'intérêt». Allez au cœur du problème. Si votre secrétaire vous donne à signer des lettres qu'elle n'a pas corrigées, faites-lui remarquer qu'elle doit se relire avant de rendre le courrier, mais ne lui dites pas : «pourquoi faites-vous cela ?» ou «on voit bien que vous ne vous intéressez pas à ce que vous faites». Ce genre de remarque entame la bonne opinion qu'elle a d'elle-même et ne fait que compliquer le problème. De même, si votre représentant ne voit plus que trois clients par jour au lieu de cinq, intervenez sur le fond du problème. Ne lui dites pas : «Que se passe-t-il ? Vous qui aviez tant d'allant, qu'avez-vous fait de votre verve ?», mais plutôt : «Il faut voir plus de clients, passer de trois à cinq par jour. Voyons ensemble comment faire.» Il peut arriver bien sûr qu'il faille approfondir la question. Si par exemple votre représentant est souffrant ou se débat dans des conflits familiaux, il vous appartient de l'écouter et de témoigner d'un intérêt réel pour ce qu'il ressent et pour ses besoins. Il est de la plus haute importance de ménager l'opinion que vos collaborateurs ont d'eux-mêmes et de ne pas ajouter à leurs difficultés.

☐ *Appliquez le principe de l'encouragement.* Récompensez une conduite que vous jugez souhaitable : on est naturellement enclin à réitérer une conduite récompensée. Ne récompensez pas une conduite qui vous apparaît fâcheuse : on est naturellement enclin à abandonner une conduite non récompensée. D'autres points sont à retenir au sujet du principe de l'encouragement :

— Vous n'en ferez jamais trop dans le domaine de l'encouragement positif : récompensez chaque fois la conduite souhaitable, qu'il s'agisse d'une action mineure (votre secrétaire qui part quelques minutes après l'heure pour terminer une lettre urgente) ou d'une initiative plus importante (elle vous suggère un nouveau système de classement, plus efficace).

— La récompense atteint mieux son but si elle suit immédiatement la conduite à laquelle elle s'applique. Si vous apprenez que votre service commercial a battu un record de ventes, convoquez le personnel de ce service le jour même pour le féliciter.

— Assurez-vous que la récompense est perçue comme telle. Selon celui qui la reçoit, une même récompense peut toucher ou laisser indifférent : 100 dollars de gratification représentent beaucoup plus pour l'employé dont le salaire est de 7 500 dollars par an que pour celui qui en gagne 17 500. De même, l'éloge public d'une réalisation apparaîtra à certains une récompense suffisante là où d'autres apprécieront davantage un témoignage plus tangible, gratification ou promotion.

— Soyez plus généreux lors de la première manifestation d'une conduite appréciée que par la suite, lorsqu'elle est entrée dans les habitudes.

☐ *Sachez écouter.* Celui qui sait écouter sait aussi convaincre son interlocuteur qu'il l'a entendu. Dans les échanges qui font intervenir l'affectivité, il importe que votre interlocuteur se rende compte non seulement que vous l'écoutez, mais que vous comprenez les sentiments qui sont les siens et sa position. Par exemple, un responsable du contrôle de la qualité vient vous faire part de ses griefs : «Vous exigez de mon équipe qu'elle détecte toutes les pièces défectueuses qui passent. Mais je n'ai que trois hommes pour faire ce travail et à la cadence de passage des pièces, c'est demander l'impossible. Venez un jour à l'atelier et essayez donc vous-même.» Montrez-lui que vous avez su l'écouter par cette réponse : «Vous pensez que vos effectifs sont insuffisants pour suivre notre cadence de production et que nous exigeons trop de vos hommes. Vous pensez aussi que nous ne nous rendons pas compte de votre situation.» Jusque-là, vous n'avez fait que prendre soin de persuader votre agent que vous avez compris sa requête ; n'émettez aucun avis. Une fois que votre interlocuteur sait que sa réclamation a été comprise, les voies de communication sont ouvertes et vous pouvez commencer à discuter de la manière de résoudre le problème.

☐ *Fixez des objectifs précis et suivez sans cesse les progrès accomplis.* Les objectifs que vous fixez doivent être précis, bien compris, quantifiables. Assurez-vous que tous ceux qu'ils concernent les ont bien compris et savent que vous les croyez capables de les atteindre (en d'autres termes, entretenez la bonne opinion que vos collaborateurs ont d'eux-mêmes). Ces objectifs doivent être ambitieux, mais accessibles. Trop faciles ou trop difficiles à atteindre, ils ne motivent pas. Les objectifs accessibles, une fois atteints, fortifient la confiance en soi. En fixant des dates pour faire le point des progrès accomplis, vous entretenez la motivation, parce que vous obligez votre personnel à obtenir des résultats dont il puisse faire état à la date prévue.

☐ *Sachez redresser une situation.* Lorsque vous avez affaire à une défaillance d'un membre de votre personnel, prenez-le à part. Ne réprimandez jamais un collaborateur en public. S'il travaille mal, vous devez intervenir, mais en prenant soin de ne pas le heurter ou le mettre mal à l'aise. Même s'il arrive à votre personnel de commettre des fautes, il est plus que probable que, dans l'ensemble, le travail vous donne satisfaction. Vous devez par conséquent reconnaître cette contribution positive avant de réagir négativement à l'une ou l'autre chose qui ne va pas. Ce n'est qu'après avoir dit tout le bien que vous pensez du travail de vos collaborateurs que vous pouvez leur signaler les points sur lesquels ils devraient s'efforcer de faire mieux. Comme un échange de propos avec le personnel doit toujours se conclure sur une note positive, vous devez rappeler la part importante qu'il prend à la bonne marche de l'entreprise et lui dire votre satisfaction du bon travail accompli.

Plus vous témoignez d'intérêt pour votre personnel, plus son enthousiasme au travail sera grand. C'est là une pierre de touche de la bonne gestion. Il existe autant de styles de direction que de dirigeants, mais il est certain que vous accroîtrez vos chances de succès en donnant la priorité à l'intérêt que vous portez à vos collaborateurs. Si vos relations avec eux sont empreintes d'humanité, vous avez de bonnes chances d'atteindre à plus d'efficacité et de réaliser de plus grands profits

LE DIRIGEANT, HOMME D'ACTION

Un dirigeant doit savoir agir et obtenir des résultats. Bien qu'il faille souvent être patient pour réussir, efforcez-vous d'atteindre chaque jour un objectif déterminé. Les suggestions qui suivent pourront vous aider à accroître votre efficacité dans l'action.

☐ Lorsque vous aurez pris une décision, passez à l'exécution le plus rapidement possible.

☐ Vos efforts peuvent être multipliés grâce à la compétence et aux capacités de votre personnel. Pour être un bon chef, vous devez savoir quand et comment mettre à contribution ces capacités, et vous entourer de collaborateurs de valeur qui vous appuient dans l'action et fassent confiance au chef que vous êtes.

- ☐ Vous fortifierez votre confiance en vos capacités de chef si vous concentrez votre attention sur le développement de vos qualités maîtresses. Evitez les situations qui révèlent vos faiblesses.
- ☐ Un bon patron est prêt à reconnaître ses erreurs et à remanier ses projets. Vous devez avoir conscience que les choses changent continuellement et qu'il faut procéder de temps à autre à des ajustements.

Plus vous êtes ancien dans une fonction, plus vous risquez d'avoir pris des habitudes qui vous sont propres et d'être prisonnier d'une certaine routine. Le nombre de choses inutiles que vous faites aurait de quoi vous surprendre. Au cours des deux prochaines semaines, prenez note de ce que vous pourriez faire pour accroître votre efficacité personnelle en éliminant tout ce qui est improductif, mais qui prend du temps. C'est autant de temps que vous gagnerez pour vos activités proprement directoriales. Il est des activités très absorbantes que vous ne pourrez pas éliminer, mais que vous devriez autant que possible déléguer à votre secrétaire ou à un autre collaborateur.

La plupart des chefs d'entreprise sont des gens d'action qui abattent une besogne considérable, faite de toutes sortes d'activités productives, et qui sont capables d'aboutir à de bons résultats. Chaque fois que vous le pouvez, vous devez vous faire une idée concrète de ce que sont vos résultats. Il importe que vous sachiez exactement ce que vous attendez de chacune des activités de votre entreprise. La précision avec laquelle vous aurez fixé vos objectifs donnera une orientation à votre action. Ces objectifs, vous pouvez en dresser la liste pour la journée (voir modèle ci-dessous), pour la semaine, le mois ou l'année. L'homme d'action que vous êtes sera jugé sur ce qu'il accomplit et sur sa manière de l'accomplir.

Objectifs pour aujourd'hui

1. Terminer la partie «planification» du rapport.
2. Inventorier les besoins de l'atelier de fabrication en matière de sécurité (visite à l'atelier, entretien personnel avec cinq ouvriers, deux contremaîtres, le délégué syndical et le chef d'atelier).
3. Revoir le budget du personnel et, le cas échéant, le modifier.

Si vous savez exactement ce que vous voulez, il y a toutes chances que vous agissiez à bon escient et que vous atteigniez votre but. Votre attitude vis-à-vis du travail est une condition de votre succès

SAVOIR RELEVER LE MORAL DU PERSONNEL

Recrutez des collaborateurs qui vont bien ensemble. Un vrai dirigeant doit savoir rassembler des personnalités et des compétences différentes et les faire travailler ensemble à la réalisation d'un objectif commun. L'atmosphère de travail de l'équipe sera positive dans la mesure où chaque individu aura la compétence nécessaire pour s'acquitter de sa tâche. Il vous incombe de susciter chez vos collaborateurs une certaine attitude vis-à-vis du travail et d'user de vos qualités de chef pour faire en sorte que cette attitude soit positive. En ce qui concerne la façon dont vous utilisez vos qualités de chef pour améliorer le moral de votre personnel, vous vous poserez notamment les questions suivantes :

- ☐ Vos collaborateurs sont-ils satisfaits de leurs conditions de travail ?
- ☐ Chacun connaît-il bien son rôle dans l'entreprise et chacun a-t-il compris comment sa fonction s'insère dans l'ensemble ?
- ☐ Redressez-vous les situations dangereuses susceptibles d'engendrer des attitudes négatives de la part du personnel ?
- ☐ Comment montrez-vous votre souci de la santé et du bien-être de votre personnel ?
- ☐ Comment évaluez-vous le moral de votre personnel ?
- ☐ Par quels moyens précis cherchez-vous à améliorer le moral de votre personnel ?
- ☐ Vous efforcez-vous activement d'entretenir l'harmonie et la cohésion dans l'entreprise ?
- ☐ Quelle place vos programmes de formation font-ils aux besoins particuliers de vos travailleurs ?
- ☐ Comment évaluez-vous la performance de chaque travailleur ?
- ☐ Les membres de votre personnel ont-ils la possibilité de faire passer leurs idées dans les faits ?
- ☐ Reconnaissez-vous la contribution que votre personnel apporte à la réalisation des objectifs généraux de l'entreprise et lui en faites-vous l'éloge ?
- ☐ Aidez-vous votre personnel à résoudre ses problèmes de travail ?

Ces questions, parmi d'autres, vous aideront à déterminer les domaines dans lesquels vous pourrez exercer vos qualités de chef pour améliorer les conditions de travail de votre personnel.

> Les patrons sont des chefs par la nature même de leur activité. Les adeptes de la direction centrée sur la personne savent très bien motiver leur personnel et communiquer avec lui. Ils comprennent ses besoins et mettent tout en œuvre pour le gagner à la réalisation des objectifs de l'entreprise

SAVOIR PRENDRE DES RISQUES

3

Un chef d'entreprise prend des risques calculés. S'il goûte la griserie du défi, il n'est pas pour autant un joueur. Il se garde aussi bien des actions à faible risque, parce qu'elles n'ont aucun piment, que des actions à risque élevé, parce qu'il veut réussir. Ce qu'il recherche, c'est le risque qu'il sait pouvoir maîtriser

Les chefs d'entreprise aiment prendre un risque réaliste parce qu'ils aspirent au succès : en d'autres termes, ils prennent plaisir à réussir des actions difficiles, mais réalisables. C'est pourquoi ils fuient autant le faible risque que le risque élevé qui ne peuvent ni l'un ni l'autre leur procurer cette satisfaction. En un mot, s'ils ne reculent pas devant la difficulté, ils ne poursuivent jamais de chimère.

A mesure que votre affaire se développe, vos problèmes comme vos possibilités augmentent en nombre et en complexité. Croissance et expansion exigent que vous ne vous dérobiez pas à la nécessité de prendre des décisions et, parfois, des risques. Beaucoup craignent de prendre des risques par souci de sécurité et pour ne pas s'exposer à l'échec. Il ne faut pas vous dissimuler que votre travail, à tous les stades, est fait de risques. Le risque est partie intégrante de la fonction de chef d'entreprise. Travailler sous des pressions multiples, prendre des risques, regarder en face l'échec toujours possible, tel est votre lot.

QU'EST-CE QU'UNE SITUATION DE RISQUE ?

Vous êtes en situation de risque chaque fois que vous devez faire un choix entre deux ou plusieurs éventualités dont vous ne pouvez connaître avec certitude l'issue, que vous devez cependant évaluer subjectivement. C'est dire que la situation est porteuse d'autant de promesses de succès que de menaces d'échec. Plus l'échec à envisager est lourd de conséquences, plus le risque est grand.

Dans l'exercice de votre fonction de «preneur de risques», vous devez vous décider sans pouvoir vous appuyer sur une certitude, en pesant le pour et le contre, le succès possible et l'échec possible. Votre choix entre la voie «audacieuse» et la voie «prudente» dépendra en définitive : *a)* de l'attrait qu'exerce sur vous l'une ou l'autre voie ; *b)* de la mesure dans laquelle vous êtes prêt à accepter l'échec ; *c)* des probabilités respectives de réussite ou d'échec ; *d)* de la mesure dans laquelle vos propres efforts augmentent les chances de succès ou réduisent les risques d'échec.

Vous pouvez, par exemple, avoir une bonne situation, gagner 10 000 dollars par an avec des perspectives de promotion de cinq ans en cinq ans. L'occasion se présente à vous d'acquérir une société dont l'avenir est incertain, mais dont le patron gagne 20 000 dollars par an. L'entreprise peut aussi bien rester très prospère que s'effondrer en l'espace d'un ou deux ans. Vous avez le choix entre garder votre situation sûre aux perspectives modestes et prévisibles pour ce qui est du revenu et de la carrière ou, en prenant un risque, vous ouvrir des espérances de revenu et de carrière très brillantes.

Certains ne songent même pas à prendre un pareil risque, quelles que soient les probabilités de succès. Ils préfèrent la sécurité. D'autres, plus impétueux, se sentent insatisfaits de leur situation actuelle, impatients de «toucher le gros lot» ou de provoquer de toute autre façon le coup de chance qui fera d'eux des hommes riches. Ceux-là risquent de se laisser influencer par l'importance du gain escompté. Ils ne s'arrêtent pas à considérer la probabilité de succès ni la somme d'efforts qu'ils devront déployer pour y parvenir. Obnubilés par l'idée de gagner beaucoup sans grande peine, ils se conduisent en joueurs invétérés.

Un chef d'entreprise digne de ce nom apprécie la situation d'un point de vue tout différent de celui des deux types d'hommes que nous venons d'évoquer, encore qu'il partage avec eux certains traits de caractère. La différence majeure tient en ceci, que le chef d'entreprise se fera un devoir d'évaluer systématiquement et avec le plus grand soin les chances de succès de la société à vendre et la mesure dans laquelle les efforts qu'il s'apprête à déployer pourront fortifier ces chances. S'il voit qu'il pourra exercer une forte influence sur les chances de réussite, il est très probable qu'il conclura l'affaire.

Autre élément capital de la bonne façon d'aborder une situation de risque : le chef d'entreprise doit accepter la responsabilité qui lui incombe personnellement quant aux conséquences de la décision, favorables ou contraires. D'aucuns ont quelque peine à assumer personnellement la responsabilité de décisions qui peuvent conduire à l'échec et sont souvent tentés d'imputer ce qui leur arrive à la malchance ou à des facteurs indépendants de leur volonté, à la concurrence de puissants intérêts ou à l'intervention des pouvoirs publics. Ceux-là se lancent aveuglément dans des paris à cent contre un, priant le ciel que les choses tournent bien, ou refusant toute situation de risque parce qu'ils se croient incapables d'influencer le résultat.

Le plus souvent, les caractéristiques de l'esprit d'entreprise sont étroitement liées les unes aux autres. Cela est vrai surtout lorsqu'il s'agit de prendre des risques. On trouvera ci-après quelques-unes de ces corrélations :

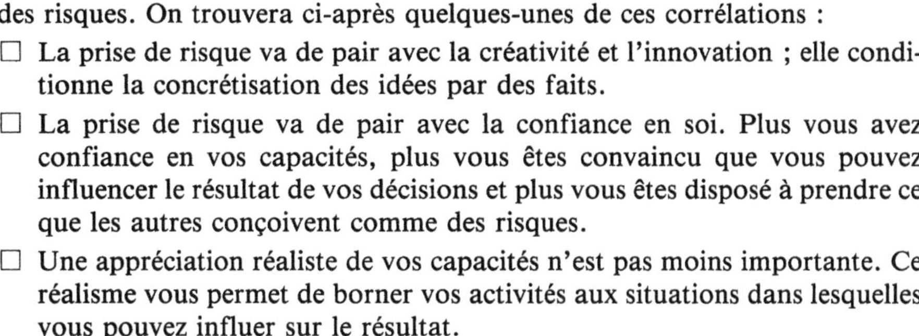

- ☐ La prise de risque va de pair avec la créativité et l'innovation ; elle conditionne la concrétisation des idées par des faits.
- ☐ La prise de risque va de pair avec la confiance en soi. Plus vous avez confiance en vos capacités, plus vous êtes convaincu que vous pouvez influencer le résultat de vos décisions et plus vous êtes disposé à prendre ce que les autres conçoivent comme des risques.
- ☐ Une appréciation réaliste de vos capacités n'est pas moins importante. Ce réalisme vous permet de borner vos activités aux situations dans lesquelles vous pouvez influer sur le résultat.

Dans la pratique, toutefois, votre attitude dans une situation où vous devrez prendre des risques ne sera pas aussi détachée et objective que le laissent supposer les paragraphes qui précèdent. Pour un patron, l'incertitude est parfois passionnante, et peut aussi aiguillonner en vous la volonté d'agir et l'enthousiasme nécessaires au succès de l'entreprise.

PRENDRE DES RISQUES DANS LA VIE PRIVÉE

Savoir prendre des risques fait partie de votre pouvoir de réalisation en tant que patron. L'expérience que vous en aurez acquise dans vos relations privées, avec votre épouse, vos amis ou vos voisins vous préparera à peser le pour et le contre, à courir un risque lorsque cela est nécessaire, à l'éviter si les chances de réussite sont trop minces.

Prendre des risques dans votre vie privée, c'est savoir vous souvenir du passé, c'est penser à l'avenir, c'est vouloir vivre au présent. Si vous refusez tout risque, vous vous condamnez à laisser vos potentialités en friche, sans vous réaliser jamais. Ce n'est qu'en vivant au présent et en prenant les risques nécessaires pour parvenir à vos fins dans l'avenir que vous pourrez progresser dans la vie privée comme dans la vie professionnelle.

Comme chef d'entreprise, vous devez savoir qu'on ne peut avancer qu'en tirant parti des chances qui se présentent dans la vie privée ou dans le travail, et qu'on n'obtient rien sans risque. Les risques les plus bénéfiques sont ceux qui vous apprennent à mieux vous connaître. Les situations qui comportent pour vous des risques personnels sont les plus propres à éprouver vos ressources et vos capacités. Ne vous sous-estimez pas. Vous êtes certainement capable de beaucoup plus et de beaucoup mieux que ce que vous avez accompli jusqu'à présent. Il faut se mesurer au risque pour se réaliser, de même qu'il faut prendre des risques en affaires.

En assumant la responsabilité de vos actes, vous dépendez moins des autres. Les chefs d'entreprise sont des gens responsables parce qu'ils ont l'énergie et la capacité de bâtir eux-mêmes leur avenir. Si d'autres sont responsables de vos actes, cela signifie que vous disposez d'une marge plus étroite pour peser sur votre destin. Si vous n'assumez pas toute la responsabilité de vos actes, vous ne vivez pas pleinement votre vie. Dès que vous constatez que quelque chose ne va pas dans votre existence, vous devez prendre les choses en main et redresser la situation. Sinon, les choses iront en empirant à mesure que le temps passera et le problème n'en sera que plus difficile à résoudre.

Aussi longtemps que vous ne prenez pas vous-même la responsabilité de vos décisions et que vous n'êtes pas prêt à subir les conséquences de vos actes, vous ne courez pas le moindre risque. De même, aucun risque n'accompagne les décisions exemptes de toute possibilité de préjudice. La plupart des décisions qui vous concernent personnellement comportent un risque quelconque et ce sont les décisions dont vous portez l'entière responsabilité. La conscience de votre responsabilité vous aidera à prendre vos décisions avec plus de confiance en vous, ce qui diminuera le risque.

Il vous sera parfois difficile de dissocier vos objectifs personnels de vos objectifs professionnels, parce que votre travail fait partie intégrante de votre vie. Ne risquez pas plus que vous ne pouvez vous permettre de perdre. C'est là un avertissement dont vous devez vous souvenir, parce qu'il pourra vous arriver d'être tenté de tout risquer sur une idée.

Un chef d'entreprise ne doit pas prendre de risques inutiles. Vous devez maîtriser vos émotions et n'accepter le risque que si la probabilité de succès est égale ou supérieure à la probabilité d'échec. Votre premier souci doit être de vous assurer que le but visé est assez important pour justifier le risque.

Dans certains cas, vous devrez vous en remettre à votre intuition pour évaluer une ligne de conduite qui implique un risque. C'est elle qui vous aidera à jauger le risque et le résultat que vous pouvez escompter. Ce qui importe le plus pour bien calculer un risque est aussi ce qui est le plus impondérable : votre habileté, les ressources de votre tempérament, la somme de vos expériences passées.

> Vous portez la responsabilité de tout ce qui vous arrive, le succès aussi bien que l'échec, mais il vous sera plus facile de réussir si vous êtes prêt à assumer les risques calculés qu'il sera nécessaire de prendre

FAIRE FRUCTIFIER LES IDÉES CRÉATRICES

Savoir prendre des risques et faire preuve de créativité sont deux des qualités essentielles que doit posséder un chef d'entreprise. En cultivant en vous le pouvoir créateur, vous développerez votre sensibilité aux idées productives. Quand vous serez capable de choisir entre plusieurs bonnes idées, vous serez plus disposé à prendre les risques nécessaires pour mettre en pratique celles de ces idées qui sont le plus productives.

Tout homme est plus ou moins créateur. La plupart du temps, il est possible de développer ce talent chez un individu. Lorsqu'il vous est venu une idée créatrice, vous devrez courir certains risques pour la traduire dans les faits. Voici quelques suggestions qui vous seront peut-être utiles pour réduire le risque de voir les autres faire mauvais accueil à vos idées :

- ☐ Exposez votre idée à votre épouse ou à un ami. Il vaut souvent mieux discuter d'une idée avant de la mettre par écrit. En l'expliquant, vous susciterez un échange d'opinions, qui pourra vous amener à la modifier. N'exposez votre idée par écrit que lorsque vous avez acquis la certitude qu'elle est au point. Même alors, elle sera susceptible de maintes retouches avant de trouver sa forme définitive.
- ☐ Choisissez le moment et le lieu pour exposer vos idées aux autres. Ne soumettez pas une idée nouvelle à votre équipe en période de crise. L'entreprise a besoin d'une certaine stabilité pour s'ouvrir aux idées nouvelles. Le choix du moment est capital pour la présentation d'une idée originale. Efforcez-vous de choisir le moment où les autres seront le plus réceptifs à la nouveauté.
- ☐ Développez votre idée en plusieurs temps. Exposez-en d'abord les grandes lignes. N'entrez dans le détail qu'après avoir laissé aux autres le temps de s'accoutumer à votre idée et de s'y intéresser.

> N'imposez jamais une idée aux autres. Il faut du temps pour s'habituer à ce qui est nouveau. Toute idée qui met en cause l'avenir de l'entreprise comporte un risque. Or chaque fois qu'il y a risque, il est normal que les gens hésitent et aient des doutes

LES DIVERS TYPES DE PRENEURS DE RISQUES

La catégorie de preneurs de risques à laquelle vous appartenez dépend de la mesure dans laquelle vous vous laissez influencer par les autres, par vos expériences passées, par votre situation présente, par vos ambitions. Une entreprise a besoin de preneurs de risques de divers types.

Au bas de l'échelle, elle a besoin de travailleurs qui s'acquittent bien de leur tâche de routine, laquelle comporte peu de risques. La plupart des membres de votre personnel devront appartenir à cette catégorie, ce qui vous assure de leur part un comportement prévisible et confère à l'entreprise sa stabilité.

L'échelon des cadres moyens fait une plus large place à la prise de risques. Ils doivent disposer d'une certaine marge de manœuvre pour innover et apporter des modifications de détail aux procédures et à la description des tâches. On peut les considérer comme des preneurs de risques, mais leur influence sur l'organisation globale devrait être minime.

Le chef de l'entreprise, au sommet de l'édifice organique, a la latitude de formuler des idées créatrices et de les mettre en application. Pour réussir en affaires, il doit prendre des risques et faire passer ses idées dans la réalité.

On peut dire de certains patrons qu'ils sont «pratiques» en ce sens que la croissance de leur entreprise ne dépasse pas les limites de ce qu'ils peuvent tenir en main personnellement. Les patrons pratiques se concentrent sur leurs objectifs et ont assez de confiance en leurs initiatives pour accepter les risques qu'elles comportent. Ils ont néanmoins assez de sens des réalités pour connaître les limites de leurs idées et pour borner leur activité à «ce qui est possible».

Les dirigeants qui ont l'esprit à la fois créateur et novateur savent prendre des risques relativement grands, sont prêts à accueillir le changement, mettent à l'épreuve diverses solutions et, qu'il s'agisse de produits ou de services, n'hésitent pas à se lancer dans des secteurs nouveaux. Ces chefs d'entreprise résolument novateurs sont en général dans le peloton de tête de leur secteur d'activité. Ce sont des gens fertiles en idées et capables de combiner comme il le faut les ressources en personnel et en matériel nécessaires pour mettre ces idées en application.

> En tant que chef d'entreprise, vous devez être un planificateur, c'est-à-dire être capable d'imaginer le meilleur moyen de mettre vos idées en application, mais vous devez en même temps savoir prendre des risques pour pouvoir donner corps à vos idées et les conduire au succès

SAVOIR DÉLÉGUER SES POUVOIRS ET SES RESPONSABILITÉS

Le patron est un chef en ce qu'il dirige le travail des autres de telle sorte que l'entreprise puisse atteindre ses objectifs. En tant que chef d'une entreprise, c'est-à-dire d'une collectivité humaine, vous devez être prêt à déléguer à votre personnel vos pouvoirs et vos responsabilités pour certaines de vos activités.

Cette délégation ne va pas sans risques. Les conséquences peuvent en être positives ou négatives, et vous devrez vous en accommoder. Si vous êtes un patron soucieux de croissance, vos collaborateurs devront être tournés vers l'action et capables d'exercer une autorité et des responsabilités.

Pour réaliser le maximum de profit, votre entreprise doit s'appuyer sur des collaborateurs qui disposent de certains pouvoirs et d'une marge d'initiative suffisante pour remplir leurs fonctions et assumer leurs responsabilités. Chef

Figure 2. Evaluation du degré de confiance dont jouit le personnel

Question	Réponse (cochez une seule colonne)			
	Jamais	Parfois	Souvent	Presque toujours
Déléguez-vous vos pouvoirs ?				
Donnez-vous à vos collaborateurs l'occasion d'exprimer leurs idées ou de faire la preuve de leurs capacités ?				
Permettez-vous à vos collaborateurs de prendre des risques à propos d'activités dont ils sont totalement responsables ?				
Renoncez-vous à surveiller ou à contrôler de près vos collaborateurs ?				
Témoignez-vous à vos collaborateurs que vous les savez capables d'obtenir seuls de bons résultats pour peu que l'occasion leur en soit offerte ?				
Prenez-vous le risque de vous défaire de vos pouvoirs pour découvrir ceux de vos collaborateurs qui sont le plus capables d'exercer une autorité et d'assumer des responsabilités ?				

d'entreprise, vous avez besoin des autres, mais vous n'avez probablement pas le temps de contrôler leur travail de façon rigoureuse. Les réponses que vous apporterez aux questions posées dans le tableau d'évaluation de la figure 2 donneront la mesure de la confiance que vous placez en votre personnel. Elles seront révélatrices de votre ouverture à la délégation de pouvoirs et de responsabilités à vos collaborateurs. Ce n'est que lorsque vous aurez délégué certaines activités à d'autres que vous pourrez consacrer plus de temps à des tâches de plus haut niveau comme la planification à long terme ou la mise au point de nouveaux produits.

Savoir prendre des risques est une qualité qu'il importe tout particulièrement de posséder lorsqu'on décide de déléguer des pouvoirs et des responsabilités. Les chefs d'entreprise soucieux de croissance ont cette caractéristique de partager leurs pouvoirs. Plus vous réussirez à déléguer de vos pouvoirs, plus vous libérerez de temps que vous pourrez consacrer aux activités qui importent le plus pour le succès futur de votre entreprise

GÉRER LE CHANGEMENT

Dans toute activité, vous devez d'abord vous demander s'il y a risque ou non. Dans toute situation de risque, c'est votre pouvoir, votre position ou votre autorité qui peut être en jeu. Quand vous avez acquis la conviction que quelque chose ne va pas dans votre affaire, vous devez être capable de juger de la situation avec réalisme et de tenter de résoudre le problème. Vous devez être prêt à prendre les mesures correctives qui s'imposent, lesquelles, à leur tour, comporteront probablement un risque.

Lorsque vous avez conscience de vous trouver dans une situation de risque, la décision de courir ou non ce risque revêt la plus grande importance. Si vous le courez, vous devez appliquer à la lettre un plan d'action précis. Vous avez intérêt à tenir en réserve des plans de rechange pour le cas où votre plan initial échouerait. Cela vous ménagera une certaine latitude pour le cas où les données du problème viendraient à se modifier.

Dès que vous avez mis au point un plan d'action, vous devez l'appliquer sans perdre de temps. Ce n'est qu'une fois ce plan entré en application que vous connaîtrez la vraie nature du risque couru et que vous pourrez le comprendre. Au début, le plan ne produira que peu d'informations utiles sur le bien-fondé de votre décision, ce qui pourra faire naître des doutes dans votre esprit. C'est en effet durant les premières phases de l'application de votre décision que vous devrez vous employer à fond à résoudre le problème. La certitude d'avoir pris la bonne décision est un facteur critique. Si vous êtes convaincu de pouvoir résoudre le problème par un ensemble de mesures que vous êtes décidé à prendre, vos actes contribueront à la réussite de votre plan. En vous attachant à faire comprendre votre décision et en persuadant les autres de son bien-fondé, vous en favoriserez la réussite.

Le chef d'entreprise sera mieux à même de prendre des risques :

☐ s'il a confiance en lui-même ;

☐ s'il est décidé à jeter toutes ses capacités dans la balance pour la faire pencher en sa faveur ;

☐ s'il est capable de juger avec réalisme d'une situation de risque et des moyens dont il dispose pour redresser la balance ;

☐ s'il sait envisager les risques sous l'angle des objectifs de l'entreprise.

Etre chef d'entreprise, c'est prendre des risques. Vous devez vous fixer des objectifs ambitieux et mettre en œuvre toutes vos capacités, tout votre talent pour les atteindre. Il va de soi que plus l'objectif est ambitieux, plus le risque est grand aussi.

> En affaires, les innovations qui se traduisent par une amélioration des produits ou des services sont le fruit des efforts de chefs d'entreprise qui n'ont pas froid aux yeux et qui savent prendre des risques calculés

SAVOIR CALCULER LE RISQUE

Disposer de données quantitatives (de chiffres) vous aidera non seulement à apprécier le risque, mais aussi à fixer vos objectifs, et vous permettra d'enregistrer systématiquement les progrès réalisés. Enfin, cela vous donnera la possibilité de mesurer vos résultats par rapport aux objectifs primitifs.

Vous devez être sûr de vos chiffres et savoir à quoi ils se rapportent. Ce sont ces données quantitatives qui étaieront votre connaissance du dossier et éclaireront vos décisions.

Evaluez vos besoins avant de vous lancer. Avant de prendre aucune décision impliquant un risque, vous devez vous poser plusieurs questions, et notamment :

- ☐ L'objectif visé mérite-t-il qu'un pareil risque soit couru ?
- ☐ Comment pourrait-on réduire le risque ?
- ☐ Quelles informations sont nécessaires avant de décider de courir le risque ?
- ☐ Quelles ressources humaines et autres permettraient d'atteindre l'objectif à moindre risque ?
- ☐ En quoi ce risque est-il grave ?
- ☐ Quelles craintes faut-il nourrir à propos de ce risque ?
- ☐ Suis-je prêt à donner le meilleur de moi-même pour atteindre l'objectif ?
- ☐ A quoi aboutirons-nous en prenant ce risque ?
- ☐ Quelles mesures préalables doivent être prises avant de courir ce risque ?
- ☐ Comment saurai-je (en données chiffrées) que mon objectif est atteint ?
- ☐ Quels sont les principaux obstacles à surmonter pour atteindre l'objectif ?

Ce jeu des questions et des réponses est indispensable dans tout processus de prise de risques. Nous ne donnons ici que des exemples des nombreuses questions que vous devrez vous poser avant de vous engager dans une situation de risque. Prendre un risque avant d'avoir répondu à ces questions, c'est plus que probablement courir à l'échec.

> En affaires comme dans la vie, il est tout à fait impossible d'échapper toujours à l'obligation de prendre des risques. En vous soumettant à cette obligation, vous prenez la mesure de vos capacités, vous avez une meilleure prise sur votre avenir. Vous gagnez en assurance, vous commencez à regarder le risque en face, conscient que vous êtes de pouvoir le surmonter. Vous vous prenez à relever le défi que constitue un risque qui vous oblige à tirer le meilleur de vous-même pour atteindre les objectifs que vous vous êtes assignés

EXEMPLE

Il est de plus en plus généralement admis que les patrons et les cadres dirigeants doivent savoir prendre des risques. Nombre d'entreprises dont la situation exige une stratégie de croissance recrutent aujourd'hui, au plus haut niveau, des hommes et des femmes au tempérament de chefs, capables d'innover et sachant prendre des risques, plutôt que des cadres «conservateurs».

Il convient de distinguer entre la témérité face aux risques, qui est un trait de caractère, et l'audace, qui est l'art de prendre des risques calculés, un art dans lequel on peut se perfectionner. On trouvera ci-après quelques suggestions pour mieux analyser une situation de risque.

Savoir évaluer le risque

La première chose à faire est de déterminer si l'on se trouve ou non en présence d'un risque. En d'autres termes, il faut savoir si l'on s'expose à une perte éventuelle en s'engageant dans telle ou telle voie. Vous pouvez, par exemple, vous trouver devant la nécessité d'accroître votre production pour répondre à une demande accrue. Vous avez le choix entre les options suivantes :

- ☐ vous contenter de satisfaire la demande courante ;
- ☐ acheter des équipements nouveaux pour faire face à la demande nouvelle ;
- ☐ louer un équipement d'appoint pour satisfaire la demande ;
- ☐ sous-traiter la production supplémentaire à de petits fabricants.

Si la situation de votre trésorerie est satisfaisante, si vous disposez de liquidités importantes ou bénéficiez de bonnes facilités de crédit, et s'il est sûr que la demande va s'accroître dans un avenir prévisible, le risque est minime quelle que soit la solution sur laquelle vous arrêterez votre choix, encore que la première apparaisse dénuée de sens puisqu'elle négligerait une occasion d'accroître à coup sûr le profit de l'entreprise.

D'autre part, on ne peut jamais être assuré que la demande se maintiendra. Votre produit ou votre service peut passer de mode du fait d'innovations de la concurrence ; les entreprises concurrentes peuvent se multiplier ou le marché arriver à saturation. De plus, il se peut que votre entreprise ne soit pas en mesure de supporter un investissement aussi important sans un bénéfice assuré. Si tel est le cas, la décision d'accroître la production s'accompagne d'un risque évident. Certes, chaque option comporte un degré de risque différent — et un bénéfice prévisible différent. Comment faire pour évaluer les différentes options ?

L'orientation et les objectifs de l'entreprise

La deuxième chose à faire consiste à considérer l'orientation de votre entreprise et ses objectifs. Vous pouvez avoir pour objectif une croissance lente ou régulière, voire nulle, ou même d'orienter votre expansion vers un autre secteur de la production. C'est à vous qu'il appartient de décider si le risque à courir est compatible avec vos objectifs. Dans l'affirmative, le processus de prise de décisions se poursuit : vous entreprenez d'évaluer en détail chacune des options qui s'offrent à vous.

Bien définir chaque option

Etant admis qu'un risque raisonnable (en l'occurrence la décision de développer la production) s'accorde avec les objectifs de l'entreprise, l'étape suivante consiste à examiner toutes les options. Chacune d'elles doit être définie de façon suffisamment précise pour qu'il soit possible d'évaluer objectivement les coûts qu'elle implique. Il s'agira pour l'essentiel de coûts financiers, mais vous ne devez pas négliger d'inclure, suivant les besoins, les coûts salariaux, sociaux et matériels qui s'attachent à chaque solution. Par exemple, telle solution n'exige-t-elle pas un apport de main-d'œuvre excessif ? L'échec s'accompagnerait-il d'une trop grande perte de prestige social ? Veillez à déterminer exactement les coûts financiers et autres de chacune des options qui pourraient être retenues.

Informez-vous et pesez chaque option

L'étape suivante sera tout entière consacrée à rassembler le maximum d'informations de manière à pouvoir peser soigneusement le pour et le contre de chaque option. Il faudra effectuer des études de marché pour plusieurs hypothèses de la demande, évaluer les réactions probables de la concurrence et calculer leurs conséquences possibles. Il y aura lieu d'examiner les conséquences en poussant le raisonnement jusqu'à sa conclusion logique :

- ☐ Si la demande approche du point de saturation, une modification du produit serait-elle de nature à ranimer la demande sur de nouveaux marchés ?
- ☐ Existe-t-il de nouveaux débouchés pour le cas où la concurrence entamerait votre part du marché ?
- ☐ Le parc de machines peut-il être modifié pour s'adapter à la production de produits différents ?
- ☐ Les fournisseurs et les sous-traitants sont-ils susceptibles de relever leurs tarifs si la demande augmente ?

Les résultats que chaque option entraînerait probablement pour votre entreprise devront être évalués sur la base d'études de marché, de la demande future à prévoir, des réactions escomptées de la concurrence et de diverses autres prévisions concernant notamment le comportement d'autres partenaires tels que les établissements de crédit et les constructeurs de machines.

Comment réduire le risque ?

Vous abordez maintenant la phase capitale du processus : comment mesurer votre influence sur les chances de succès de l'option que vous aurez retenue. Cela suppose :

- ☐ que vous ayez nettement conscience de vos moyens d'action et de la capacité de votre entreprise ;
- ☐ que vous ayez assez d'imagination pour trouver les moyens de mettre le maximum de chances de votre côté ;
- ☐ que vous soyez capable de mettre sur pied une stratégie et une tactique à cet effet ;
- ☐ que vous possédiez l'allant, la détermination et l'enthousiasme nécessaires pour mettre en application votre stratégie.

Planifier la solution choisie et la mettre à exécution

Une fois que vous avez arrêté votre choix sur une des solutions possibles, il faut dresser un plan d'exécution, qui comprendra un calendrier, une définition claire de l'objectif, des plans de rechange pour faire face à diverses éventualités et un moyen de contrôle permettant de procéder rapidement aux changements de cap nécessaires.

SAVOIR PRENDRE DES DÉCISIONS

4

Un chef d'entreprise se doit d'être imaginatif, surtout au moment d'arrêter ses décisions. Vous devez croire fermement en vous-même et en votre capacité de prendre de bonnes décisions. C'est à son aptitude à décider que l'on reconnaît le vrai chef d'entreprise

C'est à vous qu'il reviendra de prendre les décisions qui pèseront le plus lourd sur l'avenir de votre entreprise. Bien souvent, plus la décision que vous aurez à prendre sera importante, moins vous pourrez vous documenter au préalable. Lorsqu'il s'agit de prendre une décision de routine, les données quantitatives ne manquent pas, mais lorsque la décision à prendre est de haut niveau et affecte l'avenir de l'entreprise, les données de fait et les informations statistiques sont généralement moins abondantes.

Dans les grandes sociétés, les cadres dirigeants fondent habituellement leurs décisions sur les informations et la documentation concrètes que leur livrent les enquêtes, rapports et recommandations de divers organes, comités ou commissions. Ces données ont en général été rassemblées selon une procédure uniforme, en faisant appel aux techniques prévues pour la solution des problèmes. Il arrive que l'on puisse scinder un problème important de manière à le résoudre en partie dans un premier temps, le plus souvent pour répondre à une urgence avec des résultats quasi certains. On parvient alors à une décision suivant une procédure établie bien assimilée par les cadres dirigeants. Cette décision peut être prise par consensus si certains individus ne tiennent pas à en assumer personnellement la responsabilité.

Seul patron, vous devez déployer plus d'esprit inventif que les cadres de direction au sens traditionnel du terme, en partie parce que vous devez vous décider sans l'aide d'une documentation chiffrée ou de proches collaborateurs expérimentés. Vous aurez peut-être à considérer un problème sous des angles différents et à rechercher la voie novatrice qui vous permettra d'arriver à sa solution.

Il vous faut peser la question en vous fiant à vos intuitions et à votre perspicacité. Si vous choisissez de sortir des sentiers battus, vous en assumez toujours seul la responsabilité. Placez chaque problème dans la plus large perspective possible, en songeant que les grandes décisions engagent le long terme de votre entreprise dans sa totalité.

Votre succès de patron dépend de votre capacité de prendre des décisions qui favoriseront demain une meilleure rentabilité de votre entreprise. Pour que cette capacité puisse s'appuyer sur l'intuition, pour que vos qualités de patron prennent toute leur valeur, il faut des années d'expérience — une expérience faite de la succession des décisions prises dans des conditions de complexité croissante.

Plus le monde qui vous entoure change, plus vous serez appelé à juger par vous-même et à prendre vos décisions d'instinct. Vous commettrez des erreurs, mais vous ne devrez pas tarder à les admettre et il vous faudra les corriger aussitôt. Vous pourrez fonder votre jugement sur des données chiffrées, mais celles-ci ne sauraient se substituer à l'intuition qui sous-tend nécessairement nombre de vos décisions majeures de premier responsable.

Une décision bonne en soi peut se confirmer comme telle ou se révéler mauvaise selon la manière dont elle sera mise à exécution. Il arrivera parfois que votre perspicacité vous permettra de prévoir les résultats d'une ligne de conduite. D'autres fois, si vous estimez que vous êtes engagé pour des raisons trop sentimentales, vous aurez intérêt à rechercher délibérément les faiblesses de votre projet. Cela vous permettra de recouvrer votre objectivité.

> Mettez à profit vos expériences passées pour orienter les décisions que vous aurez à prendre, mais n'oubliez pas qu'aucune situation appelant une décision ne ressemble exactement à une autre. Les problèmes peuvent avoir des points communs, les circonstances et les facteurs extérieurs qui les affectent différeront toujours

ÊTRE UN PATRON CAPABLE DE DÉCIDER

Plus grande sera votre expérience de décideur, plus vous aurez confiance en vous et plus vous serez un homme d'action. Les réponses aux questions suivantes pourront vous aider à jauger votre capacité en cette matière :

- ☐ Comment préservez-vous votre confiance en vous-même lorsque vous avez à prendre une décision importante ?

- ☐ Quels exemples de votre activité des six derniers mois montrent que vous êtes capables de prendre des décisions réalistes ?
- ☐ Quelles craintes, quelles faiblesses sont les vôtres au moment de décider ?
- ☐ Comment faites-vous intervenir votre imagination ou votre intuition lorsque vous avez une décision à prendre ?
- ☐ Qu'avez-vous appris des erreurs commises lors de décisions antérieures ?
- ☐ De quelle façon cherchez-vous à atermoyer ou à gagner du temps lorsque vous avez une décision à prendre ?
- ☐ Abandonnez-vous la lutte ou vous esquivez-vous lorsque surgit une difficulté ?
- ☐ Comment vous adaptez-vous aux changements qui surviennent autour de vous ?
- ☐ Les décisions que vous prenez vous sont-elles habituellement imposées ?
- ☐ Quelles mesures prenez-vous une fois que vous avez arrêté une décision ?
- ☐ Comment exercez-vous l'autorité nécessaire pour obtenir les résultats souhaités ?
- ☐ Comment tirez-vous parti des ressources à votre disposition pour prendre une décision ?
- ☐ De quelle façon faites-vous intervenir vos relations personnelles ou professionnelles pour obtenir des informations qui vous aideront à prendre une décision ?

Si vous êtes capable de prendre vos décisions dans un délai raisonnable, vous êtes sans doute également capable de saisir les occasions lorsqu'elles se présentent dans vos activités professionnelles. Il faut parfois décider vite pour tirer le meilleur parti d'une conjoncture favorable.

SAVOIR RÉSOUDRE LES PROBLÈMES

De nos jours, on se préoccupe beaucoup de la rationalité de la prise de décisions. «L'approche scientifique» de la solution des problèmes implique qu'il faut adopter une démarche particulière pour résoudre un problème et arriver à une décision. Cette démarche s'articule de la façon suivante :

- ☐ familiarisez-vous avec le problème dans son ensemble ;
- ☐ déterminez-en les points saillants ;
- ☐ déterminez l'essentiel du problème ;
- ☐ déterminez-en les aspects accessoires ;
- ☐ cherchez à déceler les causes possibles du problème ;
- ☐ considérez les diverses solutions qui s'offrent ;
- ☐ choisissez la solution la plus aisément applicable ;
- ☐ mettez cette solution à exécution ;
- ☐ assurez-vous qu'il s'agit bien de la bonne solution.

Cette approche rationnelle représente une manière logique et raisonnable de résoudre la plupart des problèmes qui surgissent dans les affaires. Néanmoins, la «méthode scientifique» ne saurait vous garantir que tel ou tel problème sera bien résolu. Votre compétence de chef et votre autorité sont nécessaires pour qu'une solution réussisse en devenant réalité.

Chercher une solution à un problème et la mettre à exécution ne soulève pas de difficulté si vous vous trouvez dans un milieu qui vous est familier. Vous pouvez vous décider vite et bien parce que vous fondez votre décision sur vos expériences passées.

Pour être efficace, vous devez apercevoir chacun des aspects d'un problème et aussi appréhender le problème dans son ensemble. La plupart des collaborateurs de votre entreprise, engagés dans des activités particulières, délimitées par leur fonction, ne sont familiarisés qu'avec quelques-uns des éléments du puzzle. C'est à vous qu'il revient d'en réunir toutes les pièces pour pouvoir saisir le problème dans son ensemble.

Votre expérience et votre intuition vous permettront de dégager les caractéristiques essentielles de n'importe quel problème. Vous aurez ainsi une idée claire des différences significatives entre ce qui est et ce qui devrait être.

> Les problèmes les plus difficiles de toute entreprise sont ceux pour lesquels on ne peut pour ainsi dire s'appuyer sur aucune expérience passée. Lorsque les circonstances d'un problème sont nouvelles ou insolites, il faut l'aborder différemment. Etre un chef d'entreprise, c'est être capable de résoudre les problèmes qui vous prennent au dépourvu

LES DÉCISIONS À PRENDRE

Nombre de problèmes importants peuvent être résolus de plusieurs façons. Lorsque les faits à eux seuls ne vous suffisent pas pour vous former une opinion sur la marche à suivre, vous devrez décider dans des conditions de grande incertitude et peut-être sans pouvoir apprécier les risques à courir. Voici quelques suggestions sur la façon de procéder en pareil cas :

- ☐ Isolez les données de fait du problème qui vous sont familières, sans confondre les faits avec l'opinion que vous en avez.
- ☐ Identifiez les éléments du problème qui ne reposent pas sur des faits. Ce sont ceux sur lesquels vous devrez faire porter votre réflexion, votre logique et votre intuition pour parvenir à une décision.
- ☐ Evitez de prendre une décision majeure appelée à transformer radicalement votre entreprise. Des décisions de cet ordre doivent être longuement mûries.

- ☐ Ne prenez de risques, modérés, que lorsque la marge d'incertitude est grande.
- ☐ Faites des «essais» d'application de vos décisions. En procédant ainsi, vous réduisez les risques et vous pouvez vous faire une idée des résultats avant d'être complètement engagé par votre décision.
- ☐ Dans certaines circonstances, il peut être plus avantageux pour vous de vous en tenir à ce qui a réussi dans le passé. Appliquer des méthodes qui n'ont pas été éprouvées et expérimenter des idées nouvelles peut conduire au désastre.
- ☐ Une décision peut produire des résultats brillants même si elle n'est pas la meilleure possible. Soyez prêt à vous lancer résolument dans l'action pour appliquer une décision. La mesure dans laquelle votre autorité et votre énergie sous-tendent une décision influe sur les résultats.

La mise en œuvre d'une décision exige hardiesse et enthousiasme. Ayez une attitude positive quant à l'issue de vos décisions. Ne perdez pas de temps à tergiverser. Une fois l'exécution mise en route, il faut laisser de côté tous les doutes.

Un chef d'entreprise est résolu dans l'action. Votre entreprise doit avoir une orientation claire et des objectifs bien définis. La plupart des patrons ne craignent pas les décisions parce qu'ils ne s'attendent pas à l'échec. Ils ont leur propre code de réussite.

Conscient d'avoir la maîtrise de votre avenir, vous devez en éprouver un sentiment de sécurité. C'est ce sentiment qui vous permet de prendre des décisions sans en redouter les conséquences. C'est lui aussi qui vous incite à vous engager dans des activités nouvelles. Le chef entraîne, les autres suivent.

> Se battre avec l'ambiguïté et l'incertitude, c'est le lot du chef d'entreprise. Votre attitude face aux décisions à prendre doit être positive. Cela vous aidera à les utiliser comme une force active au service de la réalisation des objectifs et des aspirations de votre entreprise

COMMENT TROUVER LA SOLUTION

Lorsque vous avez bien défini un problème, que toutes les informations et les données le concernant ont été rassemblées, il vous faut examiner les diverses solutions qu'il est possible d'y apporter. Vous pouvez à cette fin recourir aux séances de «remue-méninges», où un groupe choisi de vos collaborateurs discutent librement du problème, l'agitent dans tous les sens et s'efforcent de dégager les diverses solutions possibles.

Ce type de discussion produit souvent des solutions très intéressantes parce qu'il favorise l'examen du problème sous tous ses aspects et de différents points de vue. Abstenez-vous de critiquer ou de rejeter d'emblée aucune solution proposée au cours d'une telle discussion. Il importe que vos collaborateurs se sentent encouragés à suggérer autant de solutions qu'il est possible : au besoin, de temps en temps, lancez vous-même une idée ou une proposition pour ranimer le débat, susciter de nouvelles réactions et faire surgir de nouvelles idées parmi les participants.

Voici quelques critères qui pourront vous servir à peser le pour et le contre d'une solution proposée :

- ☐ La solution est-elle logique ?
- ☐ Son application est-elle possible ?
- ☐ Crée-t-elle d'autres problèmes ?

En examinant toutes les solutions possibles, le groupe peut combiner certaines propositions et en rejeter d'autres. Lorsqu'il a ramené le nombre des options à trois ou quatre, le moment est venu pour vous d'étudier chacune de ces options attentivement et de façon approfondie. Il est évident que dans bien des cas il n'existe pas qu'une seule bonne solution pour un problème, mais il vous appartient de choisir celle qui vous semble répondre le mieux à vos besoins.

Le tableau de l'analyse des solutions présenté dans la figure 3 illustre une manière d'ordonner les solutions possibles à un problème. Quand vous l'aurez rempli, vous serez en mesure de confronter les avantages et les inconvénients des diverses solutions que vous envisagez, ainsi que leurs conséquences respectives.

Le tableau ne prévoit que quatre options. Au-delà de ce nombre, il pourrait vous être difficile d'analyser rationnellement les éléments de chaque solution. La liste des avantages prévisibles vous permettra de mesurer le profit que vous pourriez tirer de chaque solution. A l'inverse, celle des inconvénients vous renseignera sur le revers de la médaille. Il pourra arriver que deux des solutions possibles, ou plus, aient en commun tel avantage ou tel inconvénient.

Les conséquences prévisibles énoncées à la dernière colonne de la figure 3 dérivent de l'analyse des avantages et des inconvénients. Elles devraient correspondre au résultat net à escompter de l'application de la solution à laquelle elles se rapportent. Ce tableau devrait aider les chefs d'entreprise à analyser et à résoudre les problèmes majeurs qui, sinon, risqueraient de retentir fâcheusement sur l'entreprise.

Figure 3. Analyse des solutions possibles[1]

Solution possible	Avantages prévisibles	Inconvénients prévisibles	Conséquences prévisibles
1.			
2.			
3.			
4.			

[1] Ne cherchez pas à en dire trop dans ce tableau. Il n'a d'autre objet que de vous donner une orientation de départ en vous offrant un moyen de discerner l'aspect positif et l'aspect négatif des solutions qui s'offrent à vous.

Il existe une autre manière d'aborder l'analyse des solutions possibles d'un problème ; elle consiste à mettre en parallèle toutes les raisons qui militent en faveur d'une solution et toutes celles qui s'y opposent. A cet effet, vous pourrez vous servir du tableau présenté dans la figure 4.

Figure 4. Le pour et le contre des solutions possibles

Enoncé du problème :			
Solution proposée :			
Note	Pour	Contre	Note

Pour tirer le meilleur parti de ce tableau, il est conseillé de procéder comme suit :

- ☐ énoncer brièvement le problème dans la première case ;
- ☐ énoncer brièvement la solution proposée dans la seconde ;
- ☐ inscrire dans la colonne «Pour» les principaux arguments qui militent en faveur du choix de cette solution ;
- ☐ inscrire dans la colonne «Contre» les principaux arguments qui s'y opposent ;
- ☐ attribuer une note à chaque argument en fonction de l'importance que vous lui accordez. Les notes vont de 1 à 5, par ordre d'importance croissante. La note 1 implique donc que l'argument n'affecte guère la situation, tandis que la note 5 signifie qu'il s'agit selon vous d'un argument de

première importance dans la prise de votre décision. Il importe d'attribuer une note à chaque argument inscrit à ce tableau ;

- ☐ faire l'addition des notes de chacune des deux colonnes de classement. La colonne dont le total est le plus élevé vous indique de quel côté penche la balance. Si le total des arguments pour est très supérieur à celui des arguments contre, vous serez enclin à faire confiance à cette technique pour arrêter votre décision. Si par contre la différence entre les deux totaux est faible, cela peut signifier que vous devez approfondir votre connaissance du problème et rechercher un complément d'information ;
- ☐ mettre à l'épreuve de ce tableau les deux ou trois premières options consignées dans le tableau précédent consacré à l'analyse des solutions possibles ; en comparant les résultats donnés par les deux tableaux, vous devez pouvoir prendre une décision plus facilement.

> Les deux tableaux qui précèdent vous permettront d'ordonner vos informations de façon logique et systématique afin de vous faciliter la tâche lorsque vous avez une décision à prendre

METTRE VOS DÉCISIONS À EXÉCUTION

La personnalité du chef d'entreprise de même que sa manière de passer à l'exécution sont des facteurs qui influent sur le résultat final. Votre décision une fois prise, n'hésitez pas à la faire appliquer. On respecte l'homme d'action qui s'en tient à ce qu'il a décidé.

Efforcez-vous de vous entourer d'adjoints compétents, qui respectent vos décisions et soient prêts à en assurer l'exécution rapide. Si vos collaborateurs contestent systématiquement vos jugements, vous vous laisserez vous-même gagner par le doute. Cela peut entraîner des retards et une insécurité néfastes pour vous comme pour les autres dans l'entreprise.

Autant que possible, ne vous engagez pas à fond dans une solution sans l'avoir au préalable expérimentée sur une petite échelle. Une fois prise la décision de régler un problème d'une certaine façon, il peut être nécessaire d'en remanier les modalités d'exécution. Avec le temps, et pendant l'exécution de la décision, on pourra voir surgir des circonstances ou des faits nouveaux qui modifient la situation primitive.

Certaines décisions se prêtent à un remaniement, d'autres non. Par bonheur, la plupart s'y prêtent — à condition que la modification soit opérée à temps. Une fois que vous aurez compris que presque toutes les décisions sont susceptibles de modification, vous aurez une plus grande confiance dans vos capacités de décideur.

Si vous conformez votre attitude au principe qui précède, vous maîtriserez vos décisions mieux que les autres. Entraînez-vous à décider en prenant des risques modérés à l'occasion d'un changement de cap ou au moment de vous engager sur de nouveaux objectifs. Vous le ferez d'autant plus aisément que vous saurez avoir la latitude de modifier ultérieurement vos décisions. Vous devez apprendre à distinguer entre les décisions que vous pourrez modifier et celles auxquelles il ne faudra pas toucher. Avant de trancher, demandez-vous : «Si je n'obtiens pas le résultat attendu, aurai-je la possibilité de revenir sur ma décision ?»

Les décisions sur lesquelles il est possible de revenir peuvent être mises à exécution rapidement. Si elles affectent des tiers, il est sage de les avertir que, faute d'obtenir tel ou tel résultat, on pourra revenir sur la décision. Ceux qui auront la charge de faire appliquer une décision en accepteront plus volontiers la responsabilité s'ils sont assurés qu'on les tiendra quittes au cas où le résultat escompté ne serait pas obtenu. Il semble qu'il y ait une corrélation étroite entre la capacité d'action d'une entreprise et la manière dont son personnel applique les décisions qu'il sait réversibles.

Le facteur temps revêt une importance primordiale dans la prise de décisions, surtout dans une entreprise en expansion. Les décisions doivent parfois être prises vite et appliquées aussitôt. Certaines d'entre elles sont prises dans l'ignorance absolue des circonstances futures, de l'évolution des choses et des gens. Ce n'est que par un contrôle efficace de l'exécution de vos décisions que vous pourrez savoir en quoi elles pèchent et ce que vous devrez faire la prochaine fois.

Les décisions critiques ne sont pas faciles à prendre, mais il arrive souvent qu'elles s'imposent. Dans bien des cas, une mauvaise décision vaut mieux que pas de décision du tout. N'oubliez pas que savoir décider est un art : plus vous le pratiquez, plus vous y devenez expert

SAVOIR PLANIFIER

5

Planifier, c'est préparer l'entreprise à fixer ses objectifs. Plus votre entreprise se développe, plus elle a besoin de planification : il vous faut consacrer plus de temps à planifier, ce qui vous en laisse moins pour la routine de l'exécution

Dans la plupart des entreprises, les activités de planification sont de deux ordres : la planification proprement dite, qui est l'affaire du patron, et les activités de routine. Le travail du patron comprend les contacts avec les banques, les bureaux fiduciaires, les études d'avocats et les autres organismes qui aident l'entreprise à régler ses problèmes financiers et juridiques, ainsi que la préparation d'études de marché, la recherche sur le produit, le préparation du budget, etc. La routine de la planification englobe notamment les rapports financiers mensuels, le contrôle et la révision du budget, la gestion du cycle de production, la commercialisation des produits et des services.

Vous pouvez confier les activités de routine à ceux de vos collaborateurs qui possèdent les qualifications nécessaires, mais vous devez vous intéresser personnellement de très près à la partie de la planification qui est l'affaire de la direction. Il est extrêmement difficile de déléguer les fonctions proprement directoriales. Si vous vous y laissez aller, vous courez le risque d'abandonner à d'autres les commandes de votre entreprise.

Plus vous parviendrez à déléguer vos activités de routine, plus il vous restera de temps à consacrer à la planification proprement dite de votre entreprise

PLANIFIER POUR DIRIGER

Une bonne planification de la gestion suppose qu'aucune décision importante n'est prise à votre insu et sans votre approbation. Dans une situation qui évolue sans cesse, il est absolument nécessaire que vous exerciez une autorité suffisante sur votre entreprise. La planification de la gestion vous permet notamment — et c'est là une de ses fonctions importantes — de disposer au bon moment des informations nécessaires pour prendre les décisions qu'il faut.

Il ne vous est pas possible de vous engager personnellement dans tout ce que fait votre entreprise, et ce serait d'ailleurs faire un mauvais usage de votre temps. Il importe en revanche que vous teniez fermement les commandes des activités proprement directoriales de votre affaire, quitte à déléguer toutes les autres activités à vos collaborateurs. Dès lors que votre personnel a prouvé qu'il était capable d'assumer des responsabilités, déléguez-lui de vos pouvoirs.

Votre activité planificatrice doit se fonder sur les besoins essentiels de l'entreprise et non sur des préférences personnelles. Planification et contrôle seront un succès à condition d'être en prise directe avec les besoins et les objectifs de votre entreprise. Une bonne planification a pour conséquence des orientations et des objectifs bien définis ; elle aide votre personnel à comprendre ce que l'on attend de lui. Le temps que vous passerez à élaborer votre planification, à la mettre en œuvre et à en évaluer les résultats sera bien employé.

On peut considérer la planification sous les deux angles du long terme et du court terme. Il va de soi que la planification à long terme se cantonne dans la généralité des projections d'objectifs et de résultats. Vous devez avoir une idée assez claire du point où vous entendez conduire votre entreprise d'ici à un ou deux ans, tout en sachant que les choses changent sans cesse et en étant prêt à ajuster votre plan en conséquence. Pour ce qui est de planifier à court terme, c'est-à-dire de fixer des objectifs rapprochés et de les atteindre, la plupart des chefs d'entreprise en sont capables.

Plus le cycle de planification est long, plus il est probable que vous verrez apparaître des circonstances nouvelles qui vous obligeront à remanier votre plan.

L'exécution des plans à long terme peut poser de graves problèmes si l'on n'a pas prévu la procédure de suivi indispensable. Chef d'entreprise, vous devrez prendre sans cesse de nouvelles décisions en matière de planification. Tâchez d'adopter une méthode précise à cette fin. Vous pourrez subdiviser le plan à long terme en phases portant chacune sur une période courte, ce qui vous permettra ensuite de mieux contrôler les résultats obtenus phase par phase.

Pour surveiller l'exécution d'un plan à long terme, vous devrez établir des points de repère qui vous permettront de vous assurer que chaque phase a été menée à bien dans les délais prévus. Chaque aspect de l'exécution du plan devra être placé sous la responsabilité d'un agent particulier. Ceux qui assument la responsabilité de certains résultats doivent être investis des pouvoirs nécessaires pour s'acquitter de leur fonction avec succès.

Vous pourrez désirer établir un calendrier pour l'exécution de vos plans. Il devra être simple et d'utilisation facile (voir la figure 5).

Figure 5. Calendrier d'application du plan de démarrage de l'entreprise

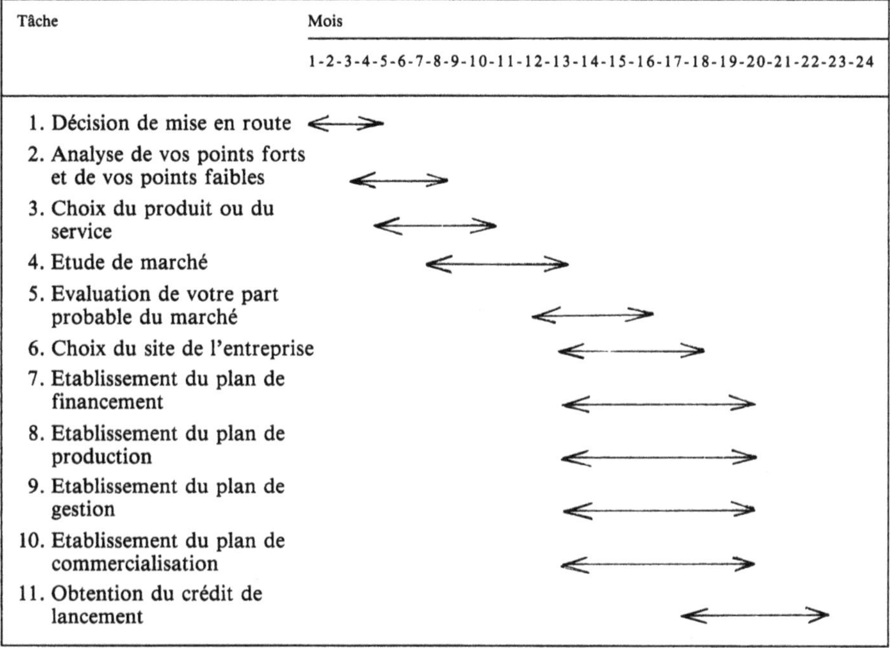

Tâche	Mois 1-2-3-4-5-6-7-8-9-10-11-12-13-14-15-16-17-18-19-20-21-22-23-24
1. Décision de mise en route	⟷
2. Analyse de vos points forts et de vos points faibles	⟷
3. Choix du produit ou du service	⟷
4. Etude de marché	⟷
5. Evaluation de votre part probable du marché	⟷
6. Choix du site de l'entreprise	⟷
7. Etablissement du plan de financement	⟷
8. Etablissement du plan de production	⟷
9. Etablissement du plan de gestion	⟷
10. Etablissement du plan de commercialisation	⟷
11. Obtention du crédit de lancement	⟷

En dressant la liste de toutes les opérations nécessaires à l'exécution d'un plan et en fixant l'ordre dans lequel ces opérations doivent être accomplies, vous avez un tableau complet de ce que vous avez entrepris. Ce tableau vous sera utile pour mener à bien vos activités de planification, car il vous aidera à déterminer celles des opérations qui sont le plus importantes et la date à laquelle chaque opération devra être terminée. Les délais que vous vous serez imposés pour chaque opération ne pourront que vous motiver davantage à faire en sorte que l'ensemble du programme soit achevé dans le temps prévu.

> Bien planifier, c'est aussi prévoir les mécanismes de contrôle nécessaires à la bonne exécution du plan. Quoique susceptibles de modification, les plans à long terme fournissent la ligne directrice de toutes les activités de l'entreprise

FAIRE CONFIANCE À SON PERSONNEL

L'un des avantages d'une bonne planification réside dans les critères précis qu'elle vous offre et qui vous permettent d'évaluer les résultats de chacun dans l'exécution de sa tâche. Il est indispensable pour le succès de l'entreprise que vous-même et vos collaborateurs soyez responsables de vos actes. Vous devez savoir à tout moment où en est votre affaire et où elle va. Plus vous avez prise sur les diverses opérations, plus il vous sera aisé de délimiter les responsabilités des uns et des autres. Tenez vos collaborateurs bien informés de leurs responsabilités respectives et vérifiez à intervalles réguliers le travail de chacun. Si chaque membre du personnel sait qu'il lui sera demandé compte de son travail, qu'il est tenu de produire un travail d'un certain niveau, tous seront mieux à même de produire de bons résultats.

Dans la plupart des cas, vous devrez évaluer le travail de votre personnel selon des critères quantitatifs, comme le nombre de pièces produites par jour ou le volume hebdomadaire des ventes. Selon la manière dont vous présenterez les données d'évaluation, vous pourrez déterminer leur signification et les analyser.

La planification assigne un but à chacun de vos actes de chef d'entreprise et les ordonne logiquement. En faisant confiance à vos collaborateurs, vous les incitez à faire de leur mieux, à condition que le travail soit évalué régulièrement, de façon ouverte et objective. Cela implique aussi qu'ils aient un rendement acceptable.

> La planification permet d'établir avec précision le résultat escompté de l'accomplissement de tâches bien définies. Vous serez plus assuré du succès si le travail est convenablement planifié et si chaque membre de votre personnel est conscient de la responsabilité qui lui incombe dans l'accomplissement de tâches données

PLANIFIER LA CROISSANCE DE L'ENTREPRISE

C'est presque toujours la direction qui planifie la croissance. Il s'agit d'établir des plans, en principe généraux, et d'orienter la marche de l'entreprise. Tous les membres de l'entreprise devraient néanmoins avoir part à la planification. Plus le personnel est nombreux, plus il y a de possibilités de l'associer à la planification.

Les cadres supérieurs et moyens devraient avoir plus de latitude que les cadres subalternes pour ce qui est de la fixation de leurs objectifs. A mesure que l'on descend dans l'échelle hiérarchique pour arriver au chef d'atelier, au contremaître, puis au simple travailleur, les objectifs et les tâches à accomplir deviennent plus précises. La planification profite à tous, mais le temps que chacun doit lui consacrer dépend de sa fonction. Plus on monte en grade, plus on est absorbé par les tâches de planification et moins on a de temps pour les tâches d'exécution.

Le diagramme ci-après illustre cette vérité :

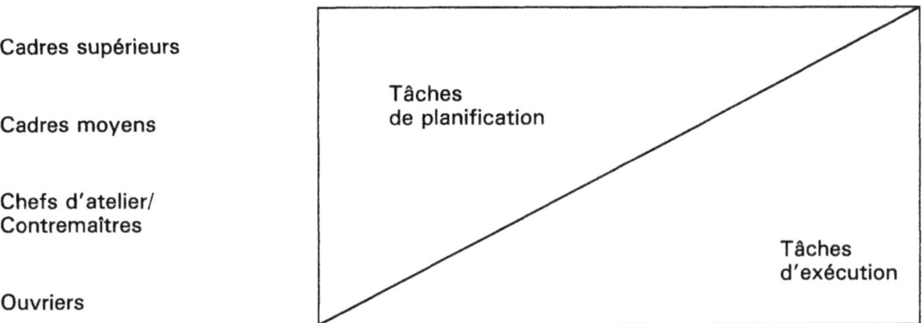

Planifier, ce n'est pas agir, c'est préparer l'action. S'ils avaient le choix, la plupart des gens préféreraient passer plus de temps à agir qu'à préparer. La question est de savoir si les activités auxquelles vous vous consacrez sont celles qui contribuent le plus à la satisfaction des besoins de l'ensemble de l'entreprise.

La planification, tâche difficile mais essentielle pour tout chef d'entreprise, ressemble à la résolution des problèmes. Il faut en premier lieu définir les objectifs, puis réunir les informations et la documentation chiffrée en rapport avec les objectifs visés. Ensuite, vous devez déterminer la meilleure stratégie susceptible de vous permettre d'atteindre ces objectifs et imaginer les diverses tâches à prévoir pour atteindre chacun d'eux. Les résultats attendus de chaque tâche doivent être évalués : si les résultats que l'on peut escompter d'une ligne de conduite sont insuffisants, il pourra arriver que l'on doive en planifier une autre.

Après une planification bien conduite, il est facile de passer à l'action. Sans planification, force vous serait de prendre vos décisions à l'improviste, suivant les circonstances du moment et non pas en fonction d'objectifs à long terme.

En préparant le plan d'ensemble de la marche de votre entreprise, vous aurez intérêt à énumérer les objectifs, à les ranger par ordre d'importance et à les subdiviser en sous-objectifs. Chaque objectif devrait être assorti d'une liste des tâches à prévoir pour l'atteindre. Il arrivera qu'une même tâche soit nécessaire à la réalisation de plusieurs objectifs.

Les plans peuvent être établis trois à quatre mois avant leur mise à exécution. Cela vous contraindra à penser l'avenir et à tenir prêts des projets qui conviennent à votre entreprise. S'il s'agit de plans à long terme, vous pourrez, le cas échéant, être appelé à les modifier. La planification ne vous en aide pas moins à préparer votre entreprise au lendemain avec une bonne marge de certitude. Planifier donne un sens à votre action. Les plans et les réalisations d'hier sont riches d'informations utiles pour la planification future.

La situation économique générale peut influer sur le succès de vos affaires. En période de haute conjoncture, même les entreprises mal organisées sont florissantes. En période de crise, seules quelques entreprises peuvent rester à flot. La planification aidera votre établissement à maintenir pavillon haut et à poursuivre sa croissance, quelles que soient les circonstances économiques.

Faites l'effort de comprendre les grandes tendances de votre secteur d'activité. Vu l'afflux ininterrompu des techniques nouvelles et des équipements nouveaux, votre planification doit prévoir des dispositions concernant la recherche-développement de produits nouveaux pour faire front à la concurrence.

La planification doit aussi faire une place à l'expérimentation de techniques et de méthodes nouvelles. Il doit s'agir d'une expérimentation sur une petite échelle, dans laquelle vous investirez aussi peu de temps, d'argent et d'énergie que possible, et qu'il vous faudra contrôler de près et évaluer avec soin.

La planification doit encore prévoir l'expansion de l'entreprise par la conquête de nouveaux marchés. Le personnel doit se tenir au courant de l'évolution des méthodes de commercialisation et de publicité, afin d'être en mesure de gagner de nouvelles catégories de clients.

Dans toute entreprise bien organisée, un certain conformisme est nécessaire chez le personnel sans toutefois que soit découragée l'initiative créatrice grâce à laquelle les méthodes et les procédures de travail pourront être améliorées.

Chacun doit prendre une part plus ou moins grande à la planification et ceux qui y ont apporté une contribution marquante devraient voir leurs mérites reconnus d'une manière ou d'une autre. Chacun, dans l'entreprise, doit s'attacher à se perfectionner lui-même et c'est précisément l'objet du présent ouvrage que de vous y aider. Les progrès accomplis par l'individu sont utiles à l'entreprise.

Le bien le plus précieux d'une entreprise, c'est son personnel. S'il a le goût de l'action et l'autonomie nécessaires pour prendre des décisions, les conditions de la croissance de l'entreprise sont réunies. Pour conserver un personnel dynamique et capable, l'entreprise doit l'inciter à jouer un rôle actif dans la planification et à prendre une part responsable à l'exécution des plans.

> Planifier la croissance de l'entreprise n'est jamais ennuyeux, ce n'est pas une routine. Croître, c'est changer. S'il entend faire progresser son entreprise, le patron doit faire preuve d'imagination et d'intelligence

FIXER UN ORDRE DE PRIORITÉ

Planifier, c'est aussi fixer un ordre de priorité. Si votre entreprise se heurte à des difficultés, il existe sûrement des secteurs où un effort de planification pourrait avoir des effets immédiats. C'est ainsi que dans presque toutes les entreprises, il est possible de réduire les coûts et de réaliser des économies importantes. L'argent doit être dépensé avec le maximum d'efficacité : il y va de la vie de l'entreprise.

Si des économies sont nécessaires, elles devront être sélectives et non globales. Une planification rationnelle réduit d'abord les coûts les moins productifs.

Passez en revue les catégories de coûts suivantes et voyez si des économies y sont possibles :

- ☐ *les coûts directs,* par exemple au titre du personnel et de l'équipement, qui permettent de réaliser le produit ou le service ;
- ☐ *les coûts indirects,* par exemple au titre des fournitures et du personnel, qui ne sont pas directement liés à la réalisation du produit ou du service, et les frais généraux d'éclairage et de chauffage des locaux ;
- ☐ *les coûts administratifs,* par exemple les dépenses de bureau courantes ou les salaires de la direction et des employés ;
- ☐ *les dépenses du service des ventes,* c'est-à-dire tous les coûts qu'entraîne la commercialisation du produit ou du service, tels que les frais de publicité et de promotion commerciale, ou les salaires du personnel du service des ventes.

Si une entreprise prospère et enregistre une croissance trop rapide, il existe un risque de voir négliger précisément les aspects de sa gestion auxquels elle doit son succès, ce qui entraînera une baisse des ventes et des bénéfices. C'est là que la planification de l'expansion joue un rôle déterminant dans le succès à long terme de l'entreprise.

La mise au point de produits nouveaux est une autre rubrique qui doit figurer dans les plans d'une entreprise. Vous devez supposer que vos concurrents ne relâchent jamais leurs efforts pour lancer sur le marché des produits ou des services nouveaux. Vos propres produits seront de ce fait menacés de passer de mode, sauf si vous avez pris à temps les mesures d'adaptation nécessaires.

Chacune des rubriques de coûts que nous venons d'énumérer peut être subdivisée en plusieurs sous-rubriques. Vous devez être capable de localiser les secteurs qui coûtent trop et ceux qui coûtent peu. Si vous tenez cette information à jour de semaine en semaine, vous pourrez contrôler vos coûts et saurez tout de suite si vous pouvez agir sur la situation. Quand vous savez où les coûts sont le plus élevés et où ils ont augmenté, vous savez aussi où faire porter l'effort pour les réduire.

Un chef d'entreprise débutant a tendance à vouloir être présent sur tous les fronts. A mesure que votre affaire se développe, vous allez vous trouver de plus en plus contraint de renoncer au quotidien, de déléguer vos pouvoirs et vos responsabilités à d'autres. Avec le temps, cette évolution peut entraîner une transformation des méthodes et des habitudes de votre entreprise, et vous aurez alors à vous assurer que chacun des membres de votre personnel est averti des changements survenus ainsi que de la fonction et des responsabilités nouvelles qui sont les siennes dans l'organigramme nouveau.

Déléguer vos activités de routine à votre personnel, c'est vous donner la possibilité de consacrer plus de temps aux problèmes majeurs de votre entreprise. Que celle-ci soit grande ou petite, vous devez planifier votre emploi du temps. Cela vous renseignera sur les secteurs de l'entreprise qui requièrent toute votre attention et tout votre temps

FAIRE BON USAGE DE SON TEMPS

6

Le temps est une denrée que l'on ne peut stocker : il vous file entre les doigts à mesure que la journée s'avance et, le soir venu, il n'en reste plus. Pour le chef d'entreprise, employer son temps de façon judicieuse est un impératif catégorique. Le seul moyen de faire un bon usage de son temps, c'est de mieux l'organiser

Vous obtiendrez de meilleurs résultats si vous savez établir un budget de votre temps. Pour mieux employer son temps, on peut en particulier se fixer des objectifs, s'imposer des délais et prévoir le temps nécessaire pour chaque activité importante. On reconnaît un chef d'entreprise à sa capacité de créer, de résoudre les problèmes et de faire naître l'occasion. Il vous faut donc vous ménager du temps pour les activités qui s'inscrivent sous ces rubriques et garder pour plus tard les autres tâches auxquelles vous n'accorderez qu'un rang de priorité inférieur. Vous devez organiser votre temps de façon rationnelle, afin de pouvoir vous consacrer aux tâches que vous jugez les plus importantes.

Il ne vous appartient pas de thésauriser votre temps. Si précieux que soit le temps, on ne peut que le dépenser. Dans le présent chapitre, nous nous sommes attachés à déterminer les moyens qui vous permettront de le faire de façon rationnelle

SE FIXER DES OBJECTIFS

Pour mieux comprendre ce que c'est que la maîtrise de votre temps, divisez-le en deux parts : le temps livré aux influences extérieures et celui sur lequel vous avez prise.

Pour programmer votre temps, l'essentiel est de planifier votre journée en faisant la part des influences extérieures et celle de votre initiative. Si vos objectifs de chaque jour sont bien définis et accessibles, vous éprouverez l'attraction du but à atteindre et, à la fin de la journée, le sentiment du devoir accompli. Chaque individu étant unique, ses objectifs et son emploi du temps seront différents de ceux des autres. Choisissez vos objectifs et votre emploi du temps pour la journée en fonction de vos besoins propres.

Tout objectif doit être rapporté au temps. Quand vous aurez compris que le temps doit entrer en ligne de compte dans la détermination des objectifs à atteindre, vous saurez aussi qu'il faut fixer les délais en fonction de l'importance relative de chaque objectif. N'oubliez pas que définir des objectifs, établir un ordre de priorité, fixer un délai pour la réalisation de chaque objectif, c'est faire œuvre créatrice et productive.

Vous devez orienter votre action en fonction de vos objectifs, et il vous faut en avoir à long et à court terme. Ne commencez pas votre journée par des tâches secondaires, mais occupez-vous d'abord des problèmes les plus importants, qu'ils soient faciles ou difficiles. Quand vous en aurez terminé avec ce travail — qu'il s'agisse de problèmes de moyen terme, de court terme ou de long terme — vous pourrez aborder les autres questions.

Plus votre objectif reste général, plus il vous sera difficile d'avoir une idée précise du temps que vous mettrez à l'atteindre. Il vous faudra sans doute remanier votre calendrier de temps à autre, ce qui vous rapprochera du but. Ne pas tenir compte du facteur temps, c'est risquer l'échec.

Quand vous saurez discerner parmi les objectifs possibles ceux qui sont réellement importants, vous aurez la clé de l'efficacité de votre emploi du temps. Une fois précisé le but à atteindre, il vous reste à définir les activités qui vous y conduiront et à les ordonner chronologiquement. Faites en sorte que la première de ces activités soit aussi facile à réaliser que possible : l'aisance avec laquelle vous la mènerez à bien vous donnera confiance pour la suite

LE PROBLÈME QUE POSE LE TEMPS

Un bon moyen de faire un usage plus productif de votre temps consiste à mettre en train plusieurs activités en rapport les unes avec les autres, qui doivent être exécutées simultanément, et à en charger vos collaborateurs, pendant que vous vous réserverez la solution des problèmes de première importance.

Il ne suffit pas de bien employer votre temps. Vous devez aussi vous préoccuper du bon usage que votre entreprise fait du sien. Le temps est un facteur capital dans l'entreprise, et il dépend de vous qu'il devienne un atout maître dans les mains de chacun des membres de votre personnel.

Il importe que le chef d'entreprise passe l'essentiel de son temps à s'occuper des objectifs et des problèmes qui mettent en cause l'entreprise dans son ensemble. Prenez garde toutefois de ne pas céder à la tentation de consacrer trop de temps aux questions que vous connaissez le mieux en esquivant celles sur lesquelles vous êtes moins à l'aise. Il vous faut déterminer les problèmes les plus importants qui se posent dans votre entreprise et vous y atteler dans l'ordre de priorité que vous avez établi, en vous concentrant sur le court terme d'abord, sur le long terme ensuite.

> Le profit est le sang de l'entreprise. Il la maintient en vie. Tous les problèmes qui affectent le profit doivent donc être réglés en priorité

COMMENT ADMINISTRER SON TEMPS

La gestion du temps est liée aux habitudes de travail. Faire le meilleur usage de son temps, cela revient à produire le maximum dans un temps dont on dispose. Il existe plusieurs manières d'y parvenir.

- ☐ *Déterminez les objectifs que vous vous assignez pour la journée.* Assurez-vous que vous avez une idée claire de ce que vous comptez faire chaque jour. Avant d'arriver à votre bureau, ou au moment de vous mettre au travail, dressez la liste de vos objectifs pour la journée, par ordre d'importance. Commencez par la tâche la plus importante en laissant de côté tout le reste jusqu'à ce qu'elle soit achevée. Ne vous en laissez distraire par aucune influence extérieure. Les tâches essentielles exigent souvent une grande concentration ; veillez, par conséquent, à préserver cette concentration jusqu'à ce que vous en ayez terminé ; ne vous interrompez pas, ne vous dissipez pas. Les travaux de routine de votre bureau doivent être organisés de telle sorte qu'ils suivent leur cours même en votre absence. Si des questions administratives vous interrompent sans cesse, il y a quelque chose à changer dans l'organisation du travail.

- ☐ *Motivez-vous vous-même.* Un chef d'entreprise est normalement très motivé et donne en toutes circonstances l'image de quelqu'un qui aime le travail. La plupart des gens sont capables d'atteindre des objectifs conformes à ce qu'ils désirent, mais un chef d'entreprise sait en outre se motiver lui-même pour obtenir un rendement élevé dans ce qu'il doit faire.

- ☐ *Fixez-vous des délais.* Vous en ferez plus si vous vous imposez un délai pour achever certaines tâches. Assurez-vous certes que le délai est réaliste, mais quand vous l'aurez fixé, faites l'impossible pour vous y tenir.

- ☐ *Servez-vous du téléphone.* Le téléphone est la principale voie de communication qui vous relie à votre petit monde. Il vous faudra parfois adresser un message écrit, mais le moins souvent possible. On règle plus rapidement les problèmes par téléphone. Le message écrit est une communication unilatérale, tandis que le téléphone permet un dialogue. Il vaut parfois la peine d'enregistrer votre conversation téléphonique sur bande magnétique.

- ☐ *Prenez des notes.*Ayez en tout temps un bloc-notes sous la main. En gardant la trace écrite des points importants, vous vous constituez un registre permanent des réunions de commission, des conversations téléphoniques, des entretiens que vous avez eus avec vos collaborateurs et vos clients, voire simplement de vos réflexions. Notez vos réflexions et vos idées, notez aussi au vol vos prochains rendez-vous, ce que vous comptez faire, les noms et les numéros de téléphone à retenir.

- ☐ *Ne cherchez pas à tout faire.* Vous connaissez la règle qui dit : «Si vous tenez à ce qu'un travail soit fait, confiez-le à quelqu'un de très occupé.» Les chefs d'entreprise sont certes des gens occupés ; ils ne le sont pas à n'importe quoi. Ils s'occupent de choses qui comptent. Attachez-vous à l'important. Si vous ne perdez pas de vue vos objectifs, vos actions iront toujours dans le sens du résultat significatif. Choisissez ce que vous ferez sans chercher à tout faire. Apprenez à renoncer aux tâches trop absorbantes sans rapport direct avec vos objectifs prioritaires.

- ☐ *Ne morcellez pas votre temps.* Efforcez-vous de réserver à vos tâches prioritaires un laps ininterrompu de temps (trois à quatre heures) au moment de la journée où vous vous sentez le plus en forme. Programmez vos activités de part et d'autre de ce laps de temps. S'il englobe l'heure du déjeuner, prenez un petit déjeuner copieux et passez-vous de déjeuner. Travailler sans être dérangé pendant trois ou quatre heures d'affilée peut être très productif si le travail porte sur une question ou une situation particulière ou délicate. Certes, il n'est pas toujours possible de réserver un laps de temps ininterrompu à une seule et même question, mais c'est souvent la seule façon de résoudre certains problèmes.

- ☐ *Posez-vous des questions avant de vous mettre au travail.* Il est rare qu'on ne puisse pas augmenter son efficacité. Avant d'entreprendre une tâche, assurez-vous que vous connaissez les réponses aux questions suivantes : De quoi s'agit-il ? Où cela se passe-t-il ? Quand la chose est-elle prévue ? De qui s'agit-il ? Comment faire ? Et pourquoi ? La réponse à ces Quoi ? Où ? Quand ? Qui ? Comment ? Pourquoi ? vous aidera à trouver le moyen de travailler plus efficacement. Demandez-vous avant chaque étape d'une activité : «Pourquoi cette activité ?» Vos réponses vous permettront de distinguer les tâches essentielles qui s'attachent à cette activité.

- ☐ *Soyez tourné vers l'action.* Quand vous avez décidé de vous attaquer à un problème, définissez une ligne de conduite précise et mettez-vous au travail. Une fois un travail commencé, efforcez-vous de le mener à bien le plus vite possible. En d'autres termes, prenez le temps de planifier votre travail avant de prendre celui d'exécuter vos plans.
  En vous y prenant ainsi, vous ne risquez plus d'ajourner sans cesse la solution parce que vous hésitez sur la manière d'aborder le problème. En outre, lorsque les problèmes vous apparaîtront comme autant d'ouvertures sur un progrès, vous aurez une meilleure perception des moyens de les résoudre par la création et par l'innovation.

- ☐ *Sachez réfléchir.* S'imposer la réflexion, c'est chercher à tirer la leçon de ses actes passés et présents et se préparer à l'action future. Pour la plupart d'entre nous, nous ne réfléchissons guère à ce que nous faisons ; bien souvent, nous n'en avons pas le loisir. Il existe cependant dans la vie de chacun des temps morts où l'on peut s'entretenir avec soi-même : la période qui précède le sommeil, par exemple, ou la durée d'un voyage, l'attente d'un moyen de transport, voire la promenade solitaire. Mettez ces temps morts à profit pour réfléchir à vos affaires.

- ☐ *Préparez en détail la journée du lendemain.* A la fin d'une journée de travail, organisez votre emploi du temps du lendemain. Si vous le pouvez, n'hésitez pas à entamer le travail que vous devrez faire le lendemain : vous n'en commencerez que plus vite la journée suivante en évitant le temps perdu au démarrage. Il est parfois plus aisé de continuer un travail que de le commencer. La fin de la journée vous offre aussi l'occasion de jeter un coup d'œil en arrière et de vous demander à quel moment de la journée vous avez perdu votre temps, ou n'en avez pas fait bon usage. Prenez note des activités qui vous «grignotent», vous vous prémunirez ainsi contre la répétition des mêmes erreurs à l'avenir.

- ☐ *Sachez tirer les leçons de vos expériences.* Vous remémorer vos expériences passées, c'est vous donner l'occasion de déterminer celles qui ont été enrichissantes et fertiles, et celles qui n'ont eu pour vous aucun intérêt, qui vous ont pris du temps sans être pour autant productives. L'avenir vous réserve d'autres expériences semblables et il vous appartiendra alors de faire le tri et de retenir les activités qui en valent vraiment la peine et qui promettent le plus de résultats.

- ☐ *Posez-vous des questions à propos de l'emploi de votre temps.* Si vous tenez à bien gérer votre temps, posez-vous les questions suivantes :
  - — Parmi les travaux dont je me charge, quels sont ceux dont je ne devrais pas m'occuper ou que je devrais déléguer ?
  - — Lorsque j'arrête mon choix sur ce qui est à faire, ai-je pour habitude de fixer un ordre de priorité ?
  - — Mon travail est-il programmé de telle sorte que je puisse l'achever dans un délai raisonnable ?
  - — Suis-je capable de m'en tenir à une seule activité à la fois ?

Essayez de garder toujours en mémoire les bonnes méthodes d'administration du temps, afin d'améliorer la façon dont vous vous acquittez de votre travail.

Quelques bons moyens de gagner du temps

Déterminer des objectifs précis
Etre motivé
Se fixer des délais
Se servir du téléphone
Prendre des notes
Borner son activité aux choses essentielles
Réserver à chaque tâche un certain laps de temps
Se poser des questions
Avoir l'esprit tourné vers l'action
Savoir réfléchir
Se tenir prêt pour le travail du lendemain
Tirer les leçons des expériences passées
Se poser des questions à propos de son emploi du temps

QUELQUES «TRUCS» POUR GAGNER DU TEMPS

Les «trucs» suivants vous aideront à ménager votre temps :

- ☐ Convoquez les réunions ou conférences internes à une heure aussi rapprochée que possible de l'heure du déjeuner ou du dîner. La plupart des participants feront l'effort nécessaire pour que la séance ne traîne pas inutilement.
- ☐ Ayez un système de classement simple. Faites périodiquement la revue de vos dossiers et écartez-en ce dont vous n'avez plus besoin.
- ☐ Donnez consigne à votre secrétaire de filtrer vos appels téléphoniques et de

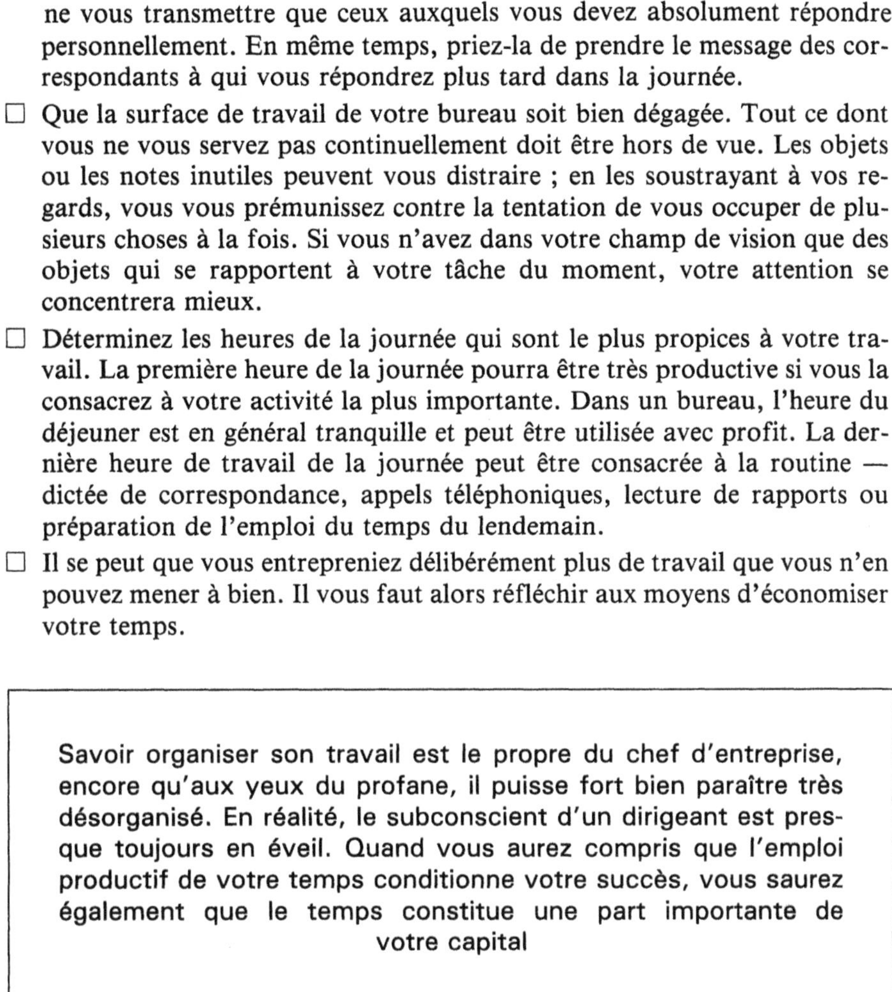

ne vous transmettre que ceux auxquels vous devez absolument répondre personnellement. En même temps, priez-la de prendre le message des correspondants à qui vous répondrez plus tard dans la journée.

- ☐ Que la surface de travail de votre bureau soit bien dégagée. Tout ce dont vous ne vous servez pas continuellement doit être hors de vue. Les objets ou les notes inutiles peuvent vous distraire ; en les soustrayant à vos regards, vous vous prémunissez contre la tentation de vous occuper de plusieurs choses à la fois. Si vous n'avez dans votre champ de vision que des objets qui se rapportent à votre tâche du moment, votre attention se concentrera mieux.
- ☐ Déterminez les heures de la journée qui sont le plus propices à votre travail. La première heure de la journée pourra être très productive si vous la consacrez à votre activité la plus importante. Dans un bureau, l'heure du déjeuner est en général tranquille et peut être utilisée avec profit. La dernière heure de travail de la journée peut être consacrée à la routine — dictée de correspondance, appels téléphoniques, lecture de rapports ou préparation de l'emploi du temps du lendemain.
- ☐ Il se peut que vous entrepreniez délibérément plus de travail que vous n'en pouvez mener à bien. Il vous faut alors réfléchir aux moyens d'économiser votre temps.

> Savoir organiser son travail est le propre du chef d'entreprise, encore qu'aux yeux du profane, il puisse fort bien paraître très désorganisé. En réalité, le subconscient d'un dirigeant est presque toujours en éveil. Quand vous aurez compris que l'emploi productif de votre temps conditionne votre succès, vous saurez également que le temps constitue une part importante de votre capital

COMMENT RÉDUIRE LES TENSIONS DUES AU MANQUE DE TEMPS

Pour que les urgences successives de chaque jour ne vous soumettent pas à une tension insupportable, dans votre vie privée comme dans votre vie professionnelle, il est indispensable que vous appliquiez des méthodes efficaces d'administration de votre temps. Dans les affaires comme ailleurs, la technique a fait des progrès rapides et continuera d'en faire. Il n'est pas donné à tout le monde d'assimiler le progrès technique, mais le chef d'entreprise doit offrir l'exemple de quelqu'un qui sait accepter le changement, s'adapter à un milieu en perpétuelle transformation, rester productif et obtenir de bons résultats, grâce au bon usage qu'il fait de son temps.

En se laissant envahir par les préoccupations de la routine quotidienne de l'entreprise, on s'expose à une grande tension, qu'il est cependant possible de prévenir, du moins en partie, par une saine gestion du temps.

Comme pour la plupart des chefs d'entreprise, la liste de vos obligations de la journée, de la semaine et du mois est longue : participation à des réunions, contrôle de certaines activités confiées à vos collaborateurs, ordres à donner, rapports ou notes à rédiger, et mille autres choses encore. Pour vous acquitter de ces obligations, il vous faut appliquer systématiquement une méthode rigoureuse, sous peine de tension et de frustration.

Un moyen de réduire les tensions dues à l'accumulation des tâches consiste à gérer votre temps en fonction d'un plan préétabli. A très court terme, cela signifie que vous établirez périodiquement le plan précis de vos objectifs pour chaque jour de la semaine, tandis qu'à plus long terme vous prévoirez vos objectifs mensuels.

Figure 6. La grille de votre temps

Objectifs	Temps prévu
A court terme	Une heure Deux heures Une journée Une semaine
A moyen terme	Deux semaines Trois semaines Un mois
A long terme	Plus d'un mois

Un plan écrit qui fixe les objectifs à court, à moyen et à long terme vous permet de traiter le problème de la gestion de votre temps de façon systématique et vous aide à réduire la tension dans le travail. Les progrès que vous accomplissez en direction des objectifs que vous vous êtes assignés vous sont un moyen de réduire l'anxiété et la tension nerveuse. Un contrôle suivi des progrès de la journée (toutes les demi-heures, par exemple) non seulement vous renseigne sur votre allure, mais vous stimule pour ce qui vous reste à faire. Il vaut la peine également de réfléchir de temps à autre sur votre travail et sur les conditions dans lesquelles vous vous en acquittez. Cette forme particulière d'«autogestion» devrait vous aider à déceler tout ce qui peut faire obstacle à la bonne marche des choses.

Par exemple, il se peut que l'ambiance dans laquelle vous travaillez comporte des sujets de distraction, ce qui risque d'être cause de tensions ou de frustrations, la réaction de chacun étant différente selon son tempérament et selon le lieu et les circonstances. Les objets qui nuisent à la concentration sont nombreux : il peut s'agir du bruit, de la fumée d'une cigarette, de la température, de l'éclairage, voire des autres personnes présentes. Ce sont justement les personnes qui, bien souvent, posent le plus de problèmes par leurs récriminations, leurs critiques, leurs altercations, leurs rires, leurs bavardages incessants ou le dérangement qu'elles vous infligent.

Si vous estimez que l'ambiance dans laquelle vous travaillez ne vous réussit pas, prenez l'initiative de la transformer en commençant par faire l'inventaire des modifications souhaitables entre lesquelles vous pourriez choisir pour créer une ambiance de travail satisfaisante. Ne perdez pas de vue que les changements que vous apporterez à une activité pourront fort bien entraîner des réformes ailleurs.

COMMENT S'ORGANISER MIEUX

Le temps que vous réserverez à la réflexion sur l'avenir de votre entreprise peut se révéler des plus productifs. Vous trouverez ici quelques-unes des questions que vous pourriez avoir intérêt à vous poser quant aux réformes qui seraient de nature à améliorer votre organisation du travail.

L'avenir de l'entreprise

- ☐ Quelles sont les tendances économiques les plus susceptibles d'affecter mon entreprise ?
- ☐ Quels produits ou services nouveaux ai-je l'intention de lancer d'ici à cinq ans ?
- ☐ Quelles recherches en cours risquent d'affecter mon entreprise ?
- ☐ Dans quelle mesure les besoins de main-d'œuvre seront-ils influencés par l'apparition de techniques nouvelles dans les cinq années à venir ?
- ☐ En quoi l'entreprise se trouvera-t-elle modifiée durant les cinq prochaines années ?

L'aspect qualitatif des besoins de personnel pour l'avenir

- ☐ Quelles sont les méthodes nouvelles d'évaluation du travail du personnel ?
- ☐ Comment améliorer le travail des membres du personnel qui occupent des postes clés ?
- ☐ Quels plans pourrais-je adopter pour faire acquérir aux membres du personnel qui occupent des postes clés les qualifications en matière de gestion dont ils auront besoin dans l'avenir ?
- ☐ Qui sont les membres du personnel chargés de préparer les réformes de structure nécessaires pour l'avenir ?
- ☐ Quels éléments du programme de formation et de perfectionnement du personnel contribuent à préparer l'avenir de l'entreprise ?

Les améliorations en matière administrative

- ☐ Quels sont les moyens d'améliorer l'organisation actuelle ?
- ☐ Pourquoi certains services sont-ils plus performants que d'autres ?

- ☐ Comment peut-on mesurer l'efficacité et la performance des différents services, par exemple du service des ventes, du service de la recherche et du service de la production ?
- ☐ Comment peut-on mesurer la performance de l'entreprise dans son ensemble ?
- ☐ Comment peut-on améliorer les relations de travail entre les services ?
- ☐ Comment peut-on améliorer le moral de l'entreprise ?
- ☐ Comment peut-on améliorer les communications internes dans l'entreprise ?

> Il est probable que, chaque fois que vous en avez le temps, vous réfléchissez à tel ou tel aspect de votre entreprise. Posez-vous alors des questions propres à concentrer votre attention sur des problèmes particuliers et à leur trouver des solutions

LA LISTE DES CHOSES «À FAIRE»

Cette liste est votre aide-mémoire. Certains l'établissent sur un bloc-notes, d'autres sur un agenda ou sur une feuille volante. Pour faire mieux, on peut établir une formule toute prête, adaptée aux besoins particuliers de l'utilisateur. La figure 7 en fournit un exemple.

Figure 7. Exemple de liste des choses «à faire»

À FAIRE Date :________________

Tâche principale de la journée :________________

Ordre de priorité	Chose à faire

Rendez-vous

Nom	Adresse	N° de téléphone

L'ANALYSE DE VOTRE EMPLOI DU TEMPS

Il existe un moyen simple de faire la distinction entre l'essentiel et l'accessoire dans votre travail : c'est de dresser le tableau de vos diverses activités. A cette fin, vous trouverez à la figure 8 un modèle de tableau d'emploi du temps. Y sont inscrites les heures de travail actif, qui correspondent en gros aux heures de veille. Pour chaque heure, deux cases d'une demi-heure sont prévues. Le chiffre des heures est laissé en blanc car les habitudes quant au début et à la fin du travail diffèrent suivant les individus.

Le tableau comporte quatre colonnes où vous consignerez la nature, l'objectif et le résultat de chacune de vos activités. Toutes vos activités doivent en effet viser un but précis et aboutir à un résultat. Le temps qu'il vous aura fallu pour obtenir un résultat conforme à l'objectif de chaque activité vous donnera une idée de votre efficacité dans l'emploi de votre temps. A la fin de chaque jour, cochez les activités qui n'étaient pas essentielles et efforcez-vous de les éviter à l'avenir.

Au bout d'un mois d'utilisation de ce tableau, vous aurez une idée précise de la manière dont vous employez votre temps, compte tenu de vos objectifs. Dans certains cas, vous pourrez avoir été occupé à des activités sans aucun rapport avec vos principaux objectifs.

C'est seulement en ayant conscience de l'importance de votre temps que vous pourrez donner un sens à votre travail. Dans l'espace réservé à cet effet, en haut du tableau, vous inscrirez la tâche principale de la journée, ainsi que la date. Votre obstination à terminer votre tâche principale vous aidera à obtenir des résultats positifs à la fin de la journée.

En utilisant ce tableau analytique avec persévérance, vous serez en mesure de savoir combien de temps vous consacrez à chacune de vos activités, quels sont vos objectifs les plus importants et en quoi consistent vos résultats. Il pourra aussi servir pour l'emploi du temps de vos fins de semaine.

On peut faire beaucoup de choses en une semaine. Les résultats consignés durant un mois sur votre tableau d'emploi du temps pourront éclairer l'analyse de vos activités passées et orienter vos activités futures dans le sens d'une meilleure utilisation de votre temps.

Figure 8. Analyse de l'emploi du temps

ANALYSE DE L'EMPLOI DU TEMPS

Tâche principale :__________ Date :__________

__________ Jour :__________

Heure	Objectif	Activité	Résultat
: 00			
: 30			
: 00			
: 30			
: 00			
: 30			
: 00			
: 30			
: 00			
: 30			
: 00			
: 30			
: 00			
: 30			
: 00			
: 30			
: 00			
: 30			
: 00			
: 30			
: 00			
: 30			
: 00			
: 30			
: 00			
: 30			
: 00			
: 30			
: 00			
: 30			
: 00			
: 30			

Parmi les nombreuses occasions de perdre son temps, il faut retenir :

- ☐ les bavardages sur des sujets sans rapport avec le travail ;
- ☐ les réunions inutiles ou qui s'éternisent ;
- ☐ la trop grande indulgence pour les interruptions incessantes ;
- ☐ le manque d'organisation ;
- ☐ l'absence ou l'insuffisance de délégation de pouvoirs ;
- ☐ l'indécision ;
- ☐ l'habitude d'arriver en retard ou de s'absenter.

Si vous parvenez à éliminer une partie des facteurs de perte de temps énumérés ci-dessus, vous augmenterez votre efficacité. Une fois que vous savez à quoi vous avez passé votre temps hier, il vous est plus facile de planifier votre emploi du temps de demain. Si vous prenez l'habitude de préparer l'emploi de votre temps avec rigueur, vous serez en mesure d'atteindre plus aisément les objectifs de travail que vous vous êtes fixés.

Le chef d'entreprise qui réussit sait employer son temps efficacement. Le temps perdu ne se rattrape pas. Mettez à profit chaque minute de votre temps de veille. Planification, organisation et programmation sont les trois conditions du succès dans l'administration de votre temps. N'oubliez jamais que l'emploi de votre temps est l'un des rares paramètres sur lesquels vous pouvez agir

PARTIE II

LA PLANIFICATION ET LE CONTRÔLE FINANCIERS

Les questions financières soulèvent souvent des difficultés pour le chef d'entreprise. La partie II du présent ouvrage a pour objet de vous suggérer, en la matière, des comportements propices à la bonne marche de votre entreprise. Avant tout, il est indispensable que vous mesuriez et que vous maîtrisiez vos résultats financiers.

La partie II comprend les chapitres suivants :

7. Les plans d'action financière
8. Savoir apprécier les ressources
9. Comment maîtriser les stratégies financières et leurs résultats
10. La réussite financière par le bon emploi des ressources humaines
11. Les systèmes d'information, instruments de la gestion et de la décision

La planification et le contrôle des questions financières sont des facteurs déterminants de la bonne gestion d'une entreprise et décident de son avenir. Le chef d'entreprise est tenu de consacrer du temps à améliorer la situation financière de son affaire : supprimer les points faibles, développer les points forts, tirer la leçon des réussites et des erreurs du passé, organiser l'évolution financière de l'entreprise.

Autre point essentiel de la vie de l'entreprise, la maîtrise de ses résultats. Vous devez être décidé à agir, à investir, à mesurer les résultats et, le cas échéant, à redresser la barre. Vous devez être capable à tout moment de trouver et d'utiliser les ressources financières nécessaires à la croissance et au développement de votre affaire.

Sans information, pas de décisions financières éclairées. Il convient que vous vous dotiez de votre propre système d'information, afin que votre personnel puisse se tenir au courant, de façon méthodique, ce qui lui permettra de s'engager sans réserve et l'incitera à faire toujours mieux.

Les méthodes de planification et de contrôle financiers décrites dans la présente partie sont couramment pratiquées dans les pays d'expression anglaise. Elles ne sont citées ici qu'à titre d'exemple et il n'entre nullement dans les intentions des auteurs d'en recommander telle ou telle de préférence à une autre.

LES PLANS D'ACTION FINANCIÈRE

7

Etre chef d'entreprise, c'est planifier le travail et maîtriser la situation. C'est au patron qu'il appartient de déterminer ce qui est vital pour le développement futur de son affaire. Sans cesse, il cherche à améliorer la performance de l'entreprise, à éliminer ses points faibles, à renforcer ses qualités maîtresses, à tirer les leçons des succès et des échecs du passé, à planifier et à aménager l'avenir

Lorsqu'un chef d'entreprise prépare ses plans d'avenir, il doit le faire dans un esprit dynamique. Dans le présent chapitre, nous mettrons en relief l'action sur laquelle doit déboucher la planification financière. Celle-ci comprend dix échelons :

- ☐ fixation d'objectifs financiers convenant à l'entreprise ;
- ☐ évaluation d'autres stratégies financières applicables ;
- ☐ rassemblement et analyse des données financières (faits et chiffres) pour compléter les plans ;
- ☐ fixation d'objectifs d'efficacité (à court et à long terme) pour l'entreprise, en termes de rémunération financière pour ses propriétaires et pour son personnel ;
- ☐ élaboration d'un plan financier d'ensemble visant à définir la «perspective globale» pour l'avenir ;
- ☐ vérification du plan d'ensemble, comportant un examen détaillé de chacune de ses composantes afin d'en éprouver le réalisme à la lumière de l'expérience ;
- ☐ analyse du plan et comparaison de ce plan avec les normes de performance consacrées, internes et externes ;

- ☐ revue du plan et réajustement suivant les besoins afin d'obtenir une combinaison acceptable de stratégies et de facteurs ;
- ☐ utilisation du plan pour motiver le personnel en communiquant aux intéressés les résultats de la planification à chacune de ses étapes ;
- ☐ mise en place d'un mécanisme pour assurer le suivi de la planification en appliquant des mesures de contrôle appropriées, en informant le personnel et en le motivant.

Ces dix échelons peuvent se ramener à sept, à savoir :

- ☐ la fixation des objectifs financiers à court et à long terme ;
- ☐ la fixation des rémunérations financières à court et à long terme ;
- ☐ la fixation de normes d'efficacité pour toutes les activités de l'entreprise ;
- ☐ le rassemblement de la documentation nécessaire pour le plan ;
- ☐ la vérification du plan et, au besoin, son remaniement ;
- ☐ l'analyse du plan et sa confrontation avec les normes établies ;
- ☐ la communication du plan au personnel et les dispositions à prendre pour la présentation de rapports et pour le contrôle.

PREMIÈRE ÉTAPE : FIXER LES OBJECTIFS FINANCIERS CHIFFRÉS POUR LE LONG TERME

Bien que les objectifs de l'entreprise puissent aussi s'exprimer en termes non financiers, nous ne nous préoccuperons ici que des objectifs financiers. En tant que patron, vous voulez certainement traduire en chiffres vos idées sur la croissance, la stratégie commerciale, les recettes, les rémunérations, la diversification des produits ou des services, etc. Vous cherchez à mesurer ainsi l'incidence de la croissance de votre entreprise, des stratégies qu'elle applique, des modifications qu'elle apporte à ses produits et de leurs débouchés nouveaux, des changements qu'elle introduit dans ses méthodes de promotion, de la publicité, etc. Aux questions «De quoi s'agit-il ?» et «Que se passerait-il si... ?» qu'il se pose constamment, le chef d'entreprise entend trouver des réponses sans équivoque.

Bien entendu, fixer des objectifs, pour le chef d'entreprise, ce n'est pas uniquement jeter ses idées sur le papier, mais aussi se plonger dans la réalité du milieu où il évolue. Quand vous fixez vos objectifs de rentabilité, vous ne faites rien d'autre qu'évaluer les possibilités de votre entreprise dans le contexte de sa branche d'activité. Quand vous fixez vos objectifs d'efficacité, vous évaluez la qualité de l'ensemble de vos ressources : personnel, équipement, installations. Quand vous fixez vos objectifs de croissance, vous opposez votre entreprise à ses concurrentes sur le marché. En d'autres termes, fixer des objectifs, c'est procéder à une analyse approfondie de l'entreprise.

Venons-en aux détails pratiques, avec quelques exemples. Vos objectifs financiers pourraient se décomposer de la manière suivante :

Exposé des objectifs financiers de la compagnie XYZ

Objectif de rentabilité

L'entreprise restera rentable malgré les fluctuations de la conjoncture économique et du marché. Les bénéfices nets devraient continuer d'augmenter à un rythme supérieur à celui de l'indice du coût de la vie, après ajustement pour tenir compte des variations de l'estimation des risques. Les bénéfices devront être suffisants pour rémunérer les propriétaires et le personnel, pour que le rendement des investissements soit acceptable et pour qu'il soit possible de réinvestir chaque année compte tenu de la croissance prévue.

Objectif d'efficacité

On appliquera diverses mesures pour apprécier l'efficacité de l'entreprise. Des cibles de production seront établies et révisées d'année en année, compte tenu des conditions du marché, de l'expérience technique et des connaissances acquises. Les mesures générales de l'efficacité de l'entreprise rapporteront le bénéfice net avant imposition aux recettes des ventes et à l'investissement. L'entreprise compte réaliser, pour ce qui est de ces deux mesures, des résultats équivalents à ceux des entreprises de référence (la fraction de 10 pour cent formant le peloton de tête de la branche). Elle entend maintenir et améliorer sa position dans la branche. Dans les circonstances actuelles, il semble que pour ces deux ratios la norme de performance à court terme doive être :

marge nette : 10 pour cent

rendement des investissements : 30 pour cent.

Les projections à long terme donnent à penser que les marges nettes vont augmenter régulièrement jusqu'à 15 pour cent et que le rendement des investissements va diminuer parallèlement à la réduction du risque (disons, jusqu'à 25 pour cent) durant les dix prochaines années.

On établira des mesures d'efficacité pour le rendement du capital et la productivité de la main-d'œuvre dans chaque secteur de l'entreprise.

Objectif de croissance

On s'attendra que les recettes des ventes, la pénétration des produits sur le marché, les bénéfices et le capital des propriétaires augmenteront chaque année. Le taux d'accroissement des recettes des ventes devra être équivalent à celui qu'auront obtenu les entreprises de référence et supérieur à celui de l'indice des prix de gros. La part du marché devra augmenter jusqu'à 60 pour cent au moins. Le taux d'accroissement des bénéfices nets devra être au moins égal à celui qu'auront obtenu les entreprises de référence et supérieur à celui de l'indice des prix à la consommation. Le capital des propriétaires devra augmenter à un rythme supérieur à celui de l'indice du marché des valeurs.

Objectif de rémunération des propriétaires

La rémunération des propriétaires consistera en une rémunération du temps qu'ils consacrent à l'entreprise, compte tenu de divers facteurs (heures de présence, expérience, compétence et responsabilités), et en une rémunération du risque de l'investissement, compte tenu des fluctuations de ce risque pour l'entreprise. La rémunération du temps sera en rapport avec le coût d'opportunité des compétences du personnel de direction, et la rémunération du risque de l'investissement sera en rapport avec les autres possibilités d'investissement sur la place. La rémunération du temps atteindra au moins 20 000 dollars des Etats-Unis par an tandis que la rémunération du risque de l'investissement sera d'au moins 30 pour cent à court terme et, avec le temps, s'abaissera jusqu'à 25 pour cent à mesure que les risques de l'entreprise diminueront.

Objectif de rémunération du personnel

L'entreprise entend embaucher et retenir un personnel qui soit le plus efficace et le plus productif possible et dont les aspirations rencontrent les siennes. Cela étant, tout sera fait pour favoriser l'épanouissement de chacun des membres de ce personnel et pour que tous reçoivent une rémunération appropriée, compte tenu de divers facteurs (durée du travail, productivité, expérience, qualifications et responsabilités assumées). Le personnel peut compter recevoir sa part des bénéfices qui résulteront de l'accroissement de la productivité.

Objectif d'investissement

Dans la conjoncture actuelle des coûts de remplacement, 60 pour cent de toutes les acquisitions d'actifs seront financés par de nouveaux investissements du propriétaire ou par le réinvestissement des bénéfices. Le rendement du capital sera à court terme de 30 pour cent au moins et, à long terme, le risque diminuant, de 25 pour cent au moins. Cela suppose que l'on s'attend que les nouvelles acquisitions d'actifs rendront toutes au moins 18 pour cent à court terme et 15 pour cent à long terme. Tous les avoirs producteurs de recettes qui appellent une dépense supérieure à 20 000 dollars devront respecter ce schéma. Les avoirs dont on attend qu'ils réduisent les coûts seront censés être d'un meilleur rendement.

Objectif de...

La liste des objectifs ne s'arrête pas là. Votre propre liste devra être plus détaillée, mais vous pourrez aussi omettre certaines des rubriques de notre modèle. Les critères peuvent changer d'une année à l'autre. Ce qui importe, c'est l'esprit dont la liste s'inspire. Les objectifs vous sont un point de départ indispensable pour planifier et contrôler vos opérations. Sans objectifs, le chef d'entreprise n'a pas un sol ferme sous les pieds, pas de points de repère pour améliorer la situation de son affaire : Incapable de déceler ses points faibles, comment pourrait-il fonder l'avenir sur ses qualités majeures ? Comment tirerait-il la leçon du passé ? Où puiserait-il son dynamisme ?

Se fixer des objectifs, c'est s'exercer à la discipline — l'exercice n'est d'ailleurs pas sans affinité avec la planification. En vous y astreignant, vous faites votre travail de chef d'entreprise. Nombre de vos collaborateurs auront part à la planification, mais c'est à vous qu'il incombe de fixer les objectifs. Vous-même et vos collaborateurs êtes également tenus de ménager dans votre emploi du temps une place à la planification et à la fixation d'objectifs, pour le court terme aussi bien que pour le long terme. La répartition suggérée ci-dessous, où il ne convient de voir qu'un exemple, vous donnera une idée de l'importance relative du temps qu'il y a lieu de réserver au court terme et au long terme pour la fixation d'objectifs et les autres activités de planification :

	Part du temps de planification réservée au court terme (en pour cent)	Part du temps de planification réservée au long terme (en pour cent)
Par le chef d'entreprise (vous-même)	20	80
Par les cadres dirigeants de haut niveau	50	50
Par les autres cadres	90	10

Les objectifs étant ainsi établis, il faut maintenant entrer dans le détail de la planification. L'étape suivante consiste à fixer les rémunérations financières pour le court terme et pour le long terme.

DEUXIÈME ÉTAPE : DÉTERMINER LES RÉMUNÉRATIONS FINANCIÈRES

Prévisions relatives aux rémunérations de la compagnie XYZ

Pour l'année prochaine :

La rémunération financière du propriétaire consistera en une rémunération de son temps plus une rémunération du capital qu'il aura investi représentant le rendement de ce capital. La rémunération du temps comprendra les éléments suivants :

	Dollars des Etats-Unis
Traitement de base	15 000
Majorations :	
Heures effectuées	2 000
Qualifications	500
Expérience	1 500
Responsabilités	3 000
Total	22 000

Le rendement du capital investi sera calculé sur la base de 30 pour cent, soit 38 100 dollars, pour un investissement de 127 000 dollars.

La rémunération financière totale pour l'année prochaine sera donc de 60 100 dollars.

A long terme :

Le salaire de direction sera indexé trimestriellement sur l'indice d'augmentation des salaires. Les primes seront ajustées en fonction de l'accroissement de l'expérience, des qualifications et des responsabilités. Il sera tenu compte d'une analyse annuelle des traitements des cadres de direction de la branche, effectuée par les associations professionnelles. Eu égard aux tendances actuelles, les chiffres qui suivent représentent les projections de la rémunération prévisibles pour les cinq années à venir :

	Première année	Deuxième année	Troisième année	Quatrième année	Cinquième année
	En dollars des Etats-Unis				
Rémunération du temps	24 000	28 400	33 000	35 000	40 000
Rendement du capital investi	39 000	42 000	45 000	50 800	53 800
Total	63 000	70 400	78 000	85 800	93 800

Les données relatives à l'investissement et aux rendements peuvent, bien entendu, être plus détaillées dans le cas de votre entreprise. Ce qui importe, c'est votre façon de concevoir la fixation des rémunérations. Il ne s'agit pas tant pour vous de souhaiter disposer de plus d'argent que d'exprimer la confiance que vous avez en votre capacité de réaliser, avec la collaboration de votre personnel, des niveaux de revenu «acceptables» et «justifiés». En d'autres termes, fixer les rémunérations c'est aussi faire montre de votre esprit d'entreprise.

La troisième étape de l'exercice consiste à fixer des normes d'efficacité applicables à votre entreprise, qui vous serviront à élaborer votre plan financier d'ensemble.

TROISIÈME ÉTAPE : ÉTABLIR DES NORMES D'EFFICACITÉ

Plusieurs normes d'efficacité sont examinées plus loin. Dans l'exemple présenté, les marges brutes, les frais généraux et les marges nettes seront seuls pris en considération. On peut fixer les objectifs à atteindre sur la base des registres de l'entreprise ou à partir des statistiques de la branche. Dans ce dernier cas, on parle souvent de données «externes» ou «interentreprises». Les données des deux provenances présentent un intérêt pour le chef d'entreprise, car la comparaison sans cesse renouvelée de votre entreprise avec les autres est tout à fait dans la ligne de vos efforts pour accentuer les qualités maîtresses de votre affaire, éliminer ses points faibles et considérer la croissance d'un point de vue dynamique. Vous ne pouvez vous passer de statistiques de la branche. Vous trouverez ci-dessous un exemple de données internes effectives, avec leurs projections, et de données externes, avec leurs projections, qui pourront vous êtres utiles dans vos exercices de programmation.

Performance relative de la compagnie XYZ (en pourcentage)

	Année								
	−3	−2	−1	Année de référence	+1	+2	+3	+4	+5
a) *Données internes*									
Ventes	100	100	100	100	100	100	100	100	100
Coût de revient	75	75	74	73	73	73	72	72	71
Marge brute	25	25	26	27	27	27	28	28	29
Frais généraux	18	17	17	17	17	16	16	15	15
Marge nette	7	8	9	10	10	11	12	13	14
b) *Données externes (interentreprises)*									
Ventes	100	100	100	100	100	100	100	100	100
Coût de revient	74	74	73	73	72	72	72	72	71
Marge brute	26	26	27	27	28	28	28	28	29
Frais généraux	17	17	17	17	16	16	16	15	15
Marge nette	9	9	10	10	12	12	12	13	14

A partir des données que lui fournissent les statistiques internes et externes des résultats passés et prévus, le chef d'entreprise peut élaborer un plan financier d'ensemble. Il rapprochera ces chiffres des besoins en matière de rémunérations financières pour établir des projections des ventes, des coûts et des bénéfices.

QUATRIÈME ÉTAPE : PRÉPARER LE PLAN FINANCIER D'ENSEMBLE

Une fois que l'on a fixé les taux de la marge nette et de la rémunération du propriétaire pour les six prochaines années, il est possible de faire la projection des ventes, des coûts corrélatifs et des bénéfices nets pour chacune de ces six années. On aura, par exemple, pour l'année de référence :

Marge nette prévue 10 pour cent
Rémunération prévue pour le propriétaire 60 100 dollars
D'où l'objectif de ventes à atteindre 601 000 dollars (60 100 × 10 pour cent)

En conséquence, pour cette année de référence, on établira le plan financier d'ensemble de la façon suivante :

	Dollars	Pourcentage
Ventes	601 000	100
Coût de revient	– 438 730	– 73
Marge brute	162 270	27
Frais généraux	– 102 170	– 17
Marge nette	60 100	10

En répétant cet exercice pour chacune des années suivantes, on obtient les projections ci-après, qui expriment, en termes financiers, la croissance que vous prévoyez pour votre entreprise :

	Année de référence	+ 1	+ 2	+ 3	+ 4	+ 5
	En dollars des Etats-Unis					
Ventes	601 000	630 000	640 000	650 000	660 000	670 000
Coût de revient	– 438 730	– 459 900	– 467 200	– 468 000	– 475 200	– 475 700
Marge brute	162 270	170 100	172 800	182 000	184 800	194 300
Frais généraux	– 102 170	– 107 100	– 102 400	– 104 000	– 99 000	– 100 500
Marge nette	60 100	63 000	70 400	78 000	85 800	93 800

Ces jalons vous permettront de régler la marche de votre entreprise. Il ne vous appartiendra pas d'entrer personnellement dans le détail des frais généraux ou des recettes de ventes, mais de suivre de près les recettes et les dépenses totales. Vous fixez les objectifs et c'est à vos collaborateurs qu'il incombe de veiller à ce que l'entreprise les atteigne.

CINQUIÈME ÉTAPE : VÉRIFIER LE PLAN

Non content de fonder votre plan financier d'ensemble sur des bases documentaires solides, vous vous assurerez par des contrôles successifs qu'il peut être réalisé. Par exemple, ayant fixé l'objectif des ventes pour l'année de référence à 601 000 dollars, vous vous demanderez comment ce total devra se répartir entre chacun de vos produits, comment la marge brute de 27 pour cent pourra être atteinte, quelle politique des prix et de gestion des stocks est le plus propre à produire le résultat projeté. Cette politique doit-elle tendre à relever les prix de vente, à acquérir les matières premières à meilleur compte, ou les deux ?

Le chef d'entreprise voudra disposer d'une analyse des ventes par produit, des prix d'achat et des marges bénéficiaires. Pendant l'exercice budgétaire, il se tiendra informé en permanence de l'état des marges effectives pour les comparer aux prévisions. Le personnel du service des ventes se verra investi de responsabilités particulières et recevra des consignes précises pour atteindre les objectifs fixés. Le tableau ci-après illustre le genre d'analyse auquel on peut procéder pour vérifier les marges :

Catégorie de produits	Année de référence		
	Ventes prévues (en dollars)	Marge brute (en pourcentage)	Bénéfice brut (en dollars)
A	130 000	30	39 000
B	190 000	25	47 500
C	80 000	33	26 400
D	70 000	26	18 200
E	70 000	31	21 700
F	61 000	15,5	9 470
Total	601 000	27	162 270

Pourra-t-on atteindre l'objectif de vente pour chaque catégorie de produits ? Les marges sont-elles réalistes ? Comment les réaliser ? Quelles consignes faut-il donner au responsable des ventes de chaque catégorie de produits ?

Pour vérifier le plan financier d'ensemble, il faudra procéder à une analyse des dépenses totales, décomposées en éléments qui aient un sens du point de vue de la gestion de l'entreprise. Les classifications couramment utilisées à des fins fiscales ne sont pas forcément celles qui sont le plus utiles pour éclairer les décisions et les contrôles de gestion qui incombent au chef d'entreprise. La classification ci-après pourrait mieux convenir :

- ☐ *Salaires et traitements.* A répartir suivant les catégories de personnel, chaque salarié pouvant être identifié par la catégorie de salaires à laquelle il appartient ;
- ☐ *Dépenses relatives au bâtiment.* A répartir par poste : loyer, électricité, chauffage, nettoyage, surveillance, assurance ;
- ☐ *Frais financiers.* A répartir par poste : intérêts, escomptes, dettes non recouvrables, frais bancaires ;
- ☐ *Dépenses au titre de la promotion et des ventes.* A répartir par poste : publicité, livraisons, promotion ;
- ☐ *Dépenses au titre des communications.* A répartir par poste : papier à lettres, affranchissements, téléphone, télégrammes, télex.

Dans certaines entreprises, les traitements et salaires peuvent être rangés dans d'autres catégories de dépenses : les dépenses relatives aux ventes et à la promotion, par exemple, pour le personnel du service des ventes, ou les dépenses des services administratifs, pour le personnel de bureau et de secrétariat. La formule adoptée doit répondre aux besoins de la gestion.

SIXIÈME ÉTAPE : ANALYSER LE PLAN

On analyse le plan pour en déceler les faiblesses qui, par la suite, pourraient causer des difficultés à l'entreprise et pour mettre à l'épreuve des stratégies de rechange en ce qui concerne les ventes, la gamme des produits, le contrôle des coûts, les investissements, le développement du personnel, le financement, etc. Cette analyse devrait fournir au chef d'entreprise des réponses précises aux questions qu'il se pose à propos de la marche de l'entreprise, comme on le verra par l'exemple ci-après :

QUESTION : Le niveau d'efficacité financière de l'entreprise est-il assez élevé ?

ANALYSE : Il faut calculer les rapports suivants :

$$\text{Marge brute (en pourcentage)} = \frac{\text{Bénéfices bruts}}{\text{Ventes}} \times 100$$

$$\text{Marge de frais (en pourcentage)} = \frac{\text{Frais}}{\text{Ventes}} \times 100$$

$$\text{Marge nette (en pourcentage)} = \frac{\text{Bénéfices nets}}{\text{Ventes}} \times 100$$

Ces ratios ayant été calculés, vous fixerez les pourcentages que vous entendez assigner comme objectifs à votre entreprise et, enfin, vous procéderez à des comparaisons avec les autres entreprises de la branche.

Patron dynamique, vous souhaitez comparer la performance passée et future (prévue dans vos plans) de votre entreprise avec les résultats des concurrents les mieux placés dans votre branche (voir le chapitre 9).

QUESTION : Avons-nous suffisamment réduit le risque commercial dans nos plans ?

ANALYSE : Deux ratios peuvent servir à mesurer le risque commercial.

1. Le seuil de rentabilité des ventes. Il correspond au volume de ventes suffisant tout juste à couvrir les coûts de base, c'est-à-dire pour lequel le bénéfice net est égal à zéro. Atteindre et dépasser le plus vite possible ce volume de ventes est l'un des nombreux objectifs que vous devez vous assigner. On peut calculer le seuil de rentabilité de la façon suivante :

$$\text{Seuil de rentabilité} = \frac{\text{Dépenses de l'entreprise}}{\text{Marge brute}}$$

Par exemple, si vous prévoyez que vos dépenses de l'année atteindront 102 000 dollars et que votre marge brute représentera 27 pour cent, le seuil de rentabilité de l'entreprise sera :

$$\frac{102\ 000 \text{ dollars}}{0{,}27} = 377\ 778 \text{ dollars}$$

Pourquoi ? Parce que, lorsque vos ventes atteignent 377 778 dollars, votre marge brute sera de 27 pour cent, soit 102 000 dollars, ce qui couvrira tout juste les dépenses.

Un chef d'entreprise peut appliquer le principe du seuil de rentabilité à ses opérations hebdomadaires aussi bien qu'aux ventes du mois. Par exemple, si vos frais fixes atteignent chaque semaine 2 000 dollars (salaires, loyers, charges des locaux, etc.), votre seuil de rentabilité pour une semaine sera calculé à partir d'un volume de ventes de 2 000 dollars divisé par 0,27 = 7 407 dollars. Si vous considérez alors vos ventes quotidiennes, vous pourrez constater que vous n'atteignez le seuil de rentabilité que le vendredi après-midi, ce qui revient à dire que tout votre bénéfice de la semaine sera réalisé le vendredi soir et le samedi. De quoi vous dégriser !

En outre, vous observerez qu'un chef d'entreprise peut utilement se servir de plusieurs seuils de rentabilité : un avant d'inclure dans les dépenses son propre traitement ; un pour chaque produit de la gamme ; un par point de vente ou par groupe de vendeurs.

2. Du seuil de rentabilité, passons à la marge de sécurité : elle représente, en pourcentage, la mesure dans laquelle vos ventes devraient rester inférieures au niveau prévu dans vos plans pour que le seuil de rentabilité où votre bénéfice est égal à zéro soit tout juste atteint. En d'autres termes :

$$\text{Marge de sécurité} = \frac{\text{Ventes prévues} - \text{Ventes équivalant au seuil de rentabilité}}{\text{Ventes prévues}} \times 100$$

Par exemple, si votre plan prévoit un volume de ventes de 600 000 dollars et si le seuil de rentabilité de votre entreprise, compte tenu de vos dépenses et de votre marge brute, correspond à un volume de ventes de 377 778 dollars, votre marge de sécurité sera de :

$$\frac{600\,000 \text{ dollars} - 377\,778 \text{ dollars}}{600\,000 \text{ dollars}} \times 100 = 37 \text{ pour cent}$$

En d'autres termes, si vos ventes restent inférieures de 37 pour cent à vos prévisions, vous atteindrez tout juste votre seuil de rentabilité, c'est-à-dire le point de bénéfice zéro.

QUESTION : L'affaire est-elle financièrement stable ? Avons-nous réduit son risque financier ?

ANALYSE : Il existe diverses mesures de la stabilité financière. Nous en examinerons quelques-unes ici, les autres sont traitées au chapitre 8.

1. Une mesure des liquidités couramment utilisée pour apprécier la stabilité financière à court terme est le ratio de liquidités :

$$\frac{\text{Liquidités (ou leur équivalent) disponibles}}{\text{Liquidités (ou leur équivalent) engagées}} = \text{Cœfficient de couverture des engagements}$$

Par exemple, si votre position financière fait apparaître un solde en caisse, un solde créditeur en banque, un solde de créances (immédiatement exigibles en liquide), des investissements à court terme et un stock (également convertible en liquide) qui, ensemble, se montent à 60 000 dollars, et si, d'autre part, les engagements qui vous lient (dans le mois qui suit, par exemple) portent sur un total de 50 000 dollars, votre ratio de liquidités sera :

$$\frac{60\,000 \text{ dollars}}{50\,000 \text{ dollars}} = 1{,}20$$

Ainsi, pour chaque dollar dû au titre d'engagements à court terme, nous avons 1,20 dollar en caisse ou en avoirs équivalents : la position est relativement stable. Un ratio inférieur à 1 serait signe d'instabilité.

2. Vos débiteurs représentent-ils un risque ? Sont-ils une charge financière ? Pour mesurer les avoirs immobilisés en créances, il suffit de calculer le nombre de jours à courir sur les ventes à crédit non soldées à un moment donné. Le ratio se calcule en deux temps :

a) on calcule la moyenne quotidienne des ventes à crédit, soit, par exemple :

$$\frac{375\ 000 \text{ dollars}}{250 \text{ jours}} = 1\ 500 \text{ dollars par jour ;}$$

b) on calcule le nombre moyen de jours restant à courir sur les ventes à crédit non encore soldées en divisant le solde moyen des créances de la période considérée par la moyenne quotidienne des ventes à crédit, soit, par exemple :

$$\frac{\text{Solde moyen des créances}}{\text{Moyenne quotidienne des ventes à crédit}} = \frac{93\ 000 \text{ dollars}}{1\ 500 \text{ dollars}} = 62 \text{ jours.}$$

Est-ce là une situation acceptable ? Non. On ne doit jamais avoir un solde de créances équivalant à plus de 45 jours (un mois et demi) de ventes à crédit. Dans le cas cité en exemple, il faut faire quelque chose pour redresser cette situation.

3. Ratio de levier. Quelle est la part des capitaux empruntés dans le financement de votre entreprise ? On la mesure en calculant comme suit le ratio de levier :

$$\frac{\text{Exigibilités et engagements à moyen et à long terme (dettes)}}{\text{Exigibilités et engagements à moyen et à long terme (dettes) plus capitaux propres}}$$

Par exemple, si les dettes exigibles et les engagements à moyen et à long terme représentent au total 80 000 dollars et si les capitaux propres se montent à 127 000 dollars, le ratio de levier sera :

$$\frac{80\ 000}{80\ 000 + 127\ 000} \times 100 = 38{,}6 \text{ pour cent}$$

Une telle situation est-elle saine ? La plupart des chefs d'entreprise souhaiteraient maintenir ce ratio très au-dessous de 50 pour cent. Cependant, ce qu'il faut savoir, c'est qui contrôle en fait les avoirs de l'entreprise et si les intérêts à servir aux créanciers augmenteront au point de devenir une charge insupportable dans l'avenir.

4. Le taux de couverture des intérêts dus. On le mesure en rapportant les bénéfices avant déduction des intérêts à la charge annuelle du service des intérêts. Par exemple, si vous avez calculé que vous devrez servir cette année pour 8 000 dollars d'intérêts au total et que vos bénéfices nets avant déduction de ces intérêts vont se monter à 48 000 dollars, le taux de couverture de ces intérêts est de :

$$\frac{48\ 000}{8\ 000} = 6 \text{ fois}$$

Cela signifie que les bénéfices couvrent six fois les intérêts dus ; il faudrait être un chef d'entreprise bien difficile pour se plaindre d'une telle couverture, indice d'un risque financier minime.

QUESTION : Les stocks sont-ils bien utilisés ? Les capitaux investis dans les stocks sont-ils bien placés ? Peut-on et doit-on les réduire ? La marge brute et la rotation des stocks sont-elles satisfaisantes ?

ANALYSE : On pourra examiner deux aspects.

1. La rotation des stocks, ratio essentiel auquel se réfèrent aussi bien les fabricants que les grossistes et les détaillants, s'établit comme suit :

$$\frac{\text{Coût de revient des marchandises vendues pendant la période de référence}}{\text{Stock moyen de marchandises prêtes pour la vente pendant la même période}}$$

Par exemple, si le coût de revient des marchandises vendues pendant l'année équivaut à 438 000 dollars et si le stock moyen disponible pendant la même période vaut 60 000 dollars, la rotation des stocks a été de 7,3 :

$$\frac{438\ 000}{60\ 000} = 7{,}3$$

Comme on l'a déjà fait observer, ce ratio de rotation des stocks doit être interprété en relation avec la marge brute. Une marge faible correspond généralement à une grande rotation des stocks, et vice versa.

2. Les stocks ne devraient pas croître dans la même mesure que le volume des ventes. Ainsi, une croissance des ventes de 20 pour cent pourra demander une croissance du stock de 15 pour cent seulement. Il vous faut donc tenir sous surveillance le rapport existant entre le stock et les ventes.

Vous devrez encore vous poser bien d'autres questions et y apporter une réponse. A cette fin, notez que le chapitre 8 traitera de divers autres ratios utiles à la gestion. Souvenez-vous cependant qu'il vous faudra adapter aux conditions propres de votre entreprise l'emploi que vous allez faire de ces instruments de contrôle que sont les ratios.

SEPTIÈME ÉTAPE : FAIRE CONNAÎTRE LE PLAN AU MOYEN DE GRAPHIQUES

La stratégie future de votre entreprise étant planifiée, il serait absurde de garder pour vous les informations recueillies ou calculées, alors que vous comptez sur le concours actif et enthousiaste de votre personnel. Tout ce qui

Figure 9. L'information par les graphiques : le panorama de l'entreprise vu par son chef

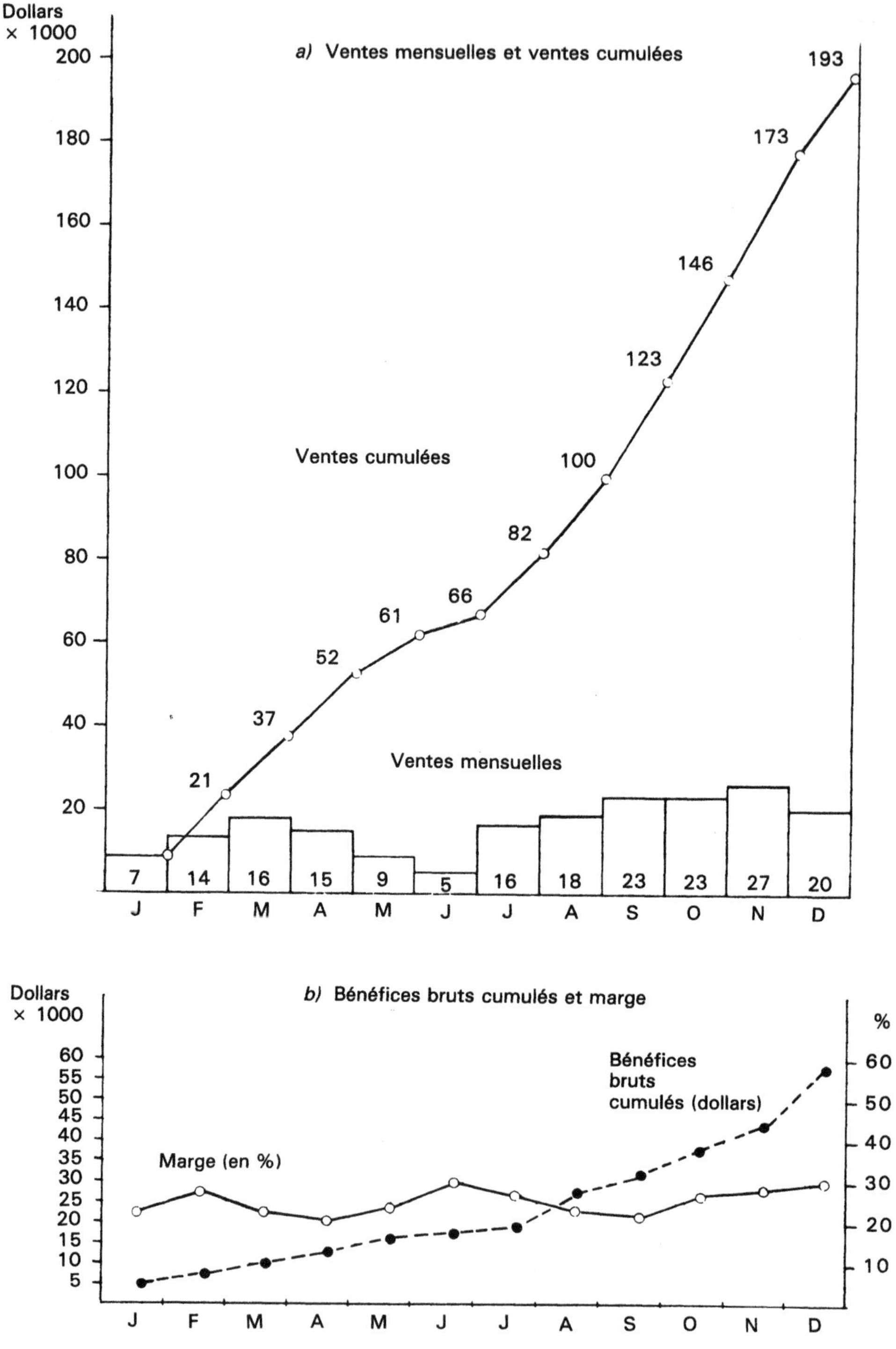

Dollars × 1000

a) Ventes mensuelles et ventes cumulées

200
180
160
140
120
100
80
60
40
20

Ventes cumulées

21 37 52 61 66 82 100 123 146 173 193

Ventes mensuelles

J	F	M	A	M	J	J	A	S	O	N	D
7	14	16	15	9	5	16	18	23	23	27	20

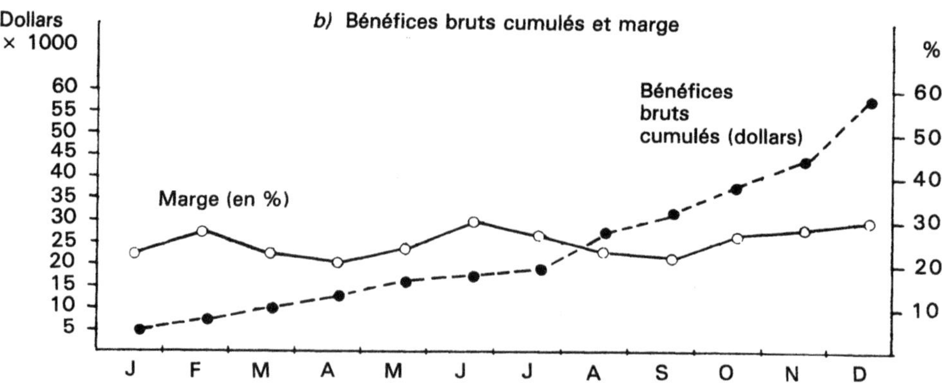

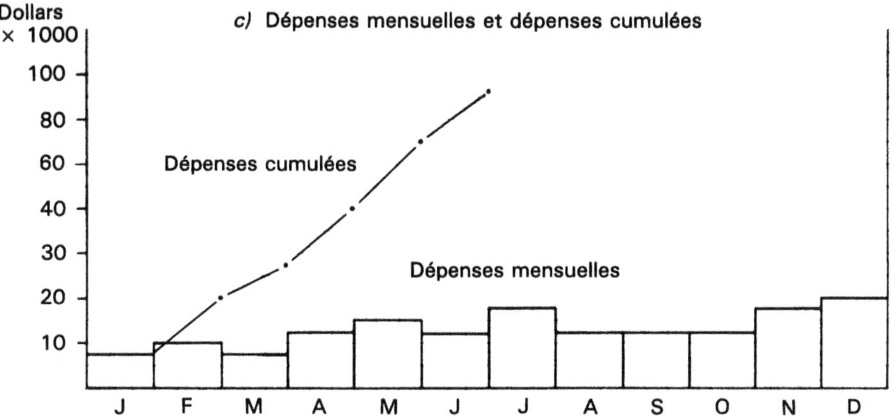
Dollars
× 1000
c) Dépenses mensuelles et dépenses cumulées
100
80
60
40
30
20
10
Dépenses cumulées
Dépenses mensuelles
J
F
M
A
M
J
J
A
S
O
N
D

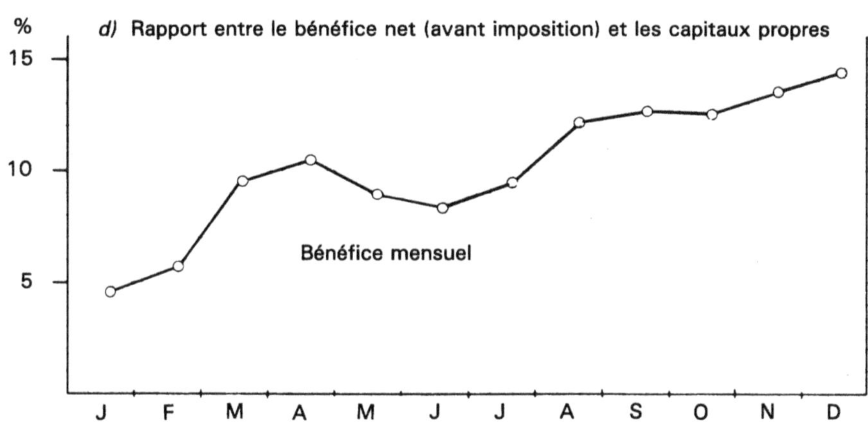
%
d) Rapport entre le bénéfice net (avant imposition) et les capitaux propres
15
10
5
Bénéfice mensuel
J
F
M
A
M
J
J
A
S
O
N
D

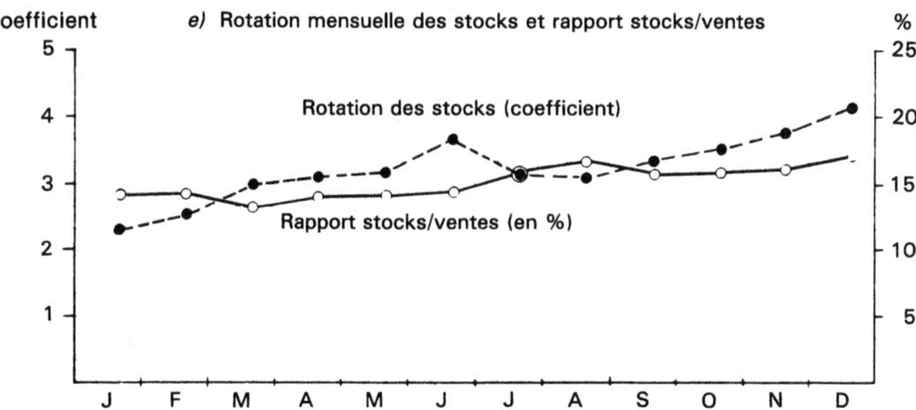
Coefficient
e) Rotation mensuelle des stocks et rapport stocks/ventes
%
5
4
3
2
1
25
20
15
10
5
Rotation des stocks (coefficient)
Rapport stocks/ventes (en %)
J
F
M
A
M
J
J
A
S
O
N
D

concerne la fixation des normes d'application du plan ainsi que le contrôle de performance, d'une part, et l'engagement du personnel, d'autre part, est traité aux chapitres 9 et 10, mais nous avons reproduit ici à titre d'exemple (voir la figure 9) des graphiques élémentaires qui rendent compte de quelques aspects importants du plan financier.

Vous pourrez construire d'autres graphiques ou courbes portant sur les ratios de stabilité financière, la productivité et d'autres paramètres. Nombre de ratios se prêtent à la représentation graphique pour l'affichage ou les contrôles. Il n'est pas inutile de rappeler que les graphiques ne sont pas seulement de précieux instruments entre les mains du chef d'entreprise soucieux de communiquer avec son personnel. Ce sont aussi des moyens de contrôle indispensables, car ils vous permettent de construire la courbe des valeurs réelles de vos ventes, de vos marges, de vos dépenses, de la rotation de vos stocks, etc., de mois en mois, d'année en année. Il faut avant tout que chaque graphique présente la situation de façon simplifiée. Il appartiendra à vos collaborateurs d'entrer dans le détail (des dépenses, par exemple) et de le vérifier. Vous-même vous bornerez à fixer les normes de performance que vous attendez de votre entreprise dans son ensemble, laissant à vos collaborateurs le soin de confronter avec ces objectifs généraux les chiffres réels des ventes et des dépenses. Trop de patrons perdent leur temps à des détails qu'ils devraient confier à leurs proches collaborateurs. Ne suivez pas leur exemple.

LA MARGE BRUTE D'AUTOFINANCEMENT *(CASH FLOW)*

Vous en avez donc terminé avec la fixation des objectifs à court, à moyen et à long terme ; vous avez converti suggestions et plans en données financières chiffrées et en projections ; enfin, vous avez porté les résultats de vos travaux à la connaissance de vos collaborateurs. Votre rôle de chef d'entreprise s'arrête-t-il là ? Hélas ! non. Il est encore un paramètre de votre situation financière qui appelle toute votre attention : c'est votre marge brute d'autofinancement, semaine après semaine, mois après mois. En un mot, vos marges bénéficiaires scrupuleusement planifiées doivent maintenant :

- ☐ être converties en équivalents hebdomadaires ou mensuels ;
- ☐ servir de point de départ à l'établissement de projections concernant votre marge brute d'autofinancement.

Les liquidités sont une ressource qu'il faut gérer. Trop de chefs d'entreprise laissent les leurs en banque et ne sont informés de leurs entrées et de leurs sorties d'argent liquide qu'à la fin de chaque mois, à l'arrivée du relevé que leur adresse la banque. Cela ne suffit pas. Une bonne gestion de vos liquidités vous permettra d'accroître vos bénéfices en réduisant les intérêts que vous aurez à servir, mais aussi de disposer des fonds nécessaires pour pouvoir saisir les occasions favorables qui se présenteront à vous. Le chef d'entreprise est à l'affût de ces occasions ; c'est pourquoi il doit savoir bien gérer ses liquidités.

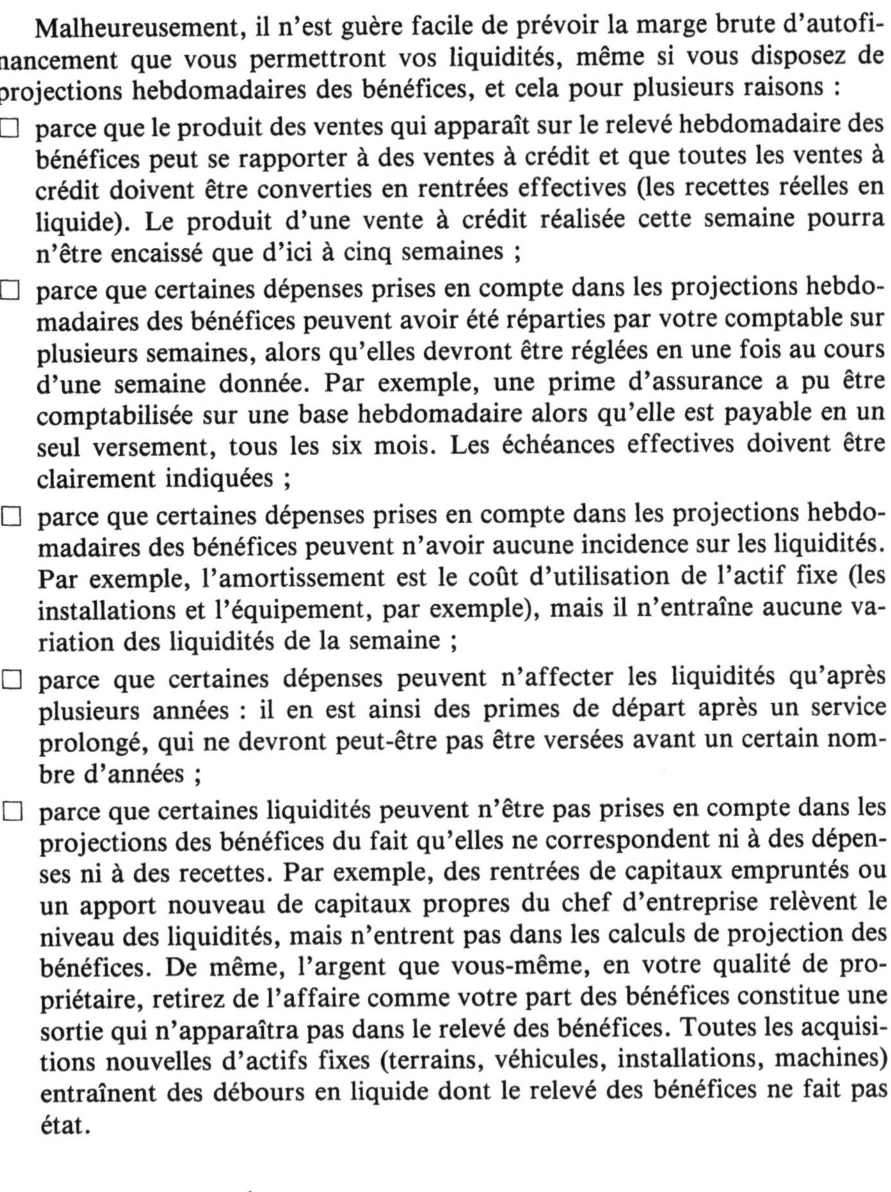

Malheureusement, il n'est guère facile de prévoir la marge brute d'autofinancement que vous permettront vos liquidités, même si vous disposez de projections hebdomadaires des bénéfices, et cela pour plusieurs raisons :

☐ parce que le produit des ventes qui apparaît sur le relevé hebdomadaire des bénéfices peut se rapporter à des ventes à crédit et que toutes les ventes à crédit doivent être converties en rentrées effectives (les recettes réelles en liquide). Le produit d'une vente à crédit réalisée cette semaine pourra n'être encaissé que d'ici à cinq semaines ;

☐ parce que certaines dépenses prises en compte dans les projections hebdomadaires des bénéfices peuvent avoir été réparties par votre comptable sur plusieurs semaines, alors qu'elles devront être réglées en une fois au cours d'une semaine donnée. Par exemple, une prime d'assurance a pu être comptabilisée sur une base hebdomadaire alors qu'elle est payable en un seul versement, tous les six mois. Les échéances effectives doivent être clairement indiquées ;

☐ parce que certaines dépenses prises en compte dans les projections hebdomadaires des bénéfices peuvent n'avoir aucune incidence sur les liquidités. Par exemple, l'amortissement est le coût d'utilisation de l'actif fixe (les installations et l'équipement, par exemple), mais il n'entraîne aucune variation des liquidités de la semaine ;

☐ parce que certaines dépenses peuvent n'affecter les liquidités qu'après plusieurs années : il en est ainsi des primes de départ après un service prolongé, qui ne devront peut-être pas être versées avant un certain nombre d'années ;

☐ parce que certaines liquidités peuvent n'être pas prises en compte dans les projections des bénéfices du fait qu'elles ne correspondent ni à des dépenses ni à des recettes. Par exemple, des rentrées de capitaux empruntés ou un apport nouveau de capitaux propres du chef d'entreprise relèvent le niveau des liquidités, mais n'entrent pas dans les calculs de projection des bénéfices. De même, l'argent que vous-même, en votre qualité de propriétaire, retirez de l'affaire comme votre part des bénéfices constitue une sortie qui n'apparaîtra pas dans le relevé des bénéfices. Toutes les acquisitions nouvelles d'actifs fixes (terrains, véhicules, installations, machines) entraînent des débours en liquide dont le relevé des bénéfices ne fait pas état.

> Que dire de plus ? Que la planification et le contrôle de vos liquidités sont indispensables à la santé de votre entreprise, mais que vous ne pouvez en confier la responsabilité à des amateurs. Dans votre propre intérêt, assurez-vous le concours de spécialistes

SAVOIR APPRÉCIER LES RESSOURCES

8

Toute l'activité d'une entreprise gravite autour de l'argent. Lorsqu'il y entre plus d'argent qu'il n'en sort, il y a profit. Si vous savez vous comporter en bon gestionnaire dans vos affaires financières, vous avez en main les atouts qu'il faut pour que votre entreprise soit rentable

Vous avez votre propre affaire ou vous vous préparez à en créer une. Il va de soi que, pour élaborer vos plans, vous devez avoir une idée précise des ressources dont vous disposerez :

- ☐ *Le personnel* (que vous avez déjà ou dont vous avez besoin). Quelles sont ses qualifications ? Est-il fiable ? Lesquels de ses membres méritent une promotion ?
- ☐ *Le siège de l'entreprise.* Attirera-t-il la clientèle ? Les services sont-ils acceptables ? Qu'a-t-on prévu pour l'expansion ultérieure de l'entreprise ?
- ☐ *L'agencement de l'entreprise.* Favorise-t-il le service à la clientèle ? Comporte-t-il des goulets d'étranglement ? Peut-on le réorganiser ?

Il faut aussi faire entrer en ligne de compte les bâtiments, les installations, le parc de véhicules et les stocks.

Telles sont les ressources qui vous sont indispensables pour réussir. C'est dire si les questions qu'elles posent doivent retenir toute votre attention. Il ne faut pas cependant vous en tenir là.

L'argent joue un rôle dans toute activité commerciale. Les ventes rapportent de l'argent, les dépenses en font sortir, mais le succès se mesure d'ordinaire à la dernière ligne du compte profits et pertes, celle du bénéfice net. De même, votre investissement dans l'affaire se mesure en argent. Vous devez donc concevoir les ressources de votre entreprise comme un placement qui travaille pour vous et qui doit rapporter suffisamment.

Chef d'entreprise, vous voulez réussir, vous voulez être aux commandes de vos opérations financières de chaque jour, vous voulez savoir que l'on prend soin de l'avenir, que des plans tenant compte des aléas possibles sont prévus et que les perspectives qui se dessinent restent conformes à vos objectifs. En d'autres termes, vous attendez une réponse aux questions suivantes :

- ☐ Où en est aujourd'hui mon investissement ? En termes financiers, de quelles ressources est-ce que je dispose ?
- ☐ Mes rémunérations financières sont-elles proportionnées à mon investissement ?
- ☐ Me faut-il des ressources supplémentaires ? Dans l'affirmative, quelles en seraient les implications financières ?
- ☐ Quels sont les facteurs dont l'importance est capitale pour maintenir mon affaire dans la voie du succès ? Puis-je maîtriser ces facteurs au jour le jour ?
- ☐ Que me réserve l'avenir ? Quels investissements ? Quelles ressources ? Qu'est-ce que cela rapportera ?
- ☐ Dois-je me faire aider en matière financière ? Où trouver cette aide ?

> Pour planifier vos activités, vous devez absolument exercer sur vos affaires financières un contrôle vigilant de chaque jour. Des réponses circonstanciées aux questions qui précèdent vous aideront à appréhender l'avenir de votre affaire et à le gérer

SAVOIR MESURER VOS RESSOURCES

Les ressources matérielles de votre entreprise constituent vos actifs. Vous les augmentez par de nouvelles acquisitions pour mieux développer votre entreprise et atteindre vos objectifs. Les actifs servent à susciter des ventes et, partant, des profits. En tant que chef d'entreprise, vous considérerez de ce point de vue tous vos actifs. Vous achetez du stock pour vendre à profit, des bâtiments pour les mettre au service de votre entreprise, des véhicules pour réduire les coûts et développer votre affaire.

Certains actifs seront assez rapidement convertis en ventes, en profits, en liquidités. Ce sont les actifs circulants : solde en caisse, solde en compte, stock (matières premières, produits semi-finis et produits finis prêts à la vente), et créances recouvrables. D'autres actifs ne sont pas réalisables : véhicules, bâtiments, installations et équipement, terrains. Ce sont les actifs stables ou immobilisations.

Actifs circulants et actifs stables s'apprécient généralement en fonction de leur coût : coût d'achat du stock, des machines et des installations, coût de la construction des bâtiments, etc. Le chef d'entreprise s'intéresse par définition au «coût du marché» ou coût courant de ces ressources. Quel serait aujourd'hui le coût de remplacement du stock ? Quel serait celui du terrain et des bâtiments ? Ce sont les réponses à ces questions qui vous permettront de prendre en connaissance de cause vos décisions importantes en matière de prix ou, éventuellement, de savoir si le moment est venu de vendre bâtiments et terrains pour installer l'entreprise ailleurs. Le chef d'entreprise se pose sans cesse des questions sur la façon la plus efficace d'utiliser ses ressources et dresse sans cesse des plans à cet effet.

Vous pourrez prendre la mesure financière de vos actifs en comparant vos coûts d'acquisition et vos coût de remplacement, comme l'indique le tableau 1.

Tableau 1. Mesure des actifs (en dollars des Etats-Unis)

Nature des actifs	Entreprise de détail ou de gros		Entreprise industrielle	
	Coût d'acquisition	Coût de remplacement	Coût d'acquisition	Coût de remplacement
Actifs circulants				
Solde en caisse	2 000	2 000	3 000	3 000
Solde en compte	8 000	8 000	9 000	9 000
Stock	16 000	18 000	40 000	60 000
Débiteurs	9 000	9 000	10 000	9 000
Total partiel	35 000	37 000	62 000	81 000
Actifs stables				
Terrains	16 000	30 000	20 000	60 000
Bâtiments	90 000	120 000	140 000	180 000
Machines et installations	10 000	12 000	80 000	90 000
Véhicules	7 000	8 000	14 000	16 000
Total partiel	123 000	170 000	254 000	346 000
Total	158 000	207 000	316 000	427 000

En bon gestionnaire, vous voudrez en savoir plus sur les chiffres qui figurent dans ce tableau. Vous vous poserez notamment les questions suivantes :

☐ Si la différence entre le coût d'acquisition et le coût de remplacement est importante, quelle sera la tendance à plus long terme ?

☐ Le solde en caisse est-il trop élevé ? Le solde en compte est-il trop élevé ? Ces liquidités pourraient-elles être mieux employées ? Est-ce de l'argent

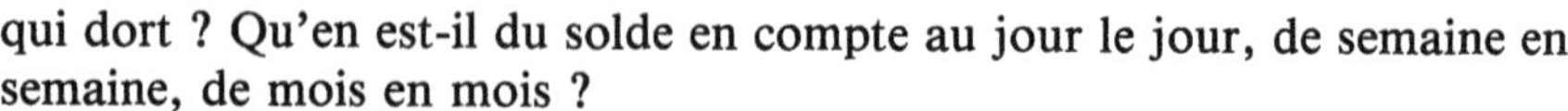

qui dort ? Qu'en est-il du solde en compte au jour le jour, de semaine en semaine, de mois en mois ?

- ☐ Gardons-nous trop de stocks (c'est presque toujours le cas) ? Serait-il possible d'aménager notre calendrier de commandes de manière à diminuer nos investissements ? Nos fournisseurs nous livrent-ils selon nos besoins ou en fonction de leurs impératifs ?
- ☐ Qu'en est-il de nos investissements fonciers ? Avons-nous réellement besoin de ces terrains ? Pouvons-nous les vendre ? Les gardons-nous pour nous prémunir contre l'inflation ?

Votre rôle de chef d'entreprise est de gérer au mieux vos ressources. Vous devez donc savoir sur quoi doit s'exercer votre vigilance. Or vos actifs ne constituent pas vos seules ressources : vous avez accès au crédit bancaire et commercial et vous disposez des capitaux propres que vous avez investis dans l'affaire ainsi que des apports des autres propriétaires. Ainsi, un relevé détaillé de vos ressources financières ou, comme on dit, la «position» ou le bilan de l'entreprise vous renseigne de façon précise sur les emprunts contractés, les hypothèques souscrites, les fonds propres investis par le propriétaire (voir tableau 2). Le passif est constitué par les dettes que l'entreprise a contractées, par exemple le réapprovisionnement d'un compte bancaire à découvert, le remboursement de prêts ou le règlement d'achats à crédit. Il s'agit en partie d'exigibilités (dettes payables à très court terme), en partie d'engagements à terme (dettes remboursables à plus longue échéance). Les

Tableau 2. Modèle d'état des ressources financières (en dollars des Etats-Unis)

Actif ou passif (dettes)	Entreprise de détail ou de gros		Entreprise industrielle	
	Coût d'acquisition	Coût de remplacement	Coût d'acquisition	Coût de remplacement
Actif total	158 000	207 000	316 000	427 000
Moins les dettes :				
Exigibles				
Découvert bancaire	10 000	10 000	11 000	11 000
Créanciers	18 000	18 000	30 000	30 000
Total partiel	28 000	28 000	41 000	41 000
A terme				
Prêts	52 000	52 000	104 000	104 000
Total des dettes	80 000	80 000	145 000	145 000
Apport de capitaux du propriétaire (actif – passif)	78 000	127 000	171 000	282 000

dettes exigibles et celles qui sont payables à terme figurent toujours dans le compte de trésorerie. Comme les capitaux que vous avez investis vous-même ou que vous avez empruntés (passif) servent à l'acquisition d'actifs, le coût d'achat des actifs doit toujours être égal à la somme du passif et des capitaux propres du propriétaire.

Coût d'acquisition des actifs = Passif + Apport de capitaux du propriétaire

L'état de vos ressources financières pose plusieurs questions. L'équilibre entre l'actif et le passif est-il acceptable ? Comment les actifs sont-ils financés ? L'affaire est-elle financièrement stable ? Disposons-nous de capitaux pour financer le développement et la croissance futurs ? Il sera répondu à ces questions dans d'autres chapitres. Examinons maintenant le problème de la rémunération de l'investissement financier

COMMENT MESURER VOTRE RÉMUNÉRATION

Votre rémunération en espèces reflète les résultats de l'entreprise exprimés en unités monétaires. Dans un commerce de détail, vous achetez et vous revendez ; dans une entreprise industrielle, vous achetez, vous transformez et vous revendez. Le résultat final est le profit, qui n'est autre que la différence entre les recettes et les dépenses. Etant à votre compte (propriétaire-chef d'entreprise), vous devez rechercher deux sortes de rémunération :

- ☐ une rémunération en espèces du temps que vous consacrez à l'entreprise ;
- ☐ une rémunération en espèces de votre investissement financier, compte tenu du risque qui s'attache à votre entreprise.

La rémunération en espèces de votre temps

Comment mesurer cette rémunération ? Comme vous le feriez pour le traitement d'un de vos collaborateurs : sur la base de vos heures de présence, de votre expérience, de vos qualifications, de vos responsabilités :

- ☐ *Heures de présence.* Combien d'heures consacrez-vous à votre entreprise chaque jour, chaque semaine, chaque année ? A quel nombre d'heures situez-vous la durée «normale» de votre travail ? Combien d'heures supplémentaires faites-vous ?

- ☐ *Expérience.* Combien d'années avez-vous occupé un poste de direction ? Dans combien d'industries ?
- ☐ *Qualifications.* Quelles études avez-vous faites ? Quels diplômes ou titres vous ont été décernés ? Quelle spécialisation avez-vous ?
- ☐ *Responsabilités.* Combien de personnes travaillent sous vos ordres ? Quel est le volume des ventes ? Quelles sont les gammes de produits ? L'entreprise est-elle en expansion ?

Dans votre cas, le point de départ peut être le traitement de base du directeur dans une entreprise comparable, à quoi on peut ajouter des majorations correspondant aux heures effectuées, aux qualifications, à l'expérience et aux responsabilités. Par exemple :

	Dollars des Etats-Unis
Traitement de base	15 000
Majorations :	
Heures effectuées	2 000
Qualifications	500
Expérience	1 500
Responsabilités	3 000
Total	22 000

Cette rémunération correspond-elle au traitement que vous seriez disposé à accorder à un gérant qui, prenant votre place, posséderait la même expérience et les mêmes qualifications, assumerait les mêmes responsabilités et serait prêt à consacrer autant de temps que vous à sa tâche ? Si votre estimation est très proche de 22 000 dollars par an, vous pouvez passer au calcul suivant, celui de la rémunération des capitaux que vous avez investis dans l'entreprise.

La rémunération des capitaux que vous avez investis

Vous avez droit à une rémunération pour les capitaux que vous avez placés dans votre entreprise. Si vous les aviez placés en actions, vous vous estimeriez fondé à toucher des dividendes. Si vous aviez acquis des titres ou ouvert un compte d'épargne, vous vous attendriez à recevoir des intérêts. L'argent que vous avez immobilisé dans votre affaire doit donc vous rapporter quelque chose. Le rendement de votre investissement sera proportionné au risque que vous estimez courir : risque inhérent à la branche d'activité dans laquelle s'insère votre entreprise et risque propre de l'entreprise.

Les avis diffèrent quant à ce que doivent rapporter un «haut risque» et un «risque faible». Pour les uns, l'investissement à haut risque appelle un rendement annuel très élevé, de l'ordre de 80 pour cent, tandis que d'autres considèrent comme acceptable un rendement de 60 pour cent. Certains encore refuseront l'investissement à haut risque si son apport doit être inférieur à 100 ou 200 pour cent.

Pour le rendement des investissements «sûrs» ou à «faible risque», on peut fixer une limite inférieure. Si les bons du Trésor, qui peuvent être tenus pour un placement sûr, rapportent 10 pour cent par an, on peut admettre que ce rendement représente la limite inférieure, car votre entreprise ne saurait vraisemblablement représenter un risque plus faible que celui qui s'attache aux bons du Trésor. La base à partir de laquelle vous pourrez calculer votre risque vous est dès lors connue :

Première phase	Deuxième phase	Troisième phase
Vous évaluez le rendement des investissements à haut risque et à risque faible	*Vous évaluez le rendement des investissements selon leur risque dans votre branche d'activité*	*Vous évaluez le rendement des investissements selon leur risque dans votre propre entreprise*
Haut risque 80 %	Haut risque 60 %	Haut risque 50 %
	Risque acceptable 40 %	Risque acceptable 30 %
Faible risque 10 %	Faible risque 15 %	Faible risque 20 %

Que signifient ces chiffres ? Que selon vos estimations en ce qui concerne votre entreprise, pendant la période de lancement (où le risque est élevé), le rendement de l'investissement devrait être de l'ordre de 50 pour cent. Dans la phase intermédiaire, où le risque est acceptable, un rendement de 30 pour cent serait convenable. Enfin, à mesure que l'affaire se développera et gagnera en stabilité, elle entrera dans la zone du risque faible, où l'on peut admettre un rendement de 20 pour cent.

Prenons maintenant l'exemple de l'entreprise de gros ou de détail, dont la situation est représentée au tableau 2 et admettons que vous en soyez le propriétaire. Votre apport de capitaux se chiffre à 127 000 dollars. En admettant que l'entreprise soit caractérisée par un risque «acceptable», un rendement de 30 pour cent l'an équivaudra à 38 100 dollars.

Votre rémunération totale sera dès lors :

	Dollars des Etats-Unis
Rémunération du temps	22 000
Rémunération des capitaux investis	38 100
Total	60 100

C'est là un montant calculé avant imposition, qui doit être assez élevé pour vous permettre d'en prélever du numéraire pour subvenir à vos besoins (au titre de votre bénéfice), pour payer vos impôts et pour réinvestir dans l'entreprise afin d'en favoriser la croissance et le développement.

Votre rémunération financière comprend deux éléments : une rémunération en espèces du temps que vous consacrez à l'entreprise et une rémunération en espèces pour le risque que courent les capitaux que vous y avez investis. Pour calculer votre rémunération financière de chef d'entreprise de façon rationnelle, vous devez d'abord établir une estimation chiffrée de la valeur de votre entreprise, de votre travail et de vos investissements

COMMENT MAÎTRISER LES FACTEURS DÉTERMINANTS DU POINT DE VUE FINANCIER

Toute entreprise possède certaines caractéristiques propres qui ont une importance déterminante pour son succès à court ou à long terme. Dans le commerce de détail, ce peuvent être les marges bénéficiaires, brutes ou nettes, la rotation des stocks, les frais généraux, la productivité du personnel. Dans l'industrie de transformation, le coût des matières premières ou de la distribution peut être capital. Dans les services, c'est le coût de la main-d'œuvre qui peut conditionner le succès ou l'échec de l'entreprise. Ces facteurs critiques du point de vue financier sont appelés à influencer votre stratégie de gestion, comme le montrera l'exemple qui va suivre. Pour un détaillant, nous supposerons que les facteurs critiques sont la marge bénéficiaire brute et le coefficient de rotation des stocks. La marge brute est un pourcentage qui exprime le rapport entre le bénéfice brut et le produit des ventes. Le coefficient de rotation des stocks est le rapport entre le coût de revient des marchandises vendues et la valeur moyenne des stocks prêts à la vente. A une marge élevée correspond un bénéfice élevé, mais aussi un prix de vente élevé et, peut-être, une forte résistance de l'acheteur, d'où une faible rotation des stocks. Une faible marge implique un prix de vente plus bas, mais — peut-être — une rotation des stocks plus rapide. Tout l'art de la gestion consiste donc à fixer les prix de vente et à régler la rotation des stocks de telle sorte que l'on obtienne le bénéfice brut et — il faut l'espérer — le bénéfice net le plus élevés possible. Il existe une règle empirique communément appliquée à cette fin, qui est :

Marge brute × rotation des stocks = 135 ou plus

Ainsi	40 pour cent ×	3,5	=	140
ou	35 pour cent ×	4,0	=	140
ou	30 pour cent ×	4,5	=	135
ou	25 pour cent ×	5,5	=	137,5
ou	20 pour cent ×	7,0	=	140
ou	10 pour cent ×	13,5	=	135

Les opérations commerciales à faible marge appellent une rotation très rapide des stocks, le contraire étant vrai pour des opérations à forte marge. Ainsi, un détaillant du commerce du meuble pourra adopter une stratégie consistant à vendre des produits de haut de gamme, fabriqués à la main, pour lesquels il aura une forte marge ou, au contraire, des meubles standardisés, fabriqués à la chaîne, qui ne lui laisseront qu'une marge étroite. Dans ce dernier cas, toutefois, il aspirera à une rotation beaucoup plus rapide de ses stocks.

> Il est indispensable de bien connaître les implications financières des différentes stratégies qui peuvent s'offrir. Chef d'entreprise, vous devez déterminer quels sont les facteurs critiques dans votre affaire et savoir comment ils sont liés, du point de vue financier, à la bonne marche de celle-ci

LE CYCLE FINANCIER DE L'ENTREPRISE

Il est une chose à éviter, et c'est d'utiliser à la légère les capitaux dont vous disposez, selon la tendance trop souvent observée dans les petites entreprises. L'étude des faillites enregistrées dans la plupart des pays industrialisés montre qu'une mauvaise planification financière est l'un des pièges les plus redoutables qui menacent les chefs d'entreprise. Trop de petites exploitations négligent de surveiller comme il le faudrait leurs liquidités — c'est-à-dire le rapport entre leurs avoirs disponibles et leurs dettes à court terme : leurs dirigeants ne voient pas l'argent comme une ressource dont il faut suivre les moindres fluctuations.

Pour tenir en main votre situation financière, vous devez savoir en quoi consiste le «cycle financier» qui relie votre mise de fonds initiale aux recettes, aux dépenses, aux profits, aux rémunérations qui vous sont dues et aux profits réinvestis. Ce cycle est illustré par la figure 10.

Après avoir examiné toutes les perspectives qu'ouvrait votre «idée commerciale ou industrielle», vous avez commencé à investir des capitaux dans votre entreprise qui, avec les apports que vous avez obtenus par ailleurs, s'est trouvée à la tête d'une certaine masse financière, son capital social. Une partie de ce capital va servir à constituer des actifs, stables et circulants. Une autre partie couvrira les dépenses, dont certaines serviront à promouvoir les ventes et, partant, à réaliser des bénéfices. Les bénéfices sont ce que rapporte l'entreprise, dont vous allez prélever une partie qui sera retirée de l'affaire, le reste étant réinvesti pour accroître votre apport de capitaux propres. Il résulte de tout cela un faisceau de questions nouvelles en ce qui concerne la stratégie à adopter en matière de gestion :

Figure 10. Le cycle financier de l'entreprise

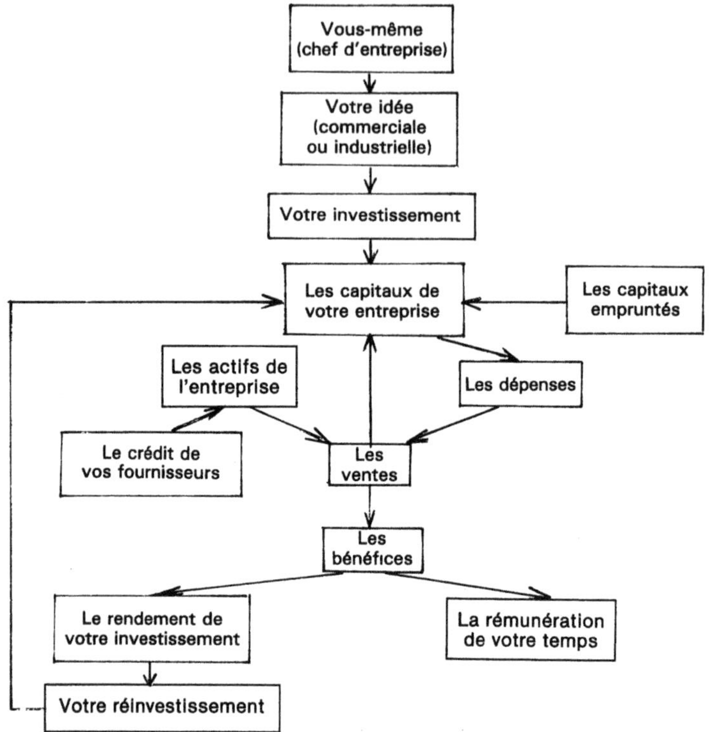

- ☐ Est-il préférable que le capital de l'entreprise soit entièrement constitué de vos fonds propres ou que vous vous préoccupiez de trouver des associés ?
- ☐ Est-il avisé d'emprunter ? Dans quelles conditions ? Quel montant ? Quelle part de votre autonomie risquez-vous d'y perdre ?
- ☐ Faut-il rechercher des crédits à court terme ? A quelles conditions ?
- ☐ Les principaux risques financiers peuvent-ils être partagés ? Transférés ? Eliminés ?

Il va de soi que si vous pouvez emprunter à 15 pour cent et gagner 30 pour cent sur les capitaux empruntés, vous faites une bonne affaire, mais si votre gain ne dépasse pas 12 pour cent, vous êtes en mauvaise posture.

> Il est indispensable que vous fassiez preuve d'ordre, de prudence et de logique en matière financière. En ce qui concerne les liquidités, adoptez une politique dynamique. Vous devrez sans doute vous assurer le concours et les conseils de spécialistes

MAÎTRISER L'AVENIR

Les échéances de la planification d'une entreprise s'étendent loin dans l'avenir. Aussi le chef d'entreprise s'attend-il toujours à des aléas ; il est convaincu de pouvoir faire face aux circonstances ; il est toujours prêt à apporter des faits et des influences sur lesquels il n'a pas prise et à trouver une issue. Votre planification ne doit pas être un exercice stérile et académique, mais une réflexion méthodique sur l'avenir de votre affaire. Planifier, c'est penser une stratégie pour l'entreprise, afin de la guider dans un milieu imprévisible. Ce sera vous soumettre à une bonne discipline que de jeter sur le papier les données de fait et leur expression chiffrée, en prenant soin de les vérifier plutôt deux fois qu'une, jusqu'à ce que vous ayez acquis la conviction que le plan financier que vous avez établi pourra être mené à bien. Vous devrez prendre des décisions univoques sur les rémunérations, les niveaux d'efficacité, les stratégies commerciales, les diverses solutions possibles en matière de coûts, les investissements, la productivité de la main-d'œuvre. Planifier, c'est relever un défi. Pour ce faire, il vous faut puiser dans votre propre expérience et vous appuyer sur les avis des spécialistes, afin de tracer l'avenir de votre entreprise.

La marche à suivre exposée ci-après convient au chef d'entreprise, car elle est positive et dynamique :

- ☐ Déterminez la rémunération qui vous revient.
- ☐ Fixez le niveau d'efficacité de l'entreprise.
- ☐ A partir des deux facteurs qui précèdent (rémunérations en espèces et niveaux d'efficacité), calculez : *a)* le produit des ventes (recettes) ; *b)* les dépenses ; *c)* l'investissement nécessaire ; *d)* la productivité (celle à laquelle on s'attend et celle qu'il faudrait atteindre).
- ☐ Contrôlez deux fois ; corrigez au besoin, et soyez sûr de votre résultat.
- ☐ Informez votre personnel (en manifestant votre enthousiasme et votre détermination).
- ☐ Suivez les résultats tout au long de la période sur laquelle porte votre plan.

Les modalités pratiques de la planification seront examinées plus en détails au chapitre 9. Néanmoins, nous nous arrêterons ici sur ses deux premières étapes, pour faire suite à ce qui a été dit plus haut au sujet de la mesure de vos rémunérations, car il s'agit du principe même du comportement du vrai chef d'entreprise.

Nous avons vu, en effet, que la rémunération qui vous revient en votre qualité de patron comprend deux éléments : *a)* la rémunération du temps que vous consacrez à l'entreprise (22 000 dollars dans notre exemple) et une rémunération qui représente le rendement de votre investissement (38 100 dollars dans notre exemple), soit au total 60 100 dollars par an. Vous avez observé que ces rémunérations étaient calculées à partir de facteurs réalistes : les heures effectuées, l'expérience, les qualifications, les responsabilités, les capitaux investis et le niveau de risque.

La deuxième phase fait jouer le facteur efficacité. Comment mesurer l'efficacité ? Quelques-unes des mesures qu'un gestionnaire peut envisager d'utiliser sont examinées dans les pages qui suivent. Cependant, dans la pratique commerciale, on se réfère surtout à un rapport qui est le pourcentage de marge nette, soit :

$$\frac{\text{Bénéfice net avant imposition}}{\text{Produit des ventes}} \times 100$$

La marge nette varie dans de fortes proportions d'une branche d'activité à l'autre. Dans le commerce de détail de l'alimentation, elle est souvent très basse et ne dépasse pas 2 ou 3 pour cent. Dans des secteurs où l'on vend des produits de haut de gamme très spécialisés et à rotation lente, elle peut dépasser 50 pour cent. Le chef d'entreprise cherchant toujours à accroître l'efficacité de son affaire (sa marge), la deuxième étape du processus de planification consistera à fixer les niveaux d'efficacité correspondant au prochain exercice commercial. Supposons que vous avez réalisé une marge bénéficiaire nette de 9 pour cent durant l'exercice précédent et que vous estimez possible de la porter à 10 pour cent au prochain exercice (nous verrons plus loin comment). Nous aurons :

rémunérations requises : 60 100 dollars ;

niveau d'efficacité (marge) : 10 pour cent.

Vous savez maintenant que votre entreprise devra réaliser des ventes pour un montant de $\frac{\text{60 100 dollars}}{\text{10 pour cent}}$, soit 601 000 dollars durant l'année.

> Observez une fois de plus la démarche à suivre, qui consiste à fixer votre rémunération, puis à fixer les objectifs d'efficacité de votre entreprise. Ces paramètres déterminent le volume des ventes que vous devrez réaliser. Vous avez là une approche dynamique qui convient à un chef d'entreprise

SAVOIR S'ASSURER DES CONCOURS EXTÉRIEURS

Dans les chapitres qui précèdent, il a été question des qualités personnelles et du comportement du chef d'entreprise. Nous allons parler maintenant de ses connaissances et compétences techniques. Qui sont les chefs d'entreprise ? Si beaucoup ont une formation technique et une expérience dans les domaines de la commercialisation et de la vente, voire de la science ou de la technique, bien rares sont ceux qui ont une formation et une expérience couvrant la gamme étendue des connaissances et des qualifications nécessaires au propriétaire exploitant. Chef d'entreprise, vous serez appelé à prendre des décisions dans de multiples domaines : finance, préparation de rapports, application de la réglementation en vigueur, questions juridiques, comptabilité, organisation du travail, questions de personnel et aussi commercialisation, politique des achats, des ventes et de la production. Bien rares sont les hommes qui, par leurs connaissances et leur expérience, maîtrisent absolument tous ces domaines, si tant est qu'il en existe. Dans le présent chapitre, c'est de l'aspect financier de la fonction du chef d'entreprise qu'il sera question. Les problèmes qui se posent à cet égard ont deux causes principales :

- ☐ peu de chefs d'entreprise ont été formés à la gestion financière et en ont l'expérience ;
- ☐ nombreux par contre sont ceux qui répugnent à solliciter le concours d'experts, ce qui aboutit à des difficultés financières, au freinage de la croissance de l'entreprise et parfois même à la faillite.

Pour être à même de faire face à vos responsabilités financières, vous devriez :

- ☐ suivre des cours ou des cycles d'études pour acquérir des connaissances de base qui vous permettent d'appréhender les problèmes financiers élémentaires et de communiquer avec les professionnels de la finance ;
- ☐ vous assurer le concours d'un conseiller financier compétent, connaissant bien les problèmes de gestion. Vous devez aussi pouvoir faire appel aux services d'un conseiller fiscal (il peut arriver que la même personne remplisse les deux offices) ;
- ☐ suivre les avis de vos conseillers et entretenir avec eux un climat d'entente propice à une collaboration suivie.

Vous en arrivez à assumer votre vrai rôle de chef d'entreprise en matière de gestion financière, c'est-à-dire à saisir la perspective générale sans vous attarder aux détails, à planifier et à contrôler votre situation financière en sachant, dans votre intérêt, vous entourer des concours spécialisés nécessaires. Les chapitres qui suivent vous donneront de plus amples détails sur chacun de ces points, à commencer par la fixation des objectifs financiers et la planification

COMMENT MAÎTRISER LES STRATÉGIES FINANCIÈRES ET LEURS RÉSULTATS

9

Dans les deux chapitres qui précèdent, nous avons examiné la préparation du plan financier et la mise en valeur des ressources financières de l'entreprise, en soulignant le fait que vous devez étayer avec soin vos décisions financières. Nous allons maintenant insister sur le contrôle qu'il vous incombe d'exercer sur les résultats de votre stratégie, sur les mesures correctrices qu'il vous faudra élaborer et sur la détermination avec laquelle vous devrez vous occuper d'organiser et de financer l'expansion de votre entreprise

Pour bien suivre les résultats de la stratégie que vous avez mise en œuvre et, le cas échéant, pour appliquer à bon escient les mesures correctrices qui s'imposent, vous pourrez avoir intérêt à porter d'abord votre attention sur :

- ☐ le contrôle des facteurs critiques ;
- ☐ les tendances ;
- ☐ les sources de profits ;
- ☐ les comparaisons internes et externes ;
- ☐ l'organisation de réunions pour préparer l'action.

LE CONTRÔLE DES FACTEURS CRITIQUES

Nous avons vu que certains facteurs revêtent une importance critique pour le succès en affaires. Ces facteurs ne sont pas les mêmes pour toutes les entreprises ni dans toutes les branches d'activité. La situation géographique ou topographique de l'entreprise, ou les conditions du marché, peuvent aussi orienter le chef d'entreprise dans son choix des facteurs qu'il doit tenir pour critiques. Dans le commerce de détail, ce seront la marge brute et la rotation

Tableau 3. Rapport sur les marges brutes et la rotation des stocks, mars 1981

Groupe de produits en stock	Marge bénéficiaire brute, en %		Coefficient de rotation des stocks	
	Prévue au budget	Réelle	Prévu au budget	Réel
A	18	17	7,5	7,0
B	24	25	5,4	5,6
C	30	31	4,8	4,5
D	25	26	6,0	6,5
E	18	16	8,6	7,1
F	22	25	7,4	5,5
G	33	35	4,5	4,3
Stock total	25	26	6,3	5,8

Tableau 4. Rapport sur les coûts unitaires de production, mars 1981 (en dollars)

Groupe de produits en stock	Matériel		Main-d'œuvre		Frais généraux		Total	
	Coût prévu au budget	Coût réel	Coût prévu au budget	Coût réel	Coût prévu au budget	Coût réel	Coût prévu au budget	Coût réel
A	1,40	1,50	0,40	0,36	0,80	0,72	2,60	2,58
B	3,60	3,40	0,85	0,90	0,70	1,80	5,15	6,10
C	4,25	4,20	1,12	1,15	2,24	2,30	7,61	7,65
D	1,70	1,75	2,36	2,45	4,72	4,90	8,78	9,10
E	2,60	2,55	1,42	1,49	2,84	2,98	6,86	7,02

des stocks. Cela pourra être aussi la qualité du produit, dans le cas d'un détaillant dont la clientèle se recrute parmi les revenus élevés ou, s'il s'agit d'un commerce d'alimentation, la proximité d'une route principale et une place pour les voitures.

Pour le patron d'un établissement industriel, le coût de production ou le coût unitaire de la distribution peut apparaître comme le facteur critique de succès. Si les bâtiments industriels à louer sont rares et chers, le loyer devient aussi un facteur critique. Dans le secteur tertiaire, le facteur critique peut être le coût de la main-d'œuvre ou l'emplacement de l'entreprise.

Dans tout rapport consacré à la mesure et au contrôle des bénéfices, ces facteurs critiques doivent faire l'objet d'une attention particulière. Les tableaux qui suivent présentent de façon simplifiée deux rapports de contrôle portant, l'un sur les marges bénéficiaires brutes et la rotation des stocks (tableau 3), l'autre sur les coûts unitaires de production — matériel, main-d'œuvre, frais généraux (tableau 4).

Le chef d'entreprise s'intéresse aux résultats obtenus dans les secteurs où les facteurs critiques entrent en jeu et, par conséquent, il concentre son attention sur les marges bénéficiaires et sur la rotation des stocks, en ce qui concerne tant les objectifs budgétaires que les résultats effectifs. Il compte sur ses chefs de vente pour analyser les ventes réalisées dans leur secteur particulier. Ainsi, lorsqu'un groupe de produits se vend avec une marge de 17 pour cent au lieu des 18 pour cent prévus au budget, il faut pouvoir expliquer pourquoi. Même si la marge est plus forte que prévu, il faudra en trouver l'explication pour orienter l'action future. Rappelez-vous que le vrai chef d'entreprise recherche toujours le pourquoi des choses.

Procédez de la même façon avec la rotation des stocks : les résultats qui s'écartent des prévisions budgétaires doivent être expliqués. Des résultats apparemment bons ne le sont peut-être pas en réalité et vice versa. Par exemple, si un chef de vente relève le prix de vente d'un article qui se vend très bien — augmentant ainsi la marge brute —, il pourra en résulter un freinage de la rotation des stocks qui annule tout le profit résultant de la hausse du prix de vente. Les produits des catégories C, F et G du tableau 3 peuvent fournir l'exemple d'une telle situation. Le produit C se signale par une marge brute de 31 pour cent, supérieure aux prévisions budgétaires, mais la rotation de son stock est plus lente que prévu. Les produits F et G se trouvent dans une situation analogue. Avant d'accepter telle ou telle explication, le chef d'entreprise voudra que les chefs de service responsables se livrent à une enquête. Il faudra en particulier soumettre à une investigation très approfondie les groupes de produits où la réduction de la marge brute va de pair avec une rotation du stock plus lente que prévu (catégories A et E du tableau 3).

Le chef d'entreprise se préoccupe avant tout des résultats d'ensemble, s'en remettant à ses chefs de service pour ce qui est du détail. A première vue, la marge bénéficiaire brute de l'ensemble des opérations de l'entreprise apparaît acceptable : elle a été de 26 pour cent, alors que les prévisions budgétaires indiquaient 25 pour cent. Ce résultat satisfaisant a néamnoins été obtenu au prix d'un ralentissement de la rotation des stocks. De fait, la rentabilité globale a été inférieure aux prévisions budgétaires, puisque le dépassement de la marge brute prévue n'a pas été suffisant pour compenser le freinage de la rotation des stocks. En effet, si l'on multiplie 25 par 6,3 (c'est-à-dire la marge brute par le coefficient de rotation, selon les prévisions budgétaires), on obtient le chiffre de 157,5, alors que le produit de la multiplication de 26 par 5,8 (marge et rotation réelles) n'est que de 150,8. Avec une marge brute supérieure aux prévisions, on aurait pu réaliser une rentabilité égale ou supérieure à celle qui était inscrite au budget même si le coefficient de rotation était plus bas que prévu, mais pour autant qu'il ne soit pas inférieur à 6,06 (157,5 : 26).

Passons au rapport sur les coûts unitaires de production (tableau 4), établi, cela va de soi, par un chef d'entreprise qui considère ces coûts comme un facteur critique dans son établissement.

Le coût unitaire est analysé en ses trois éléments constitutifs : le matériel, la main-d'œuvre et les frais généraux. Dans ce cas également, on se fonde sur les prévisions budgétaires et sur les résultats réels, et on calcule le coût unitaire total par groupe de produits. Le chef d'entreprise peut se contenter de suivre l'évolution du coût unitaire global — c'est-à-dire tous produits confondus — si ce paramètre est significatif dans son cas particulier. Sinon, il suivra le coût unitaire pour chaque groupe de produits, les divers chefs de service ayant la charge d'en contrôler les différents éléments produit par produit.

On pourrait multiplier les exemples simplifiés de ce genre pour d'autres facteurs critiques. On pourrait aussi donner des exemples concernant spécifiquement les commerces de détail ou de gros, les entreprises manufacturières, les services. C'est à vous qu'il appartient de discerner quels sont les facteurs critiques pour votre entreprise et de choisir ceux pour lesquels vous voulez faire établir des rapports.

Souvenez-vous que ces rapports n'ont d'autre objet que de vous aider à contrôler votre situation financière générale et vos résultats, à tirer la leçon de l'expérience, à éliminer les défaillances, à tirer parti de vos atouts maîtres, à inciter les membres de votre personnel à assumer des responsabilités et à prendre des décisions. Que leur schéma soit simple. Il faut n'y consigner que les faits déterminants. Souvenez-vous aussi que les établir et les analyser constitue un exercice d'autodiscipline salutaire pour vous-même et pour votre personnel

LES TENDANCES

A côté des facteurs critiques, il est un autre phénomène que vous devez suivre attentivement, et c'est la mesure dans laquelle l'évolution de la conjoncture influe sur votre entreprise. Soyez prêt à affronter les problèmes avant qu'ils ne se posent. Si les coûts commencent à monter, agissez avant que votre rentabilité ne se soit évanouie. Si les ventes d'un produit font apparaître que le bénéfice sur ce produit va bientôt devenir négligeable, n'attendez pas pour intervenir.

Au chapitre 7, nous avons vu comment établir des prévisions à partir des résultats passés. Vous pourrez appliquer le même principe pour contrôler vos opérations au jour le jour, de semaine en semaine ou de mois en mois à l'aide de rapports successifs faisant apparaître les tendances. Le tableau 5 donne l'exemple d'un rapport où est consigné le volume des ventes d'un produit pour la période en cours (mois, année) et pour l'année précédente. Les données budgétaires pour l'année précédente et pour l'année en cours apparaissent dans les deux dernières colonnes. Chacun des chiffres de ce tableau est révélateur et devrait susciter des investigations de votre part et de la part de vos collaborateurs.

Tableau 5. Répartition des ventes par produit : rapport de tendance, mars 1981

Produits	Ventes de l'année en cours		Ventes de l'année précédente		Ventes prévues au budget jusqu'à ce mois	
	Ventes du mois	Ventes de l'année jusqu'à ce mois	Ventes du mois	Ventes de l'année jusqu'à ce mois	Année en cours	Année précédente
A	22 430	76 390	21 420	75 900	87 300	85 600
B	10 360	33 190	11 610	34 140	41 200	40 000
C	8 420	21 310	7 430	20 860	31 400	31 000
D	17 410	48 260	16 910	47 690	71 000	70 500
E	6 200	15 180	8 420	16 190	24 300	24 000

Nous l'avons dit, la représentation graphique des résultats est en général plus directement compréhensible que des tableaux de chiffres. La figure 11, ci-dessous, serait encore plus éloquente si la représentation des prévisions budgétaires avait pu y trouver place.

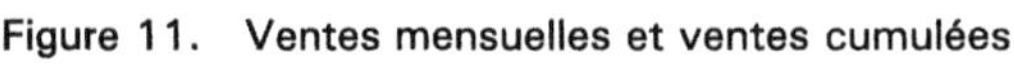

Figure 11. Ventes mensuelles et ventes cumulées

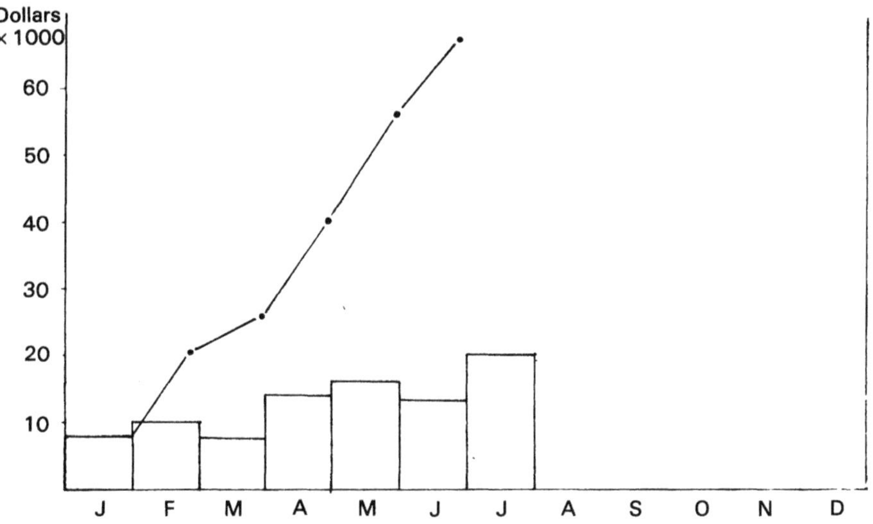

Cette méthode de contrôle de vos opérations axée sur les tendances, vous pouvez l'appliquer à tous les facteurs critiques de votre entreprise, qu'il s'agisse de coûts unitaires de production, de ventes, de marges bénéficiaires brutes, de coûts de main-d'œuvre, de loyers industriels ou d'autres facteurs

LES SOURCES DE PROFIT

Quelles sont vos sources de profit ? Tous les services de votre entreprise ne participent pas également à la constitution des profits, vous le savez bien. Tel produit a une marge bénéficiaire brute plus forte que tel autre. Tel groupe de collaborateurs est plus productif que tel autre. Telles ou telles installations, telles ou telles machines produisent des marchandises qui seront vendues à prix relativement élevés pour un coût de production relativement bas. Certains points de vente bien placés assurent des bénéfices élevés, alors que d'autres, mal situés, sont à peine rentables.

Les sources de profit de votre entreprise peuvent donc être des personnes, des machines, des capitaux, des produits, des emplacements ou n'importe quel facteur dont vous pouvez tirer parti. Si vous cherchez à analyser des perspectives de développement de votre affaire, vous tiendrez à connaître vos sources de profit réelles. C'est pourquoi vos rapports de contrôle des bénéfices pourront être axés sur tel ou tel des multiples facteurs qui peuvent constituer une source de profit pour votre entreprise :

☐ *Les catégories de produits.* Nombre de chefs d'entreprise les considèrent à l'évidence comme sources de profit. Il importe par conséquent que le système d'information de votre entreprise vous fournisse les éléments d'appréciation et les statistiques nécessaires pour déterminer la part relative de vos bénéfices qui provient de chaque catégorie.

☐ *Les centres de production.* A supposer que vous soyez à la tête d'un établissement industriel, certains de vos produits passent peut-être par plusieurs centres de production, dont chacun a ses propres coûts et sa propre productivité. Si vos rapports font ressortir leurs performances respectives, vous y trouvez peut-être le moyen d'accroître vos profits.

☐ *Les points de vente.* Il n'est pas rare que les chefs d'entreprise fassent établir des relevés des recettes et des dépenses de leurs points de vente (ce peuvent être aussi bien plusieurs magasins de détail constituant une chaîne que les divers services d'un grand magasin).

☐ *Les centres de contrôle des coûts.* On peut toujours répartir une entreprise en plusieurs secteurs, aux fins du contrôle des coûts, et confier à cet effet des responsabilités bien définies à divers collaborateurs, autant du principe que l'entreprise qui maîtrise ses coûts maîtrise ses bénéfices. Ce contrôle, qui s'étendra à toute la gamme des activités, de la fabrication à l'administration, pourra être au cœur de votre organisation. Il est aussi un moyen de mobiliser la collaboration de ceux que vous aurez investis de responsabilités particulières.

☐ *Les personnes.* Individuellement ou en groupe, les membres de votre personnel peuvent apparaître comme sources de profit. Les rapports d'activité porteront principalement sur les résultats obtenus sur ces personnes : production, ventes, achats, travail administratif. Ces rapports agiront comme des stimulants, surtout si les personnes qu'ils concernent sont également associées à la fixation des normes de performances par rapport auxquelles se mesurent les résultats effectifs.

- ☐ *Les circuits de distribution.* Les profits sont aussi liés aux modalités de la distribution. Selon votre secteur d'activité, vous souhaiterez peut-être savoir s'il vaut mieux recourir, pour la distribution de vos produits, à la navigation maritime, au fret aérien, au transport par chemin de fer ou au transport routier, ou encore s'il vaut mieux vous en tenir à la vente directe ou vous lancer dans la vente par correspondance. Détaillant, vous voudrez connaître la différence de marge entre la vente traditionnelle et le self-service.
- ☐ *L'implantation géographique, nationale et internationale.* L'implantation de diverses unités à l'intérieur du pays et à l'étranger est une autre source de profit possible pour votre entreprise. A l'intérieur du pays, vous pouvez opter pour une implantation par région ou pour un système distinguant entre la ville et la campagne. Des filiales dans plusieurs pays peuvent constituer autant de sources de profit autonomes ; c'est d'ailleurs un système communément pratiqué par les entreprises multinationales.
- ☐ *Les produits ou les services à forte ou à faible marge.* Il est parfois utile de demander des relevés distincts pour les divers produits ou services selon que leur marge bénéficiaire est forte ou faible. Le chef d'entreprise est toujours à l'affût de nouvelles méthodes d'analyse du rendement, aussi une méthode axée sur le produit et extrêmement simple comme celle qui est exposée au tableau 6 pourra vous être utile. Ce qu'il vous importe de savoir, c'est la mesure dans laquelle votre entreprise dépend de produits ou de services à forte ou à faible marge et la latitude qui vous est laissée de renoncer à ceux dont la marge est faible pour vous concentrer sur les autres.

Tableau 6. Répartition mensuelle des ventes et des bénéfices bruts suivant la marge brute des produits vendus

Détail	Marge brute des produits vendus (en pourcentage)						
	<20	20-22	22-25	25-27	27-30	30-35	35-40
Ventes	18 000	21 000	23 500	20 800	17 500	13 000	8 500
Coût de revient	14 940	16 590	17 860	15 392	12 425	8 580	5 270
Bénéfice brut	3 060	4 410	5 640	5 408	5 075	4 420	3 230

- ☐ *Les groupes de personnes à forte productivité.* Un relevé spécial faisant apparaître la productivité de certains de vos collaborateurs pourra servir à les motiver. Celui dont le modèle est reproduit au tableau 7 montre comment les ventes et le bénéfice brut se répartissent entre différents groupes

Tableau 7. Répartition mensuelle des ventes et des bénéfices bruts entre les vendeurs

Détail	Chiffre de ventes par vendeur (en dollars)				
	<10 000	10 000-15 000	15 001-20 000	20 001-30 000	>30 000
Nombre de vendeurs	7	10	6	3	1
Chiffre total de ventes	56 000	121 000	108 500	77 800	34 500
Coût de revient	45 920	96 800	87 350	61 460	28 120
Bénéfice brut	10 080	24 200	21 150	16 340	6 380

de vendeurs. Il est raisonnable de penser qu'il sera de nature à inciter les vendeurs à figurer dans le peloton de tête. Bien entendu, l'établissement d'un tel relevé exige une comptabilité assez détaillée pour qu'il soit possible d'attribuer à chaque vendeur la part des recettes, des coûts et des bénéfices qui lui revient, ce qui ne devrait pas soulever d'obstacles majeurs dans une entreprise commerciale de gros ou de détail. Faut-il préciser qu'il existe bien d'autres méthodes pour mesurer la productivité du personnel ou d'autres facteurs, et qu'il vous appartient de choisir la meilleure ?

☐ *Les zones de faibles coûts.* On peut déceler des zones de faibles coûts dans une usine, un entrepôt, un service administratif, un atelier d'entretien ou un point de vente. Les relevés concernant ces zones peuvent être regardés comme une variante de ceux qui se rapportent à la productivité relative des divers centres de production. Leur intérêt réside dans l'exemple à suivre qu'ils proposent au personnel. Utilisez-les pour signaler à l'attention les points forts de votre entreprise.

> Tout service, toute unité ou toute autre subdivision de votre entreprise peut être vu comme une source de profit. En tant que patron, c'est à vous de choisir parmi les sources de profit possibles celles qui servent le mieux les intérêts de votre affaire et sont le plus conformes à ses objectifs

LES COMPARAISONS EXTERNES

Tout ce que nous avons dit et recommandé jusqu'ici dans le présent chapitre concerne l'hypothèse où vos analyses reposent sur des comparaisons de données — tendances, ratios, volumes de ventes, marges, etc. — qui se rapportent toutes à votre entreprise. Vous comparez par exemple les ventes du mois en cours à celles du mois précédent ou à celles du même mois de l'année antérieure. Vous pouvez aussi faire de même pour les coûts et les charges, la productivité, les marges et les rémunérations. Eléments d'information et données chiffrées, tout provient de votre propre système comptable, que vous pouvez adapter au mieux de vos besoins.

Un chef d'entreprise ne devrait cependant pas se satisfaire des seules comparaisons internes. La confrontation de vos résultats d'aujourd'hui avec ceux d'hier ne vous permet pas forcément de mettre en évidence vos points forts ou vos faiblesses, et vous n'en tirerez probablement pas la satisfaction que vous vaudrait la conscience d'appartenir au peloton de tête des entreprises de votre branche. Responsable de l'avenir de votre entreprise, vous voulez vous ouvrir une perspective de longue portée sur la position qu'elle occupera, demain et plus tard dans votre secteur. Cette perspective, vous ne la bornerez pas à la seule rentabilité générale de votre affaire. Au contraire, vous l'étendrez à tous les autres aspects de sa position relative : volume de vos ventes, marges, frais et charges, bénéfices, productivité. En d'autres termes, vous entendez faire aussi bien des comparaisons internes que des comparaisons externes, c'est-à-dire comparer votre entreprise avec des concurrentes, et cela régulièrement.

Les secteurs où les entreprises peuvent disposer de moyens de comparaison externes se comptent par centaines, dans de nombreux pays. Renseignez-vous et voyez s'il existe un système de ce genre dans votre région. S'il n'en existe pas à l'heure actuelle, dans votre branche d'activité ou dans votre région, faites savoir à votre chambre syndicale ou aux pouvoirs publics que vous souhaitez qu'il en soit créé un le plus tôt possible. La plupart des systèmes d'enquête statistique existants sont conçus selon les principes suivants :

☐ le caractère confidentiel des résultats de chaque entreprise est garanti ;

☐ les entreprises de la branche incluses dans l'enquête sont en nombre suffisant pour permettre des comparaisons valables ;

☐ les normes applicables à la branches sont exprimées en moyennes ou en pourcentage ;

☐ chaque entreprise incluse dans l'enquête reçoit un rapport particulier où ses résultats sont comparés aux normes de la branche et où son rang dans la branche est indiqué ;

☐ aux fins d'analyse statistique, les entreprises de la branche sont subdivisées :

— suivant l'ordre de grandeur de leurs ventes ;
— suivant l'ordre de grandeur des effectifs qu'elles emploient ;
— suivant l'ordre de grandeur du capital investi ;
— par catégories de produits ou de services ;
— suivant leur situation géographique ;
— en toutes autres catégories que souhaitent les participants à l'enquête ;

Tableau 8. Programme de comparaisons statistiques sectorielles — Rapport spécial pour l'entreprise

Spécimen

Rapport préparé par le Centre de recherche de gestion financière de l'Université de Nouvelle-Angleterre, Armidale, Nouvelle-Galles du Sud

Secteur : Quincaillerie (Détail)

Nombre d'entreprises participant à l'enquête : 326

Votre numéro confidentiel d'immatriculation : 4236

Facteurs	Résultats (en dollars)		Rang de votre entreprise dans la branche	Résultats moyens des entreprises réparties suivant le volume de leurs ventes (en dollars)				
	de votre entreprise	des autres entreprises (moyenne)		Jusqu'à 50 000 (84 entreprises)	50 000-200 000 (77 entreprises)	200 000-500 000 (71 entreprises)	500 000-1 000 000 (53 entreprises)	> 1 000 000 (41 entreprises)
Données financières								
Ventes de l'année	167 400	703 100	242	32 100	135 400	338 700	787 000	2 540 000
Coût de revient	115 500	526 800	75	21 200	93 400	243 900	583 400	1 955 800
Bénéfice brut	41 900	189 800	274	10 900	42 000	94 800	204 600	584 200
Charges	30 200	119 500	83	4 500	21 700	57 600	141 700	431 800
Bénéfice net (avant impôt)	11 700	70 300	268	6 400	20 300	37 200	62 900	152 400
Rémunération du propriétaire	10 000	34 000	164	8 000	15 000	28 000	32 000	60 000
Rendement de l'investissement	1 700	36 300	290	1 600	5 300	9 200	30 900	92 400

Résultats relatifs (en pourcentage)								
Croissance des ventes	8	15	180	9	12	20	22	24
Marge bénéficiaire brute	25	27	197	34	31	28	26	23
Rapport charges/ventes	18	17	150	14	16	17	18	17
Marge bénéficiaire nette	7	10	149	20	15	11	8	6
Productivité								
Ventes par salarié	40 200	52 000	173	20 600	34 000	58 000	56 000	51 000
Ventes par dollar de la masse salariale	5,60	7,20	187	4,70	6,80	7,30	8,30	8,80
Bénéfice brut par salarié	10 600	13 600	160	7 600	10 500	15 800	14 600	11 700
Bénéfice brut par dollar de la masse salariale	1,40	1,90	178	1,60	2,10	2,00	2,20	2,00

N.B. Dans l'exemple de rapport dont le présent tableau reproduit une partie, maints autres facteurs sont aussi analysés et notamment : les actifs, le rendement des capitaux disponibles, les stocks, la répartition du personnel, la ventilation des dépenses, les sources de recettes, la tendance des bénéfices et les facteurs particuliers de la branche.

- ☐ les comparaisons sont faites sur une base au moins annuelle et, dans certains cas, trimestrielle ou semestrielle ;
- ☐ un colloque ou une conférence est organisé postérieurement à la communication des résultats de l'enquête pour permettre à ceux qui y ont participé de discuter de ses implications pour les entreprises participantes et pour la branche.

On trouvera au tableau 8 un exemple de rapport préparé après la conclusion d'une enquête à l'intention d'une entreprise participante afin de lui permettre de procéder à des comparaisons externes.

Ce rapport appelle les remarques suivantes :

- ☐ La raison sociale de l'entreprise n'y apparaît pas, mais seulement le numéro confidentiel d'immatriculation (4236).
- ☐ Les facteurs et les ratios utilisés pour les comparaisons sont analogues à ceux dont il a été question dans les deux chapitres précédents.
- ☐ Les trois premières colonnes rendent compte des résultats de votre entreprise, de la moyenne des 326 entreprises de la branche et de la manière dont votre entreprise se classe par rapport aux autres pour chaque facteur. Par exemple : l'entreprise n° 4236 était 242e sur 326 par le volume de ses ventes, mais occupait le 290e rang pour le rendement de l'investissement.
- ☐ Les autres colonnes présentent des moyennes des résultats des entreprises réparties selon le volume de leurs ventes, mais d'autres données peuvent être compilées dans ces relevés qui, le plus souvent, comptent plusieurs pages de comparaisons diverses.
- ☐ Dans la plupart des enquêtes de ce genre, les entreprises participantes se mettent d'accord sur les ratios qui seront calculés et sur les données qui leur paraissent les plus utiles.

Le rapport de comparaison externe est un instrument de mesure remarquable entre les mains du chef d'entreprise. Il met en lumière les points forts de son affaire aussi bien que ses points faibles, lui montre où faire porter ses efforts pour améliorer la situation, lui suggère d'autres stratégies.

> Les rapports de comparaison externe pourront fortifier votre confiance en vous. Vos collaborateurs, informés par ce moyen de la manière dont leurs propres résultats soutiennent la comparaison avec ceux des concurrents, y trouveront aussi un stimulant. Ils vous offrent par conséquent un moyen d'accroître votre productivité et votre rentabilité en encourageant votre personnel à se donner plus à fond

LES RÉUNIONS D'INTERVENTION POUR PRÉPARER L'ACTION

Si vous constatez une différence significative entre les objectifs que vous vous étiez fixés et les résultats obtenus — qu'il s'agisse du volume des ventes, du rendement à la production, des charges administratives — convoquez une réunion de ceux de vos collaborateurs qui sont directement intéressés au problème. Ce genre de réunions doit préparer des décisions concrètes, dont les résultats seront attentivement suivis et conduiront à de nouvelles décisions. Pour qu'elles ne prennent pas trop de temps et aboutissent à des résultats concrets, il importe de n'y recourir que pour régler un problème bien défini ou pour examiner la suite à donner à une réunion antérieure. Le compte rendu qui en sera établi sera par la suite un instrument utile pour contrôler les mesures prises. La figure 12 reproduit un exemple simple d'un tel compte rendu relatif à une réunion convoquée le 12 novembre pour examiner les raisons de la faible rentabilité d'une certaine catégorie de produits par rapport aux prévisions. Un membre du personnel a été chargé de rechercher les causes de cette situation, une ligne de conduite a été arrêtée, et l'on a fixé la date à laquelle devrait être remis le rapport sur les mesures prises (23 novembre).

Figure 12. Exemple de compte rendu d'une réunion d'intervention

Date	Sujet	Décision	Agent responsable	Date de remise du rapport
12 novembre	Faible rentabilité des produits de la catégorie A	Analyser les ventes et les coûts des produits A	J. Dupont	23 novembre

Une réunion de courte durée sur un sujet parfaitement délimité, au cours de laquelle on prend une décision dont un collaborateur accepte d'assurer l'exécution, s'engageant à faire rapport à une date convenue, est un moyen efficace de redresser une situation critique. Ainsi conduites, les réunions d'intervention font perdre peu de temps, produisent des résultats positifs et constituent un excellent exercice d'autodiscipline

LES SOURCES DE FINANCEMENT

Nous avons vu plus haut que les capitaux sont une ressource qu'il convient de gérer dans l'intérêt de votre entreprise. Nous avons vu également les circonstances dans lesquelles vous pouviez user de crédit pour obtenir des apports de capitaux extérieurs, qui exerceront un effet de levier sur votre propre rentabilité. En d'autres termes, lorsqu'on crée une entreprise, on compte en général la financer pour l'essentiel par des capitaux propres. C'est là votre capital social. Néanmoins, vous pouvez avoir besoin de capitaux supplémentaires, auquel cas vous allez emprunter et votre entreprise va fonctionner grâce à une combinaison de capitaux propres et de dettes. Comme c'est vous qui courez le plus grand risque, en tant que pourvoyeur de l'essentiel du capital, il va de soi que vous allez prélever une rémunération élevée et que le rapport des capitaux propres sera toujours beaucoup plus grand que celui des capitaux empruntés : 40 ou 50 pour cent contre 12 ou 15 pour cent. Bien entendu, les prêteurs exigeront quelque sûreté propre à réduire leur risque.

C'est pourquoi un chef d'entreprise avisé envisagera diverses formules de financement et puisera à diverses sources de capitaux.

Le plus souvent, une entreprise commence sa carrière avec un capital constitué par les économies de son propriétaire et des amis et relations de celui-ci. Le nouveau patron pourra peut-être aussi avoir emprunté à une banque, à la condition que l'emprunt puisse être garanti par des biens propres. A mesure que l'entreprise se développe, elle produit des fonds et elle peut aussi s'en voir proposer par des particuliers, des établissements de crédit, voire des organismes de l'Etat. Nous pouvons dès lors énumérer les sources de financement auxquelles vous aurez en principe accès au moment d'élaborer votre stratégie financière :

- ☐ *Les capitaux propres.* Votre part du financement de votre entreprise qui, du fait qu'elle supporte la presque totalité des risques, doit être d'un rendement plus élevé.

- ☐ *Les capitaux mis à votre disposition par des amis et relations.* Ceux-ci exigeront ou non une sûreté, mais ils comptent sur un rendement raisonnable de leur mise de fonds.

- ☐ *Les prêts bancaires.* Il peut s'agir de prêts à terme ou d'autorisation de découvert sur compte bancaire. Dans ce dernier cas, il s'agit toujours de prêts à très court terme, pour satisfaire les besoins de trésorerie pendant quelques mois, mais non pas d'investissements à long terme. Les prêts bancaires à terme sont en général consacrés à l'acquisition d'actifs (terrains, bâtiments, installations, machines), le terme fixé étant différent suivant les établissements bancaires et d'un pays à un autre.

- ☐ *Le crédit commercial.* Ce peut être la source de financement la moins chère, surtout si vous vous êtes déjà fait une solide réputation de solvabilité. Disposer de marchandises sans avoir à les payer avant 30, 60, 90 ou 180 jours, voire davantage, selon ce qui est convenu avec le fournisseur, vous permet le libre usage des capitaux correspondants pendant le même temps. Rappelez-vous cependant que le crédit se fonde sur la confiance et que la confiance ne s'acquiert pas avant un long temps d'épreuve. Ne faites donc pas faux bond à vos créanciers si vous ne voulez pas qu'ils vous rendent la pareille.

- ☐ Divers établissements financiers octroient des prêts hypothécaires ou des crédits à moyen terme pour des fins particulières. Il s'agit en général de fonds destinés à l'acquisition d'actifs stables, pour lesquels le prêteur exige une sûreté.
- ☐ Le crédit-bail *(leasing)* est de plus en plus pratiqué pour financer des installations, des véhicules, des machines, des aménagements de bureau, voire parfois des bâtiments.
- ☐ On peut souvent se faire commanditer par des sociétés spécialisées qui proposent des capitaux aux petites entreprises, d'abord sous forme de prêt, ce prêt étant par la suite converti en fonds propres. Il est raisonnable de penser que la société commanditaire va vouloir, en contrepartie de son apport, exercer un certain droit de regard sur votre entreprise.
- ☐ Dans certains pays, c'est l'Etat qui, par l'intermédiaire de divers organismes, consent directement des prêts à des entreprises ou garantit les prêts qui leur sont consentis, dans des conditions qui varient sensiblement suivant les pays.

> La gamme des sources de financement est étonnamment vaste, et le coût et les conditions du financement varient suivant les sources. Pour le chef d'entreprise, il importe de considérer tous les choix possibles, de solliciter l'avis d'experts (voir plus loin) et de déterminer la combinaison des sources de financement qui est la plus propice au développement de son entreprise

L'ANALYSE DES INVESTISSEMENTS

Rien ne sert de vous procurer un supplément de capitaux en puisant sur votre propre compte bancaire ou en vous adressant à vos amis, à vos relations, aux pouvoirs publics ou à un établissement privé de crédit si vous ne les utilisez pas de façon efficace. Savoir investir est indispensable au chef d'entreprise.

Considérez votre entreprise comme la somme de plusieurs investissements plutôt que comme un investissement unique. Si vous possédez, par exemple, une usine, un entrepôt et des magasins de détail comme points de vente, vous aurez là au moins trois investissements distincts : en effet au lieu de produire vous-même, vous pourriez acheter des produits identiques ou analogues à un autre fabricant ou à un grossiste ; plutôt que d'entretenir votre propre chaîne de magasins, vous pourriez vendre vos produits à un grossiste ou à des détaillants. Chacune de ces décisions sera une décision d'investissement distincte. Le même principe s'applique à la fabrique, à l'entrepôt, au magasin. Votre fabrique peut produire ses articles partiellement ou complètement ; elle peut produire ses matières premières ou les acheter à un producteur. Si vous disposez d'un point de vente unique vous pouvez le considérer comme se composant de plusieurs éléments (telle catégorie de produits, telle équipe de vendeurs, telle superficie de vente, etc.) dont chacun représente un investissement.

> Considérez votre entreprise quelle qu'elle soit comme un ensemble d'éléments dont chacun représente un investissement distinct

Si votre entreprise constitue un faisceau d'investissements, chacun de ces investissements doit contribuer à votre rémunération totale ; chaque élément de votre entreprise doit donc rapporter quelque chose. Le rapport de chaque investissement sera proportionné au risque. A risque faible, faible rapport. A risque élevé, rapport élevé. En tant que chef d'entreprise, vous devez déterminer, pour chaque investissement de votre affaire, et qu'il représente en pourcentage de votre investissement total, les risques qui y sont associés, son rendement financier et ce que vous pensez de ce rendement (acceptable ou inacceptable).

Il ne vous est pas difficile de vous assurer du rendement que vous vaudra tout investissement nouveau dans l'entreprise. Il vous suffira de calculer le montant des liquidités que nécessite le nouvel investissement, c'est-à-dire combien il vous faudra dépenser pour «faire décoller» l'investissement, ainsi que les rentrées de liquidités qui en résulteront un fois l'investissement opérationnel. Or, en tant que chef d'entreprise, ne devez-vous pas vous préoccuper de l'état de vos liquidités ?

Prenons un exemple simple : supposons que vous envisagiez de produire et de vendre un article nouveau pour votre région. Vous allez peut-être devoir opérer sous licence concédée par un fabricant étranger. En chef d'entreprise lucide, vous reconnaissez qu'il existe plusieurs stratégies propres à faire démarrer votre projet. Comme il arrive souvent, vous devrez faire un choix, en l'occurrence, entre deux solutions possibles :

a) un investissement initial relativement modique, des rentrées et des sorties futures également modiques et un excédent de recettes nécessairement modique lui aussi, avec pour corollaire une durée de vie du projet relativement brève ; ou

Tableau 9. Deux formules possibles d'investissement

	Formule *a)* (dollars)	Formule *b)* (dollars)
Volume annuel des ventes	10 000	15 000
Dépenses annuelles (avant impôt)	7 000	9 000
Excédent annuel des recettes sur les dépenses	3 000	6 000
Capital initial investi	9 000	24 000
Espérance de vie du projet	10 ans	20 ans

b) un investissement initial élevé, des rentrées et des sorties proportionnellement élevées, produisant longtemps un excédent de recettes élevé.

Le détail de cette alternative est présenté au tableau 9.

Avec la formule *a)*, les recettes prévues avant imposition se montent à 10 000 dollars, mais les dépenses atteignent 7 000 dollars, ne laissant chaque année que 3 000 dollars d'excédent. Pour réaliser ce rapport, il faut investir 9 000 dollars d'argent frais, et l'on compte que cet investissement restera productif pendant au moins dix ans.

La formule *b)*, en revanche, immobilise un investissement de 24 000 dollars, mais promet un excédent de recettes de 6 000 dollars par an et un rendement productif pendant vingt ans. Faut-il la préférer à la formule *a)* ? Pour fonder la décision qu'il devra prendre, le chef d'entreprise calculera d'abord le temps de récupération du capital investi en divisant le montant initial de l'investissement par l'excédent annuel de recettes. A partir du quotient obtenu, il calculera ensuite le taux de rendement de son investissement, compte tenu de l'espérance de vie du projet. Dans le cas des deux formules envisagées ici, vous pouvez calculer à la fois le temps de récupération de l'investissement et le taux de rendement de cet investissement qui en découle, compte tenu de la durée de vie de chaque projet.

Avec la formule *a)*, le temps de récupération sera de 9 000 : 3 000 = 3 ans. Avec la formule *b)*, il sera de 24 000 : 6 000 = 4 ans. En vous servant des données reproduites au tableau 10, vous pouvez rapporter l'un et l'autre facteur de récupération d'investissement au nombre d'années de rendement productif de l'un et l'autre projet pour connaître le taux de rendement de l'investissement dans chaque cas.

En rapportant le nombre d'années de récupération au nombre d'années d'espérance de vie du projet, vous jugerez de chaque formule d'après son taux de rendement. Par exemple, la formule *a)*, qui vous permettrait de récupérer votre investissement en trois ans et serait productive pendant dix ans est caractérisée par un taux de rendement de 31 pour cent, cependant que la formule *b)*, productive pendant vingt ans, l'investissement étant récupéré en quatre ans, donne un taux de rendement de 25 pour cent. Compte tenu de ces éléments, il vous reste à décider, en tant que gestionnaire, si c'est le taux de rendement qui est en l'occurrence déterminant ou si d'autres facteurs vous semblent plus importants.

Tableau 10. Rendement des investissements — Table de correspondance

Durée utile du projet (en années)	Taux de rendement de l'investissement (en pourcentage) en fonction du nombre d'années de récupération [1]				
	1 année	2 années	3 années	4 années	5 années
5	95	41	20	8	0
10	100	50	31	22	15
15	100	50	33	24	18
20	100	50	33	25	19
25	100	50	33	25	20
30	100	50	33	25	20

[1] Les taux de rendement sont établis à partir de tables de calcul d'annuités ou d'intérêts composés qui tiennent compte du taux d'actualisation. On trouve ces tables dans de nombreux traités ou manuels de comptabilité et de mathématique financière.

Notez au passage la corrélation qui s'établit entre le temps de récupération et les pourcentages de rendement, à mesure que l'espérance de vie du projet augmente. Ainsi, les projets pour lesquels l'investissement est récupéré en deux ans n'ont jamais un rendement supérieur à 50 pour cent (= 100 pour cent : 2). Ceux dont l'investissement est récupéré en quatre ans ne dépassent jamais un taux de rendement de 25 pour cent (= 100 pour cent : 4). Enfin, ceux dont l'investissement est récupéré en cinq ans ne peuvent avoir un rendement supérieur à 20 pour cent (= 100 pour cent : 5).

Vous pourrez en déduire cette règle simple :

Lorsqu'un projet est financé par un investissement qui promet un produit disponible net relativement constant et lorsque son espérance de vie est très supérieure au délai de récupération de cet investissement, le taux de rendement du capital investi est égal à 100 divisé par le nombre d'années de récupération

Cela signifie — dans l'hypothèse, bien entendu, où l'espérance de vie est fortement supérieure au délai de récupération — que lorsque ce délai est de trois ans le rendement de l'investissement est de 33,3 pour cent par an, et que lorsque ce délai est de quatre, huit ou dix ans, le rendement de l'investissement est de 25, 12,5, ou 10 pour cent par an respectivement, et ainsi de suite.

Poussant plus avant l'application de cette règle, vous pouvez décider, par exemple, que tout investissement nouveau devra rapporter au minimum 25 pour cent par an, ce qui revient à dire que vous vous décidez pour un délai de récupération de quatre ans au plus et pour des projets dont l'espérance de vie utile devra être très supérieure à quatre ans.

Rien de ce que nous avons dit jusqu'à présent ne doit faire oublier au chef d'entreprise que, dans tous les aspects de la gestion des affaires, le facteur humain est primordial. Nous verrons au chapitre suivant que cela est particulièrement vrai en matière financière

LA RÉUSSITE FINANCIÈRE PAR LE BON EMPLOI DES RESSOURCES HUMAINES

10

En tant que chef d'entreprise, vous avez le devoir de vous intéresser aux personnes. Il y va de votre succès en affaires. Collaborateurs, fournisseurs, clients, conseillers, tous concourent au succès de votre entreprise. Le présent chapitre vous rendra attentif aux liens très étroits qui existent entre l'emploi des ressources humaines et le succès financier d'une entreprise

Si dynamique, enthousiaste et sûr de soi que puisse être un chef d'entreprise, il n'est rien s'il n'a pas su gagner le soutien sans réserve de son personnel et de tous ceux avec qui il a affaire. Le produit le meilleur du monde ne réussira pas à conquérir le marché s'il ne peut compter sur une équipe de vendeurs habiles et compétents. L'équipement industriel le plus perfectionné sortira des articles invendables faute d'un personnel dévoué qui surveille la production et contrôle le produit. Le succès en affaires est indissociable des personnes.

Il est essentiel que le chef d'entreprise se pénètre de l'idée que le potentiel humain de son établissement est un investissement de premier ordre. Il ne suffit pas que ses machines produisent, encore faut-il que son personnel soit efficace et productif. La productivité de la main-d'œuvre se mesure au même titre que celle des machines et des installations. Vos travailleurs ont droit à recevoir la juste rémunération du temps qu'ils consacrent à l'entreprise, selon leur expérience, leurs qualifications et les responsabilités qu'ils assument. Vous-même, en tant que patron, pouvez aussi prétendre en échange à l'effort productif de vos travailleurs. La productivité, comme le temps, c'est de l'argent, et l'argent, c'est la réussite et la stabilité en affaires.

MAIN-D'ŒUVRE, INVESTISSEMENT, BÉNÉFICES

Lorsqu'il s'agit de lancer une affaire, de préparer l'extension d'une entreprise ou, plus simplement, de considérer les options que propose l'avenir, on se trouve le plus souvent devant un dilemme : faut-il s'engager dans des opérations à forte densité de main-d'œuvre ou leur préférer les opérations à forte densité de capital ? En d'autres termes, s'orientera-t-on vers le recrutement de personnel supplémentaire ou vers des investissements nouveaux en machines, équipement, bâtiments. Par exemple, un patron d'usine qui a décidé d'étendre ses activités pourra chercher à acquérir un matériel perfectionné nécessitant un personnel réduit ou, au contraire, préférer se procurer à meilleur compte un matériel qui, exigeant une moindre mise de fonds, lui permettra d'engager une main-d'œuvre supplémentaire. De même, un patron de magasin de vente au détail qui désire s'agrandir devra choisir entre l'engagement d'un nouveau personnel de vente et une extension en self-service qui appelle un recrutement moindre.

En général, à la solution qui requiert une grande intensité de capital on préfère la formule à forte densité de main-d'œuvre, parce que les chefs d'entreprise s'estiment capables de mobiliser les efforts de leur personnel, ce qui est tout à leur honneur, surtout en période de chômage. Il vous faut cependant avoir une idée claire de l'augmentation récente du coût de la main-d'œuvre et, partant, de la nécessité où vous vous trouvez de réussir à convaincre votre personnel d'accroître sa productivité et sa rentabilité afin que l'entreprise soutienne la concurrence à son avantage.

Depuis quelques années, en effet, les salaires et les prix ont augmenté alors que la productivité rapportée aux salaires a diminué (fig. 13).

Figure 13. Salaires, prix et productivité

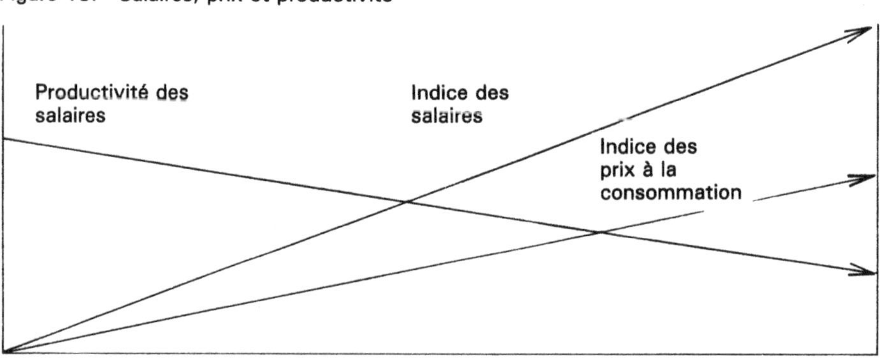

S'il est vrai que les prix à la consommation ont augmenté dans la plupart des pays, les salaires ont en général augmenté plus rapidement qu'eux, de sorte que la «productivité des salaires» a diminué. Ce phénomène n'a cependant pas été observé dans tous les pays. Il existe plusieurs méthodes pour calculer la productivité des salaires et nous en verrons quelques-unes plus loin. Pour ce qui est de notre propos, nous pouvons dire que la relation entre le produit des ventes et les salaires versés est un indice de la productivité des salaires. C'est ce type de ratio qui est en déclin. Il en résulte qu'une part plus grande des profits doit être consacrée au paiement des salaires et qu'une part plus faible est disponible pour les propriétaires.

Les travailleurs ont tous droit à une rémunération en rapport avec leurs qualifications et leur expérience, mais l'exploitant a lui aussi droit à une juste rémunération. Si cette rémunération est inférieure à ce qu'elle doit être et si elle diminue, c'est toute l'entreprise — et son personnel avec elle — qui en pâtit. Ainsi, les ratios de productivité des salaires devraient en règle générale demeurer constants lorsque les prix et les salaires montent. Intéressé au premier chef à la stabilité financière de votre entreprise, vous devez surveiller constamment l'évolution de ces ratios avec la plus grande attention.

Le tableau 11 présente diverses mesures de la productivité de la main-d'œuvre dans une entreprise.

Tableau 11. Différentes mesures de la productivité de la main-d'œuvre dans une entreprise (en dollars)

Ratio	Année de référence	+1	+2	+3
Ventes/salarié	30 000	29 000	28 000	27 000
Ventes/salaires versés	9,70	9,00	8,60	8,10
Bénéfice brut/salarié	9 000	8 700	8 400	8 200
Bénéfice brut/salaires versés	2,90	2,65	2,60	2,40

Etant donné la montée des prix à la consommation (des produits et des services), on pourrait s'attendre que les ventes par salarié aient augmenté dans une proportion significative durant les quatre années de la période considérée. Dans notre exemple, toutefois, les ventes par salarié ont diminué, ce qui incite à conclure que l'entreprise emploie trop de monde pour les recettes qu'elle réalise ou que la main-d'œuvre travaille à productivité réduite si l'on s'en tient aux indicateurs que sont le volume des ventes et le bénéfice réalisé.

La solution la plus simple ne consiste peut-être pas à réduire les effectifs tout de suite, mais à exposer au personnel la situation telle qu'elle est (c'est en cela que consiste la communication) et à examiner avec lui les solutions possibles. On pourrait peut-être assigner à chaque membre du personnel un objectif individuel de production. Les vendeurs chevronnés pourraient s'engager à placer chacun au moins 80 000 dollars de commandes par an et les plus jeunes à s'efforcer de dépasser 40 000 dollars par an, eu égard bien entendu à l'expérience de chacun, au facteur chance et aux obligations étrangères à la vente qui incombent à certains membres du personnel. On pourrait aussi fixer des objectifs exprimés en volume de ventes par dollar de salaire versé. Le personnel serait appelé, par exemple, à accepter qu'à chaque dollar de salaire versé devrait correspondre 10 dollars de ventes, ce qui implique que, si l'on fait la part de l'expérience, les jeunes vendeurs devraient réaliser pour 1 dollar de salaire 8 dollars de ventes et les plus anciens 15 dollars. L'expérience a montré que la productivité augmente dans les entreprises où le personnel a accepté de se soumettre à des normes de ce genre. Ne négligez pas d'envisager cette solution.

Il y a tout à gagner à tenir le personnel au courant de l'évolution des marges bénéficiaires brutes. Il faut qu'il soit averti de la rentabilité relative des produits et des services et puisse se rendre compte par lui-même que l'entreprise peut être amenée à moduler l'équilibre entre les produits ou les services dont la marge bénéficiaire est forte et ceux dont la marge est plus étroite. Maints arguments peuvent militer en faveur de la vente de produits ou de services à bénéfice réduit, mais nous savons que si la marge bénéficiaire est faible sur tous les produits, il faudra, pour que l'entreprise reste stable et rentable, que la rotation des stocks soit relativement rapide. Il est indispensable de parvenir à un certain équilibre et le personnel doit savoir où cet équilibre se situe. Ainsi, si l'on admet que le personnel doit être régulièrement informé des marges bénéficiaires brutes pour l'ensemble de l'entreprise comme pour les principaux produits ou services qu'elle commercialise, il devient possible de fixer des normes de productivité calculées à partir des bénéfices bruts. Si par exemple les travailleurs savent que le bénéfice brut par salarié a diminué (comme c'est le cas dans l'exemple du tableau 11), ils n'auront aucune peine à comprendre qu'il n'est pas possible de laisser aller les choses sur cette pente puisque les bénéfices bruts doivent couvrir les salaires, les frais généraux d'exploitation et les dividendes versés aux actionnaires. Si le profit brut est en baisse, il est à prévoir que les rémunérations qu'il alimente vont baisser à leur tour.

On peut fixer des normes de productivité brute par salarié ou par catégorie de produits ou de services, et les rapporter à la semaine ou à la journée. Supposons, par exemple, que la norme de productivité d'un vendeur soit fixée à 3 dollars de profit brut par dollar de salaire. S'il gagne 30 dollars par jour, cela suppose qu'il devra vendre chaque jour une quantité de marchandises (ou de services) suffisante pour rapporter un bénéfice brut de 90 dollars.

Si le volume hebdomadaire des ventes est variable, on peut pondérer en conséquence la norme quotidienne de productivité. Il suffira d'appliquer un système simple d'enregistrement des ventes quotidiennes pour être à même de contrôler la progression de la productivité et, pour peu que l'on prenne soin de ménager les susceptibilités en appliquant ce système, le personnel ne sera pas fâché de pouvoir ainsi mesurer ses propres résultats. Le chef d'entreprise doit être convaincu que son personnel est prêt à collaborer à ce genre d'exercice si les normes de productivité sont raisonnables.

Ce sont là des principes généraux. Il vous reste à les adapter à votre situation particulière, à vos besoins, à ajuster les normes suivant les personnes, les produits, les services, etc., et à rassembler les données de fait et les statistiques qui vous permettront de dégager de vos résultats financiers antérieurs les tendances qui affectent votre propre entreprise. C'est ainsi que l'on dispose presque toujours des doubles des déclarations fiscales passées, où sont consignés les ventes, les bénéfices bruts, les salaires versés et l'effectif employé. Il vous est donc possible de calculer sur cinq ans par exemple les ratios qui vous sont utiles, d'en discuter avec vos collaborateurs et de décider alors des normes raisonnables à prévoir.

Pour peu que vous preniez une part directe aux ventes à la clientèle, votre propre traitement doit être inclus dans les calculs des ratios et des normes de productivité, et une norme de productivité doit vous être assignée. En procédant de la sorte, vous démontrez à votre personnel que ce sont les hommes, non les machines, qui font la productivité

LE TEMPS DU PERSONNEL EST UN COÛT COMME UN AUTRE

Dans presque tous les pays, il existe des lois et des règlements — souvent inspirés des conventions et recommandations de l'OIT — qui fixent le salaire minimal et les autres conditions d'emploi. Certes, cette réglementation varie d'un pays à un autre, mais les critères sur lesquels les chefs d'entreprise se fondent pour mesurer la productivité s'appliquent dans tous les pays et quel que soit le genre d'entreprise. Le temps de chacun des membres du personnel a un coût propre qu'il faut évaluer et dont il faut tenir compte aussi bien avant la décision de recrutement qu'après. Vous devez être sélectif, prenant en considération non seulement les aptitudes et les qualifications du candidat, mais aussi le coût de son travail, au moment de l'embaucher comme lorsque vous l'affecterez à tel ou tel poste dans votre entreprise. En effet, une tâche que vous pouvez confier à un travailleur dont l'expérience et les qualifications justifient un salaire de 5 dollars de l'heure ne doit pas être assignée à un autre qui en touche 8, et pourtant cela arrive souvent. Dans maintes entreprises, le personnel n'est pas dirigé, pas motivé, pas affecté à des tâches en rapport avec le coût de son temps. Combien de gens bien payés sont occupés à des tâches mineures ? Si vous avez une notion juste de ce que coûte le temps de vos travailleurs, vous aurez à cœur de les affecter aux postes qui conviennent, à la satisfaction de tous et pour le plus grand bien de la productivité financière de votre entreprise.

Le coût du temps de chaque membre du personnel dépend du nombre d'heures de travail effectif dans l'année, du salaire et des autres coûts liés au salaire. Le nombre d'heures travaillées et les salaires versés sont extrêmement variables d'un lieu à l'autre, mais nous pouvons vous montrer comment calculer le coût du temps dans le cas particulier de votre entreprise. Le nombre d'heures effectivement travaillées par année et par salarié se calcule comme suit :

Nombre de semaines dans l'année	52
multiplié par le nombre de journées de travail par semaine	×5
	= 260
moins le nombre de jours fériés légaux	− 10
	= 250
moins le nombre de jours de congé annuel	− 20
	= 230
moins le nombre de jours de congé de maladie	− 10
	= 220
multiplié par le nombre d'heures de travail par jour	× 7 1/2
	= 1 650 heures de travail par an

Comme vous l'avez compris, ces chiffres fictifs supposent :

- ☐ qu'on ne travaille dans votre entreprise que cinq jours par semaine ;
- ☐ que dix jours fériés sont chômés chaque année (jour de l'an, jour de la fête nationale, Noël, etc.) ;
- ☐ que chaque travailleur a droit à un congé annuel de vingt jours ouvrables ;
- ☐ qu'en moyenne les absences pour maladie se chiffrent à dix jours par travailleur et par an ;
- ☐ qu'en moyenne et après déduction du temps des repas et des pauses, chaque travailleur consacre sept heures et demie par jour à son travail.

Les circonstances particulières à votre entreprise vous amèneront sans doute à modifier ici ou là les chiffres qui précèdent, avant d'effectuer votre calcul. N'oubliez pas que, dans notre exemple, si le calcul établit que chaque travailleur dispose de 1 650 heures par an pour les consacrer à son travail, cela ne signifie pas nécessairement qu'il a effectivement travaillé 1 650 heures dans l'année. Pour calculer le temps effectif de travail de vente — ou de travail de production s'il s'agit du personnel ouvrier d'un établissement industriel — d'autres ajustements sont nécessaires. Quoi qu'il en soit, le calcul qui précède nous offre un bon point de départ pour déterminer ce que l'on a coutume d'appeler le coût de base du temps de chaque travailleur.

Au tableau 12, nous avons calculé le coût de base du temps de travail correspondant à six échelons fictifs de salaire, y compris les prestations complémentaires, c'est-à-dire la participation de l'employeur à la caisse de retraite, à l'assurance-maladie et accident, etc.

Tableau 12. Coût de base du temps de travail

Salaire annuel et prestations complémentaires (en dollars)	Durée annuelle de base du travail (en heures)	Coût horaire de base (en dollars)
5 000	1 650	3,03
7 500	1 650	4,55
10 000	1 650	6,06
15 000	1 650	9,09
20 000	1 650	12,12
25 000	1 650	15,15

Dans cet exemple, le coût horaire de base est compris entre 3,03 et 15,15 dollars, ce qui fait ressortir de façon plus nette combien il importe d'affecter chaque travailleur au poste qui correspond à ses qualifications. Il serait grotesque d'employer un cadre qui touche 15 dollars de l'heure à un travail dont un manœuvre gagnant 3 dollars de l'heure pourrait s'acquitter. Le cas n'est pourtant pas rare.

Voyons maintenant ce que représente, en argent, l'application de la notion du coût du temps de chaque travailleur, à partir d'un exemple pris dans le secteur des services, où l'entreprise facture ces services à ses clients sur la base du temps que son personnel leur a consacré, plus les frais matériels. Pour que la facturation soit rationnelle, l'entreprise doit connaître le coût «effectif» du temps de son personnel. Bien que les collaborateurs d'une telle entreprise soient essentiellement engagés pour fournir des services aux clients, ils n'y passeront pas la totalité de leur temps. Ils en consacreront une partie à des tâches administratives, à leur formation de perfectionnement, à des travaux d'entretien, etc. Il s'ensuit qu'une fraction seulement de leur temps total sera dévolue aux clients, et que seule cette fraction peut être facturée. En outre, puisque nous considérons le coût du temps et cherchons à établir un tarif de facturation applicable au «temps de personnel», les recettes devront être prises en compte dans le calcul. Il nous faut par conséquent connaître trois paramètres, à savoir les recettes que l'entreprise doit réaliser, l'utilisation réelle du temps et le coût de base du temps des salariés. Ce sont ces paramètres qui sont représentés aux tableaux 13 et 14.

Tableau 13. Tarifs d'une entreprise de services fondés sur le facteur temps

Recettes annuelles attendues (en dollars)	Traitements et salaires des propriétaires et du personnel (en dollars)	Fraction (en pourcent) à facturer du temps total de travail	Coût de base des heures à facturer	Coefficient de facturation
50 000	32 000	70	22 400	2,23
100 000	58 000	75	43 500	2,30
200 000	135 000	65	87 750	2,28

Analysons donc les données qui figurent dans chaque colonne du tableau 13.

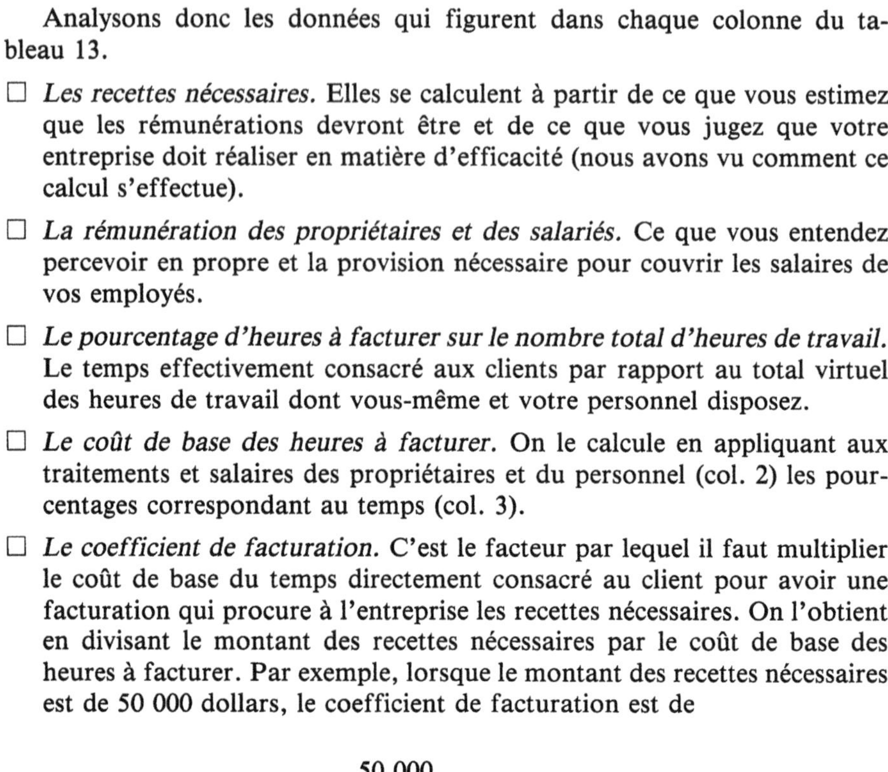

- *Les recettes nécessaires.* Elles se calculent à partir de ce que vous estimez que les rémunérations devront être et de ce que vous jugez que votre entreprise doit réaliser en matière d'efficacité (nous avons vu comment ce calcul s'effectue).
- *La rémunération des propriétaires et des salariés.* Ce que vous entendez percevoir en propre et la provision nécessaire pour couvrir les salaires de vos employés.
- *Le pourcentage d'heures à facturer sur le nombre total d'heures de travail.* Le temps effectivement consacré aux clients par rapport au total virtuel des heures de travail dont vous-même et votre personnel disposez.
- *Le coût de base des heures à facturer.* On le calcule en appliquant aux traitements et salaires des propriétaires et du personnel (col. 2) les pourcentages correspondant au temps (col. 3).
- *Le coefficient de facturation.* C'est le facteur par lequel il faut multiplier le coût de base du temps directement consacré au client pour avoir une facturation qui procure à l'entreprise les recettes nécessaires. On l'obtient en divisant le montant des recettes nécessaires par le coût de base des heures à facturer. Par exemple, lorsque le montant des recettes nécessaires est de 50 000 dollars, le coefficient de facturation est de

$$\frac{50\,000}{22\,400} = 2{,}23$$

Vous observerez que le montant des recettes nécessaires reflète l'efficacité globale de votre entreprise (en particulier le pourcentage de marge bénéficiaire nette) et que la fraction du temps total de travail à facturer (en pourcentage) reflète votre propre efficacité et celle de votre personnel dans le service à la clientèle. Dans la plupart des cas, on voudrait que la fraction du temps total à facturer atteigne au moins 70 pour cent, mais en fait cette fraction est très différente selon les catégories de personnes et d'une branche d'activité à une autre. Quelle est l'efficacité d'utilisation du temps, dans votre entreprise ? Le tableau 13 vous propose trois exemples de calcul du coefficient de facturation qui montrent comment ce coefficient varie suivant le montant des recettes attendues, la masse salariale et la productivité. Faites votre propre calcul du pourcentage du temps utile et, si vous ne disposez pas de statistiques fiables, référez-vous à des variantes d'estimations. Par exemple, si vous attendez des recettes de 300 000 dollars et si vos salaires (y compris votre propre traitement) se montent à 120 000 dollars, faites votre calcul en supposant des valeurs de fraction du temps total à facturer de 65, 70, 75, 80 et 85 pour cent. Bien entendu, les coefficients obtenus varieront en sens inverse du pourcentage de temps utile.

Une fois que vous avez calculé le coefficient de facturation de votre entreprise pour la prochaine saison, vous pourrez l'appliquer aux coûts de base du temps correspondant aux différents échelons de salaire du tableau 12, et vous obtiendrez les tarifs horaires à appliquer à la clientèle. Pour un salaire de 5 000 dollars, nous avons vu, par exemple, que le coût de base du temps de travail est de 3,03 dollars l'heure. Si votre coefficient de facturation est de 2,30, le tarif à appliquer au client sera de $2,30 \times 3,03 = 7$ dollars l'heure. D'autres tarifs, qui correspondent à d'autres échelles de salaires, sont reproduits au tableau 14 (il s'agit toujours de chiffres fictifs).

Tableau 14. Tarifs horaires dans une entreprise de services

Coût de base du temps horaire (en dollars)		Coefficient de facturation	Tarif horaire facturé à la clientèle (en dollars)
Salaire	Coût de base		
5 000	3,03		7
7 500	4,55		11
10 000	6,06	2,30	14
15 000	9,09		21
20 000	12,12		28
25 000	15,51		35

Dans ce tableau, le tarif à la clientèle va de 7 dollars l'heure, pour le personnel dont le salaire annuel se chiffre à 5 000 dollars, à 35 dollars l'heure, pour celui dont la rémunération atteint 25 000 dollars par an.

Il s'ensuit que si l'on applique à la clientèle le tarif ci-dessus, en admettant qu'il faille consacrer 75 pour cent du temps du personnel au service direct à la clientèle pour satisfaire sa demande et que les salaires et les coefficients d'efficacité restent conformes aux prévisions, on réalisera les recettes attendues et on fera des bénéfices.

Même si votre affaire n'est pas une entreprise de services, vous devriez parvenir à calculer de cette façon le coût réel de votre temps et du temps de vos collaborateurs. Ainsi, un détaillant pourra calculer le coût réel du temps de son équipe de vendeurs en évaluant la fraction de leur temps qu'ils consacrent à la vente, par opposition au temps qu'absorbent les travaux administratifs, les achats, la réorganisation du stock, etc. Tout cela vous aidera à comprendre comment, en vous occupant des personnes, vous pourrez avoir prise sur vos résultats financiers

LES SPÉCIALISTES QUI VOUS CONSEILLENT ET VOTRE COMITÉ CONSULTATIF D'ENTREPRISE

Avoir l'esprit d'entreprise, c'est comprendre qu'il vous faut sans cesse vous efforcer de déceler les points forts et les points faibles de votre affaire, améliorer sa situation sur le plan financier et sur les autres plans, être prêt à la réorganiser, considérer l'avenir avec sérénité et manifester en tout temps une confiance absolue en votre entreprise et en sa capacité de progrès. Tout cela, nous l'avons dit et répété tout au long de l'ouvrage, de même que nous avons insisté sur la nécessité de vous entourer d'avis d'experts compétents, extérieurs à l'entreprise. Il pourra s'agir de spécialistes à proprement parler (comptables, conseillers juridiques, conseillers techniques, informaticiens, conseillers financiers, etc.), ou encore des spécialistes au sens large que sont vos confrères chefs d'entreprise, les cadres supérieurs détachés par de grandes entreprises, ou les fonctionnaires d'une administration officielle spécialisée, en un mot, de toute personne ou de tout organisme qui pourrait contribuer à la croissance et au développement de votre entreprise.

Lorsque vous recourez à des spécialistes extérieurs, vous seriez bien inspiré de ne pas les confiner dans le rôle traditionnel de conseiller. S'il est exact que leur temps représente un coût pour votre entreprise, il n'est pas moins vrai que le profit à tirer d'une recommandation d'expert avisée, bien adaptée à votre entreprise, dépassera de loin ce qu'elle aura coûté.

Il faut par conséquent que votre entreprise puisse compter sur le concours régulier des spécialistes suivants :

- ☐ un expert-comptable qualifié, capable de considérer les problèmes financiers du point de vue des impératifs de la gestion ;
- ☐ un avocat d'affaires compétent, qui vous conseille sur les problèmes juridiques de votre entreprise, ceux qui se posent aujourd'hui comme ceux qui pourront se poser demain ;
- ☐ un conseil en gestion, versé dans les aspects techniques de vos activités ;
- ☐ un cadre supérieur de banque conscient des besoins de financement d'une entreprise dynamique ;
- ☐ un «comité consultatif» composé d'un petit nombre de spécialistes — peut-être des quatre secteurs précités (voir fig. 14).

Il n'est pas inutile d'expliquer pourquoi le recours à un comité consultatif peut se justifier. En votre qualité de chef d'entreprise, vous êtes appelé à prendre des décisions capitales sur tous les aspects de la gestion de votre affaire sans pouvoir vous appuyer sur des spécialistes engagés à plein temps comme membres de votre personnel. Il est possible que votre entreprise emploie un comptable, mais vous devrez néanmoins pouvoir consulter un expert de plus haut niveau, averti des activités particulières de votre entreprise et de ses problèmes. De même, il est peu probable que vous disposiez des services à plein temps d'un juriste ou d'un économiste. C'est pourquoi, nous vous recommandons de constituer un petit groupe, qui se réunira régulièrement

— chaque mois par exemple — pour examiner les projets d'avenir et les résultats financiers et autres, ainsi que les stratégies de rechange, et de façon générale pour prendre part au processus de la prise des décisions. Certes, même si la réunion mensuelle de ce comité ne dure que deux ou trois heures, elle représentera pour vous des frais directs et indirects, mais si vous avez su en choisir les membres, les avantages seront de beaucoup supérieurs à la dépense.

Figure 14. Votre comité consultatif

Un expert-comptable/
Conseiller en matière de contrôle
administratif et financier

Un avocat d'affaires/
Conseiller juridique

LE CHEF D'ENTREPRISE
(VOUS-MÊME)

Un conseil en gestion/
Conseiller technique
versé dans votre branche d'activité

Un cadre supérieur de banque/
Conseiller pour les questions de
financement et d'investissement

Avec les spécialistes à qui vous savez pouvoir vous adresser en cas de besoin, le comité consultatif représente un appui précieux pour vous-même et pour votre personnel et il contribuera à la stabilité et au succès de votre entreprise. Toutefois :

- ☐ Prenez votre temps et réfléchissez bien à la composition de votre comité consultatif. Ses membres doivent être disposés à consacrer une part suffisante de leur temps à votre entreprise et constituer ensemble une vraie équipe de décision.
- ☐ Veillez à ce que les conclusions de ce comité consultatif n'entrent pas en conflit avec les avis que vous recevez de spécialistes extérieurs. Vos conseillers ont chacun leur fonction propre, et vous devrez leur donner des directives précises. Si un membre de votre comité doit aussi vous conseiller à un autre titre, assurez-vous qu'il a bien compris ce que vous attendez de lui dans chacune de ces deux fonctions.
- ☐ Préparez avec soin chaque réunion du comité consultatif : il s'agit d'une réunion de travail, qui doit aboutir à des décisions, et non pas d'une réunion mondaine.
- ☐ Ne lésinez pas sur la rémunération des membres du comité consultatif ; leur temps est aussi précieux que le vôtre. Une fois par an au moins, faites une récapitulation des activités du comité consultatif en présence de ses membres ; soyez objectif dans votre appréciation de ce que le comité aura réalisé et des avantages qu'il aura valus à votre entreprise.
- ☐ Si vous aboutissez à la conclusion que le comité ne produit pas les résultats attendus, efforcez-vous de savoir si la faute vous en incombe ou si elle est imputable à ses membres.

Ce sont des personnes qui produisent votre profit. Ayez conscience de la valeur de votre personnel, de vos clients, de vos fournisseurs, des conseillers dont vous avez su vous entourer, des membres de votre comité consultatif. C'est cela aussi, avoir l'esprit d'entreprise

LES SYSTÈMES D'INFORMATION, INSTRUMENTS DE LA GESTION ET DE LA DÉCISION

11

Vous devez tenir votre personnel au courant, susciter son engagement et le motiver par des normes de rendement. L'information est la clé de votre réussite. Pour qu'elle circule, il faut pouvoir s'appuyer sur des systèmes fiables

Nous avons vu que votre succès en affaires repose sur l'utilisation rationnelle des ressources à votre disposition — vos liquidités, votre temps, les actifs stables de votre entreprise — ainsi que sur la manière dont vous savez vous y prendre avec votre personnel, vos conseillers, vos clients, vos fournisseurs, en un mot avec quiconque entretient des relations avec votre entreprise. Dirigeant responsable, vous êtes tenu d'élaborer des plans, d'échafauder des stratégies, d'entraîner et d'animer ceux qui travaillent pour vous. Pour tout cela, l'information est un intermédiaire indispensable.

Il importe que vous compreniez bien comment on rassemble, analyse et conserve les informations sur toutes sortes de sujets, financiers, économiques ou autres, comment elles parviennent à votre connaissance et à celle des autres personnes qui ont part à la prise des décisions dont dépend le succès de votre entreprise [1].

Le présent chapitre traite essentiellement des sortes d'informations dont vous avez besoin en tant que chef d'entreprise ; des divers rapports dont vous devez être saisi chaque jour, chaque semaine, chaque mois, et de l'expansion que votre réseau d'information doit prendre pour suivre le rythme de croissance de votre entreprise.

[1] Voir BIT : *Comment lire un bilan* (Genève, 1970).

L'IMPORTANCE DES FAITS

Dans de nombreux pays, on analyse chaque année les faillites qui se sont produites et on s'efforce d'en rechercher les causes. Aux Etats-Unis, par exemple, l'agence Dun & Bradstreet analyse systématiquement toutes les faillites du pays et révèle que chaque année, dans 80 pour cent des cas environ, la direction s'est laissé enfermer dans une situation inextricable qu'elle aurait pu éviter pour peu qu'un réseau d'information bien agencé ait acheminé à temps les données de fait et les renseignements statistiques qu'il fallait. Combien de ces entreprises ont échoué parce que le volume de leurs ventes était trop faible, c'est-à-dire parce que leur système d'information ne les a pas averties à temps que la courbe des ventes était inférieure aux prévisions. On serait surpris si l'on savait combien de chefs d'entreprise ignorent la position réelle de leur volume de ventes jour par jour ou semaine par semaine.

Pour d'autres entreprises, la faillite est due à un excès des dépenses d'exploitation. Il est possible que leur système d'information n'ait pas suivi au jour le jour le total cumulatif de ces dépenses et ait négligé d'avertir la direction de leur montant réel. D'autres entreprises se sont effondrées à cause des faiblesses de leurs méthodes de recouvrement. Les ventes ont été faites, mais non les encaissements. Leur système d'information ne les a pas tenues au courant du volume des ventes à crédit, des découverts de leurs débiteurs, des recouvrements en retard et des rentrées au titre des recouvrements. Autre hypothèse, en présence de la carence des débiteurs, on a pu obtenir de l'argent frais de quelque autre source, mais le surcroît d'intérêts à servir a obéré les finances de l'entreprise, ce qui a peut-être contribué à sa faillite.

Bon nombre de ces entreprises auraient pu échapper à la faillite si elles avaient disposé d'un système d'information cohérent et efficace.

Une proportion non négligeable d'entreprises ont aussi fait faillite parce qu'une trop grande part de leur capital s'est trouvée immobilisée sous forme de stocks ou d'actifs stables. C'est un luxe qu'aucune entreprise ne peut se permettre. Cela oblige à emprunter trop de capitaux moyennant des intérêts élevés, ce qui réduit d'autant la compétitivité de l'entreprise. Le système d'information doit surveiller les stocks et tous les autres investissements en actifs stables, ainsi que le rendement de ces investissements.

En bref, l'information conditionne la survie de l'entreprise, de même qu'elle est un facteur vital de sa croissance et de son développement. Des statistiques provenant des Etats-Unis indiquent que par défaut d'information on peut en arriver à dépenser trop ou trop investir. Tout chef d'entreprise doit fonder sa stratégie future sur une information sûre. Plus son affaire est complexe, plus il importe qu'il soit bien informé, car une stratégie commerciale stérile ou une politique d'investissement erronée peuvent conduire, directement ou non à l'échec. Attachez-vous donc à recueillir diverses informations :

☐ des données de fait et des statistiques propres à orienter votre stratégie et les décisions que vous devrez prendre en matière d'extension des activités, de construction, de lancement de nouveaux produits, de recherche de nouveaux débouchés, d'agrandissements d'usines ou d'entrepôts, etc. ;

- ☐ des relevés de votre position financière et un état périodique de vos obligations vis-à-vis d'organismes extérieurs, par exemple les soldes dus à vos fournisseurs, à vos bailleurs de fonds, l'état des montants que vous et vos associés éventuels avez investis dans l'entreprise ;
- ☐ des relevés destinés à vous permettre de suivre au jour le jour les opérations de votre maison, par exemple les recettes et les débours en liquide, les soldes en compte, le volume des ventes, les soldes dus aux créanciers, les dépenses, les bénéfices, la comparaison des résultats réels avec les prévisions pour les différentes rubriques. Vous ne devez pas vous contenter d'une vue d'ensemble, mais exiger que votre système d'information vous procure une analyse, c'est-à-dire que les données relatives aux divers postes précités soient réparties par produit ou par service producteur, par secteur et par point de vente, etc., ce qui est de l'information pour la gestion, au plein sens du terme ;
- ☐ des relevés sur le total des investissements avec le détail par subdivisions de l'entreprise, types d'actifs, etc. Vous devez être à même de savoir combien vous avez investi en bâtiments, en véhicules, en stocks, quel est le montant de vos dettes, et quel est le solde en caisse. Le système doit vous informer sur la tendance des investissements et sur celle des profits ;
- ☐ des renseignements sur votre personnel, notamment les renseignements que la loi vous fait une obligation de consigner : traitements et salaires, coût réel du recrutement et de la formation des cadres dirigeants ; données sur la productivité de la main-d'œuvre et sur l'investissement en ressources humaines ;
- ☐ des données comparatives — nous avons insisté, au chapitre précédent, sur l'extrême importance des comparaisons internes et externes, et votre service d'information doit vous adresser systématiquement les statistiques du mois en cours et celles du mois précédent, voire aussi celles du même mois de l'année précédente. La transmission des données comparatives internes peut d'ailleurs être organisée de telle sorte que vous receviez des relevés comparatifs hebdomadaires, mensuels et trimestriels. Il devrait vous être possible de raccorder votre entreprise au système d'information statistique de votre branche d'activité afin de pouvoir procéder à des comparaisons externes.

> En tant que chef d'entreprise, il est vital pour vous d'accorder la plus grande attention à votre système d'information, à sa qualité, à sa capacité de procurer, dans la forme et au moment voulus, les informations dont vous avez besoin, ainsi qu'à sa faculté de s'adapter au développement de votre entreprise et à ses besoins nouveaux

LES RAPPORTS A LA DIRECTION

Grâce à tout ce que nous avons dit ou suggéré sur la question, vous commencez à avoir une idée assez claire du genre d'instruments de gestion que votre système d'information doit vous procurer sous forme de rapports et de relevés réguliers, dont certains doivent vous parvenir chaque jour, d'autres chaque semaine, d'autres encore chaque mois, tous les trois mois ou annuellement. Trop de chefs d'entreprise s'imaginent qu'en guise d'information il leur suffit de se reporter aux déclarations qu'ils sont tenus de remplir une fois l'an pour l'inspection du travail ou les impôts. Il n'en est rien et, chef d'entreprise responsable, l'absurdité d'une telle attitude ne vous aura pas échappé.

Les rapports quotidiens et hebdomadaires

Les renseignements qui doivent vous être communiqués au jour le jour portent nécessairement sur les opérations courantes. Ce sont les faits et les chiffres dont vous avez besoin quotidiennement : le solde en caisse ; la récapitulation des ventes (au comptant et à crédit) ; l'état des encaissements ; l'état des règlements en espèces par les débiteurs ; les dépôts d'espèces sur les comptes bancaires ; le solde en numéraire à la clôture des opérations de la journée. La figure 15 montre une formule simple qui peut être utilisée pour vous communiquer ces renseignements. Elle permet de connaître d'un coup d'œil les soldes de début et de fin de journée. Chacune des caisses de l'entreprise pourra remplir une formule distincte, à moins que l'on préfère centraliser toutes les opérations de trésorerie en un même point de l'entreprise.

Ne vous contentez pas de savoir le volume total des ventes. Faites-les analyser par catégorie de produits et faites évaluer le profit brut pour chaque catégorie, compte tenu de la marge brute estimative. Nous avons vu à propos du seuil de rentabilité qu'il était possible de rapporter le coût d'exploitation journalier aux estimations concernant le profit brut pour savoir à quel moment (de chaque semaine) votre entreprise dépassc le point d'équilibre, c'est-à-dire commence à être bénéficiaire. Il est par conséquent nécessaire que vous ayez prévu de recevoir systématiquement l'estimation quotidienne de vos marges bénéficiaires brutes et de votre coût d'exploitation ; cela vous permettra de situer le point d'équilibre et de savoir au jour le jour comment vous réalisez vos bénéfices. La formule reproduite à la figure 16 peut servir à analyser les ventes et les marges au jour le jour. Chacun des membres de votre service de ventes devra en remplir une.

A partir de ces renseignements, vous pourrez estimer vos profits ou vos pertes, et préparer au jour le jour le récapitulatif hebdomadaire correspondant. Il est à prévoir que certains jours votre entreprise enregistrera des pertes, qui seront compensées par les profits plus importants d'autres jours, mais l'essentiel est que vous vous teniez au courant de ce qui se passe et que vous puissiez adapter votre politique commerciale et votre stratégie quand vous le jugerez nécessaire.

Figure 15. Récapitulation quotidienne/hebdomadaire des mouvements de caisse (en dollars)

Jour Date	Solde à l'ouverture	Recettes en numéraire			Paiements en numéraire			Solde à la clôture
		Ventes au comptant	Recettes au titre de ventes à crédit antérieures	Autres recettes	Poste	Détail	Dépôts en banque	
Lundi								
Mardi								
Mercredi								
Jeudi								
Vendredi								
Samedi								

Figure 16. Analyse des ventes et des marges bénéficiaires

Jour Date	Catégorie de produits A			Catégorie de produits B			Catégorie de produits C			Total		
	Ventes	Marge brute (en %)	Marge brute (en dollars)	Ventes	Marge brute (en %)	Marge brute (en dollars)	Ventes	Marge brute (en %)	Marge brute (en dollars)	Ventes	Marge brute (en %)	Marge brute (en dollars)
Lundi												
Mardi												
Mercredi												
Jeudi												
Vendredi												
Samedi												

Un chef d'entreprise dynamique tiendra aussi à être quotidiennement informé de la situation des stocks, qu'il rapprochera du volume des ventes et du niveau des liquidités. Nous avons vu que nombre d'entreprises font faillite faute de surveiller leurs stocks. Les conseillers en gestion d'entreprise et les fournisseurs d'équipements proposent des systèmes normalisés de surveillance des stocks parmi lesquels vous pourrez choisir celui qui répond le mieux aux besoins de votre établissement.

Les rapports mensuels

Chaque mois, vous devez disposer de certains renseignements précis :

- ☐ un compte détaillé des pertes et profits ;
- ☐ une analyse des ventes et des stocks par catégorie (de produits ou de services) ;
- ☐ une analyse des liquidités, des comptes débiteurs, des comptes créditeurs et des engagements financiers ;
- ☐ une analyse des ratios internes, faisant ressortir les indices d'efficacité et les tendances, avec une comparaison entre les prévisions qui figurent dans vos plans et les résultats réels.

Il serait bon que vous receviez ces renseignements à temps pour la réunion périodique du comité consultatif de l'entreprise qui vous aide à élaborer votre stratégie et à prendre vos décisions.

Les rapports trimestriels

A la fin de chaque trimestre, vous aurez nécessairement en main les rapports mensuels des trois mois écoulés, mais vous devrez en outre disposer des renseignements suivants :

- ☐ un état détaillé de la situation financière de l'entreprise ;
- ☐ des comparaisons internes et externes (avec les autres entreprises de la branches), pour mesurer l'efficacité de votre entreprise ;
- ☐ des analyses de tendance plus détaillées que les analyses mensuelles ;
- ☐ le point de la situation par rapport aux plans en cours d'exécution, afin de vous permettre de passer en revue les activités courantes de l'entreprise et de préparer les plans pour l'avenir.

Les rapports annuels

Les principaux éléments dont vous devez être saisi à la fin de l'année sont le bilan, le compte de pertes et profits et l'état de la trésorerie qui, avec l'ensemble des rapports trimestriels, constituent la base de votre planification stratégique.

Sans la connaissance régulière des faits et des chiffres, vous ne pouvez mener votre affaire efficacement, vous risquez de vous tromper dans vos décisions. Votre action de chef d'entreprise requiert un système d'information sûr : veillez-y de près.

LE DÉVELOPPEMENT PARALLÈLE DE L'ENTREPRISE ET DE SES SYSTÈMES D'INFORMATION

Ces dernières années, on a vu apparaître et se développer rapidement des systèmes d'information très sophistiqués, applicables à divers secteurs de l'industrie, et, chez bien des chefs d'entreprise, une telle profusion a fait naître des doutes et une certaine confusion.

Si vous envisagez d'introduire des changements dans le système d'information de votre entreprise, procédez avec prudence et appliquez, en particulier, les consignes suivantes :

- ☐ Prenez d'abord l'avis de votre comité consultatif, des autres chefs d'entreprise de la branche, des pouvoirs publics, des associations de petites entreprises, de votre expert-comptable ou de votre conseil en gestion d'entreprise, et de toute autre personne ou organisme susceptible de vous communiquer des informations de base sur les systèmes d'information adaptés à votre entreprise, à votre branche d'activité, ou au lieu où se trouve votre entreprise.
- ☐ Sans engagement de votre part, étudiez vos besoins avec vos fournisseurs d'équipement de bureau et avec des spécialistes des systèmes d'information. Allez assez avant dans le détail, en précisant ce que vous attendez du système pour vous-même et pour vos collaborateurs. Le dossier de vos besoins doit être très bien documenté. C'est dire que vous devrez assumer un assez gros travail préparatoire.
- ☐ Etudiez les systèmes déjà en service dans des entreprises analogues à la vôtre. N'oubliez pas qu'il importe que vous voyiez le système en action, dans la réalité de son application. Parlez-en avec les patrons des autres entreprises. Sont-ils satisfaits de leur système ? Quels avantages lui trouvent-ils ? Quels inconvénients ? Comment pourrait-on l'améliorer ? Ne vous cantonnez pas dans les généralités, entrez dans le vif du sujet.
- ☐ Avant d'arrêter votre choix sur un système, cherchez à connaître d'autres avis autorisés et à obtenir des garanties du fournisseur au sujet de la période de rodage du système, de la formation de votre personnel à son utilisation, etc.

Les diverses options qui s'offrent à vous en matière de traitement des données sont illustrées à la figure 17. Les données dont vous avez besoin devront être traitées selon des modalités précises et en un emplacement donné.

Votre première décision devra porter sur la question de savoir si ce traitement aura lieu dans l'enceinte de l'entreprise ou ailleurs. Dans le dernier cas, le soin pourra en être confié à un bureau fiduciaire ou à un centre de traitement de texte. Il se crée de plus en plus de petits centres de traitement des données qui traitent les informations des petites et moyennes entreprises. Certains d'entre eux, spécialisés dans tel ou tel secteur d'activité économique, pourraient prendre en charge vos rapports hebdomadaires et mensuels. Pour toutes ces raisons, vous devez vous entourer du maximum d'avis avant de vous décider, notamment en vous adressant aux personnes ou organismes mentionnés plus haut.

Figure 17. Les options possibles en matière de traitement des données

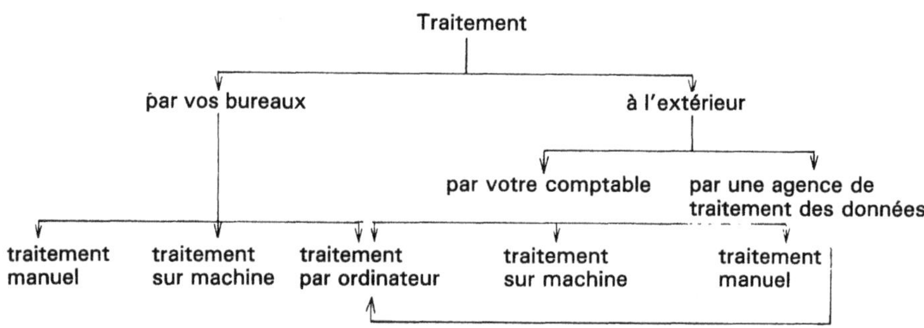

Vous ne pouvez arrêter votre choix du lieu sans avoir présente à l'esprit la méthode de traitement qui sera appliquée. Vous pouvez en fait choisir entre trois méthodes de traitement : le traitement «manuel» ; le traitement sur machines comptables non électroniques ; le traitement par ordinateur. Pour chaque option, des décisions s'imposent et des problèmes pratiques doivent être résolus : achat ou location de matériel ; aménagement de l'espace nécessaire pour les équipements ; engagement et formation du personnel nécessaire ; méthodes permettant d'améliorer le matériel et de perfectionner le personnel.

Parmi les facteurs qui pourront influer sur votre décision, il convient de citer les suivants :

☐ la taille et la complexité de votre entreprise ;

☐ les perspectives de croissance et de développement ;

☐ les services disponibles dans votre voisinage pour les installations correspondant aux divers systèmes ;

☐ le personnel dont vous pourriez disposer pour tel ou tel type de système (quantité ou qualité) et les moyens de formation auxquels il aurait accès si vous décidiez de raffiner le système ;

☐ le volume des données à traiter ;

☐ les divers facteurs financiers.

Contrairement aux affirmations que l'on entend souvent à propos des systèmes de traitement des données, ou que l'on trouve dans la littérature spécialisée, les systèmes dits «manuels» offrent à la plupart des chefs d'entreprise un moyen tout à fait satisfaisant de se procurer à temps les informations qui leur sont nécessaires pour prendre leurs décisions en matière de gestion. D'autre part, il est exact que l'on peut choisir aujourd'hui entre un nombre toujours plus grand de mini-ordinateurs et de systèmes de traitement des données bien adaptés aux divers secteurs de l'industrie. Bien souvent, il est possible d'acquérir ensemble le matériel et le système correspondant qui sont appropriés à vos besoins tels quels ou moyennant quelques ajustements mineurs. Une autre solution consiste à combiner les méthodes manuelles de recueil des données et les méthodes de traitement par ordinateur pour l'établissement des analyses et des relevés mensuels et trimestriels.

Tout ce qui précède confirme l'importance des conseils que peuvent vous donner les spécialistes et les praticiens expérimentés de votre branche d'activité. Faute d'avoir obtenu les conseils voulus au bon moment, vous risquez de limiter gravement la faculté que votre système d'information aura de s'adapter à l'expansion de votre entreprise. A quoi bon avoir mis tous vos soins à planifier, à surveiller et à gérer l'économie de votre entreprise si vous venez buter sur des problèmes que vous ne pouvez résoudre pour la simple raison que vous-même ou vos collaborateurs n'avez pas accès aux informations qui vous sont nécessaires pour prendre une décision ou maîtriser une situation.

> L'information doit être à la base de toute décision. Plus votre entreprise gagne en complexité, plus vous avez besoin d'un système efficace de rassemblement des informations, à l'abri des défaillances

PARTIE III

L'UTILISATION RATIONNELLE DES RESSOURCES

La partie III recense ce qu'un chef d'entreprise doit savoir pour faire un usage rationnel des ressources dont il dispose non seulement à l'intérieur mais aussi à l'extérieur de son établissement. En effet, vous ne pouvez tout faire par vous-même. Force vous sera donc de compter aussi sur les autres et d'user de diverses ressources extérieures pour accroître vos chances de succès. C'est ce que nous verrons dans les chapitres suivants :

12. Savoir tirer le meilleur parti de ressources rares
13. Savoir faire naître et saisir les occasions du marché
14. Savoir commercialiser son produit
15. Savoir exploiter les ressources extérieures à l'entreprise : information, idées, conseils, assistance
16. L'entreprise dans ses rapports avec les pouvoirs publics.

Le chef d'entreprise doit savoir exploiter à son profit les ressources du milieu où il évolue, et celles-ci sont nombreuses à l'intérieur comme à l'extérieur de l'entreprise. Il en est cependant deux dont nulle entreprise n'est jamais trop abondamment pourvue : le personnel et l'argent. Il faudra donc savoir vous y prendre pour recruter et retenir un personnel de qualité et pour trouver les capitaux nécessaires à la bonne marche et à l'expansion de votre affaire.

Le chef d'entreprise doit être capable de faire naître et de saisir les occasions que recèle le marché. Il doit notamment multiplier les études de marché, rassembler des données de différentes sources et bien choisir le siège de son entreprise.

Savoir commercialiser le produit ou le service qu'il fournit est une autre des qualités majeures que doit posséder le chef d'entreprise. Quels que soient par ailleurs vos talents dans la conduite des affaires, vous ne réussirez que si vous savez vendre ce que vous avez à offrir. De la demande que suscite votre produit ou votre service dépend en fin de compte le succès de votre entreprise.

Il existe enfin à l'extérieur de l'entreprise maintes autres ressources dont vous pouvez tirer parti. L'information, par exemple, est bien souvent gratuite, à condition de savoir où s'adresser. Si une aide extérieure vous est accessible moyennant paiement, assurez-vous au préalable que l'avantage qu'elle vous procurera justifie la dépense.

Enfin, à mesure que votre entreprise se développera, vous allez voir se multiplier vos occasions de contact avec les administrations et services officiels. Il s'agira des institutions chargées de surveiller l'application des lois et règlements ou de percevoir l'impôt mais aussi, dans nombre de pays, d'organismes officiels qui apportent une aide aux petites et moyennes entreprises. Une bonne connaissance de vos droits et de vos devoirs se révélera bénéfique pour vos finances comme pour votre tranquillité personnelle.

SAVOIR TIRER LE MEILLEUR PARTI DE RESSOURCES RARES

12

Le personnel et l'argent sont deux ressources essentielles, généralement peu abondantes. Sachez trouver et retenir un personnel compétent, et vous serez assuré du succès. Pour ce qui est de l'argent nécessaire au lancement et au développement de votre affaire, il vous sera sans doute plus aisé de le trouver si vous avez établi au préalable un plan de financement complet et rationnel

COMMENT TROUVER UN PERSONNEL COMPÉTENT

Pour toute entreprise, le personnel est la condition du succès. Votre réussite va dépendre de la petite phalange des collaborateurs qui occupent les postes clés, à moins que votre entreprise soit très petite, auquel cas chacun des membres de son personnel occupe un poste clé. Si votre personnel joue un rôle essentiel, c'est parce que c'est son travail qui vous permet d'atteindre les objectifs que vous vous êtes assignés.

Choisir vos principaux collaborateurs, c'est l'une des tâches les plus lourdes de conséquences qui vous incombent en tant que chef d'entreprise. Il se trouve peut-être parmi votre personnel des individus qui possèdent des aptitudes au commandement. Il est de bonne politique de faire sortir du rang les plus capables : les autres en seront encouragés à mieux faire. Il existe un moyen simple de déceler l'aptitude aux responsabilités : il consiste à étendre peu à peu la gamme des fonctions de vos collaborateurs et à observer la manière dont ils s'acquittent des responsabilités de plus haut niveau que vous leur avez confiées.

Indépendamment des promotions de l'enseignement secondaire ou universitaire, il existe, hors de votre entreprise, divers réservoirs de main-d'œuvre où vous pourrez trouver ceux que vous souhaitez voir devenir vos proches collaborateurs. Ce sont les entreprises concurrentes, les entreprises d'autres branches d'activité et les divers organismes du secteur public.

Les diplômés des écoles de hautes études commerciales ont en principe la formation nécessaire pour devenir vos collaborateurs principaux. Ils y sont à priori motivés et tout porte à croire que cette perspective peut les intéresser. Leur expérience, par contre, est pour ainsi dire nulle. De plus en plus nombreux sont parmi eux ceux qui cherchent à se faire engager par de petites et moyennes entreprises parce qu'elles leur offrent plus de chances d'être associés à toutes les opérations de la maison, alors que les grandes sociétés n'offrent pas un éventail aussi largement ouvert de formation pratique en cours d'emploi. Lors de vos entretiens avec ces diplômés, insistez sur les avantages qu'offre pour leur carrière future l'expérience qui ne peut s'acquérir que dans une petite ou moyenne entreprise.

Pour les postes de direction, il peut être intéressant d'attirer les cadres des entreprises concurrentes. Déjà familiarisés avec votre branche, ils n'auront pas de peine à s'acclimater aux procédures et aux modes opératoires de votre entreprise et leur collaboration promet d'être productive dès le premier jour.

Lorsque vous désirez recruter un collaborateur de premier plan hors de votre entreprise, efforcez-vous de trouver un candidat dont les connaissances, les aptitudes et l'expérience correspondent le mieux possible aux exigences du poste à pourvoir. Cela peut demander du temps et de l'argent, mais vous ne devriez pas avoir à le regretter.

En ce qui concerne le personnel en général, aux divers échelons de la hiérarchie professionnelle, vous pourrez envisager l'une ou l'autre des sources suivantes :

- ☐ les bureaux de placement ;
- ☐ les recommandations de tel ou tel de vos collaborateurs actuels ou de personnes qui ont travaillé pour vous par le passé ;
- ☐ les demandes d'emploi que vous aurez pu recevoir ;
- ☐ les syndicats ;
- ☐ les divers établissements d'enseignement ;
- ☐ les annonces publiées dans les quotidiens ou les périodiques.

Faites connaître vos offres d'emploi dans le plus large cercle possible. Vous ne pouvez jamais savoir quand ni comment vous rencontrerez le candidat idéal pour tel ou tel poste. Plus nombreux seront les candidats en présence, plus judicieux pourra être votre choix.

Quand vous recevez un candidat, posez-lui les questions ci-après. Ses réponses vous aideront à évaluer ses capacités et à déterminer dans quelle mesure le poste à pourvoir lui convient :

- ☐ Quelle expérience possédez-vous qui vous paraisse particulièrement utile pour le poste ?
- ☐ Quelles sont vos trois qualités maîtresses ?
- ☐ Quels sont vos trois principaux points faibles ?

- ☐ Quelle preuve de votre compétence pouvez-vous produire ?
- ☐ Pourquoi désirez-vous changer de situation et entrer chez nous ?
- ☐ Pouvez-vous nous donner les noms de trois personnes à titre de référence ?
- ☐ Etes-vous prêt à subir un examen médical ?
- ☐ Quels autres renseignements pouvez-vous nous donner pour nous aider à évaluer vos qualifications pour le poste à pourvoir.

Préparez une longue liste de questions, afin d'obtenir le maximum de renseignements sur chaque candidat. Une fois un candidat recruté, veillez à ce que tout soit fait pour l'aider à s'adapter à son poste.

> Le recrutement du personnel est pour votre entreprise une activité de première importance. Consacrez le plus de temps possible à choisir les meilleurs candidats. Ce sont eux qui feront votre succès

LA FORMATION, ATOUT MAÎTRE

Votre entreprise réussira dans la mesure où votre personnel sera performant et efficace. Préoccupez-vous des aptitudes de ceux que vous allez embaucher en considérant la formation qu'ils possèdent déjà, leur expérience et leurs motivations. Préoccupez-vous aussi de leur permettre de poursuivre leur formation et leur perfectionnement une fois que vous les avez embauchés.

Il existe certainement sur place maints programmes de formation professionnelle auxquels votre personnel peut avoir accès. C'est à eux que vous aurez recours lorsque la formation d'un collaborateur deviendra trop coûteuse pour que vous puissiez l'assumer sans aide extérieure. Lorsque vous envisagez de tirer parti d'un programme de formation extérieur à l'entreprise, posez-vous les questions suivantes :

- ☐ Les objectifs du programme de formation s'accordent-ils avec les besoins de formation de mon entreprise ?
- ☐ Mes collaborateurs possèdent-ils la formation de base et l'expérience nécessaires pour mettre à profit le programme de formation ?
- ☐ Comment pourrai-je mesurer les résultats du programme ?
- ☐ Comment les stagiaires exploiteront-ils l'acquis du programme dans l'exercice de leurs fonctions ?

Le recours à des moyens extérieurs à l'entreprise pour améliorer la compétence et les aptitudes de votre personnel devrait se traduire par une productivité accrue, un meilleur rendement, un moral plus élevé, une moins grande mobilité de la main-d'œuvre.

> Si les membres de votre personnel améliorent leur efficacité grâce à la formation, votre entreprise aura tiré profit de l'opération. Il importe que vous puissiez répondre en tout temps aux questions suivantes : quand, où et comment utiliser les programmes de formation extérieurs à l'entreprise ?

LES FOURNISSEURS

L'originalité d'une entreprise tient en ceci qu'elle achète son matériel, ses machines, ses fournitures et ses matières premières sur un marché et qu'elle vend ses produits ou ses services sur un autre (voir fig. 18). Pour que tout se passe bien, vous devez entretenir de bonnes relations avec vos partenaires sur l'un et l'autre marché.

Figure 18. L'entreprise et ses relations en amont et en aval

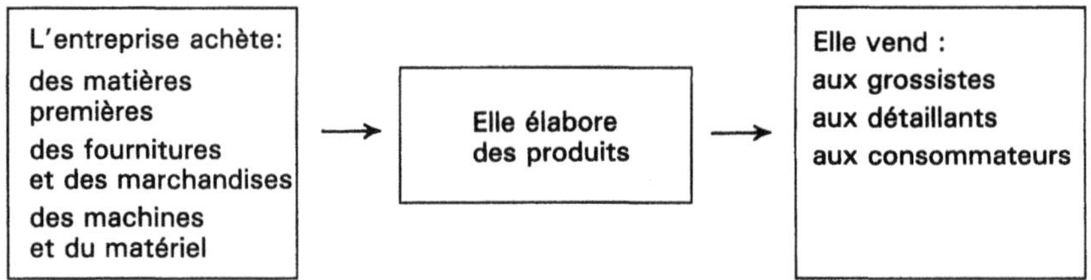

Vous devez être en mesure d'acheter des matières premières en quantité suffisante pour que votre entreprise puisse produire des marchandises et des services sans à-coup et avec bénéfice. Le flux des opérations doit être régulier et ininterrompu.

Une modification du coût des matières premières entraîne nécessairement un changement des profits ou des prix.

> prix de revient + bénéfice = prix de vente

Souvent, plusieurs entreprises se disputent certaines matières premières. Les fournisseurs donneront plus volontiers la préférence aux acheteurs qui passent de grosses commandes et leur feront même des prix. S'il y a difficulté d'approvisionnement, les petites entreprises en pâtiront naturellement les premières.

Parce que les matières premières sont un des fondements de votre succès, vous devez entretenir de bonnes relations avec vos fournisseurs. Soyez prompt à réagir aux changements qui affectent le marché des matières premières et tenez-vous au courant des tendances qui risquent de retentir ultérieurement sur les conditions de votre approvisionnement.

On croit souvent que la concurrence ne joue qu'à la vente des produits ou des services. Il y a pourtant aussi concurrence pour l'achat des matières premières qui serviront à faire ces produits ou à réaliser ces services. Vous devez vous tenir perpétuellement aux aguets afin de pouvoir toujours compter sur une source d'approvisionnement sûre qui vous permette de satisfaire les besoins de votre entreprise. Pour être compétitif, il vous faut être aussi fort lorsqu'il s'agit d'acheter que lorsqu'il s'agit de vendre.

Un des bons moyens de vous assurer de bonnes relations avec vos fournisseurs consiste à entretenir le contact avec eux, de manière aussi franche, cordiale et amicale que possible. Si l'approvisionnement devenait difficile, c'est peut-être à la qualité de vos relations avec votre fournissseur que vous devrez de voir vos commandes honorées quand vos concurrents devront attendre.

Pour les matières premières qui ne manquent pas sur le marché, efforcez-vous de ne pas traiter avec un seul fournisseur. Si vos fournisseurs savent que vous pouvez leur préférer leurs concurrents, ils seront mieux disposés à vous servir bien, vite et à de bonnes conditions. Restez en relation avec vos fournisseurs : ils sont pour vous une source de renseignements précieux sur vos concurrents, leurs prix, leurs produits, les problèmes qu'ils affrontent et les techniques nouvelles qu'ils adoptent.

Faites en sorte que vos fournisseurs soient informés du développement et des succès de votre entreprise. Vous achetez sans doute vos fournitures et votre matériel à crédit : plus ils auront de raisons d'avoir bonne opinion de vous, plus ils seront disposés à vous faire confiance et plus favorable sera votre situation financière.

Vos fournisseurs doivent de leur côté vous tenir au courant du développement des matières et des composants nouveaux que vous pourrez introduire dans votre cycle de production, rendant ainsi vos propres produits plus attrayants pour la clientèle.

Lorsqu'un composant de votre produit ou un élément de votre service représente une forte proportion du coût total, étudiez la possibilité de le produire vous-même. Si par exemple vous possédez une blanchisserie, vous pouvez envisager de fabriquer vous-même votre savon, dont le coût réduit vous placera en meilleure position vis-à-vis de la concurrence. Vos coûts étant plus bas, il vous sera possible d'abaisser les prix à la clientèle. De plus, en décidant de produire votre savon, vous vous trouverez également en meilleure position pour en contrôler la qualité et le stock. Avant d'engager les ressources de votre entreprise dans la production d'un composant que vous achetiez auparavant à l'extérieur, posez-vous les questions suivantes :

- ☐ Quels sont les composants ou les matières qui représentent en permanence une proportion élevée du coût d'exploitation total de l'entreprise ?

- ☐ Quel est le degré de sécurité des approvisionnements vitaux de l'entreprise ?
- ☐ Quel est l'avenir prévisible de ces approvisionnements ?
- ☐ L'économie qui pourra être réalisée justifie-t-elle la prise en charge de la production de tel ou tel composant ou matière ?
- ☐ L'entreprise dispose-t-elle de ressources suffisantes pour se charger de cette production.

> L'approvisionnement en matières premières et en fournitures est vital pour toute entreprise, c'est pourquoi il importe que vous entreteniez de bonnes relations avec vos fournisseurs. Si certains approvisionnements deviennent difficiles ou aléatoires, envisagez de produire vous-même les fournitures en question

LA TECHNOLOGIE

La technologie est pour beaucoup dans la versatilité des goûts de la clientèle. Les entreprises s'empressent de mettre sur le marché les produits et les services nouveaux que les innovations techniques leur permettent de réaliser, mais leurs dirigeants doivent comprendre que le progrès technique est appelé à exercer une profonde influence sur la vie même de chaque entreprise. Vous ne pouvez connaître d'avance la véritable nature de toutes les techniques nouvelles et les conséquences qu'elles entraîneront. C'est pourquoi vous devez vous efforcer de savoir quels sont les progrès techniques qui sont susceptibles d'avoir le plus d'incidence sur les objectifs de votre entreprise.

Une petite entreprise est nécessairement souple et à même d'innover et de lancer des produits nouveaux. D'un autre côté, parce qu'elle est une petite entreprise, elle n'a pas toujours à sa disposition les compétences, le temps et les capitaux qui lui permettraient de mettre au point et de commercialiser un produit nouveau. Force lui est donc de faire preuve de réalisme lorsqu'elle doit apprécier la demande d'un produit nouveau, les aspects financiers de la création d'un marché pour ce produit et aussi le temps que va prendre l'opération.

Lorsque vous envisagez de lancer un nouveau produit, prenez en considération le temps nécessaire à sa mise au point, et cela pour les raisons suivantes :

- ☐ ouvrir un marché pour un nouveau produit prendra généralement plus de temps et demandera plus d'argent que ce que l'on avait initialement prévu ;
- ☐ le personnel, les capitaux et les diverses ressources nécessaires peuvent dépasser la capacité de votre entreprise ;

- ☐ les premiers succès du produit pourront inciter des concurrents plus puissants à lancer des produits similaires.

Une petite entreprise ne doit essayer d'ouvrir un marché nouveau que si elle peut le faire avec de bonnes chances de succès et en restant concurrentielle.

Votre entreprise ne dispose certainement pas de trop de capitaux, aussi vous faut-il réagir rapidement aux fluctuations du marché et vous préoccuper des besoins et des goûts futurs de votre clientèle. Planification et prévision vous permettront peut-être de voir venir certaines transformations technologiques susceptibles de retentir sur les ventes de vos produits actuels et sur votre capacité de développer des produits nouveaux. Lancer un nouveau produit sur le marché exige de longues immobilisations de capital, ce qui n'est pas à la portée de la plupart des petites entreprises. Les problèmes que vous posent vos opérations au jour le jour vous laissent sans doute peu de temps à consacrer à la planification à long terme, même si les techniques nouvelles promettent d'exercer plus tard une influence considérable sur votre entreprise.

Les réponses que vous apporterez aux questions ci-après vous donneront une idée de la mesure dans laquelle votre entreprise peut s'aventurer à adopter une technologie nouvelle :

- ☐ Comment la technologie envisagée va-t-elle modifier la position de l'entreprise dans la branche ?
- ☐ Comment la technologie envisagée va-t-elle influer sur les profits de l'entreprise à court terme et à long terme ?
- ☐ Dans quelle mesure mes collaborateurs et moi-même sommes-nous déjà engagés dans le développement de techniques nouvelles ?
- ☐ D'après moi, quelle taille l'entreprise devrait-elle avoir atteinte d'ici à cinq ou dix ans, et dans quelle mesure la technologie nouvelle va-t-elle influer sur la taille future de l'entreprise ?
- ☐ Quel est le taux de croissance du personnel, du marché, etc., que je souhaite pour l'entreprise et dans quelle mesure les techniques vont-elles influer sur la croissance ?

Votre dépendance de la technologie est plus ou moins grande selon le milieu dans lequel votre entreprise s'insère, et elle peut tenir au fait que la technologie influe : *a)* directement sur le produit que vous fabriquez ; *b)* sur vos procédés de fabrication ; *c)* sur votre stratégie de commercialisation. La décision que vous pendrez d'adopter une technologie nouvelle ou d'y renoncer sera également influencée par la nature et l'intensité de la concurrence à laquelle vous vous heurtez, l'étendue du marché de la branche et son taux de croissance

Les sources d'informations sur les techniques nouvelles

La fréquentation des foires commerciales et autres manifestations analogues vous permettra de découvrir les produits nouveaux et de connaître les tendances qui se font jour dans votre branche d'activité. Elle vous portera à réfléchir sur l'avenir de votre entreprise et sur les perspectives que les produits nouveaux pourraient offrir à votre activité. Ces réunions vous fournissent l'occasion de rencontrer des spécialistes et de moissonner des informations toutes fraîches sur l'évolution des produits et des techniques dans le domaine qui vous intéresse. Si vous en profitez pour porter aussi votre attention sur ce qui se fait dans d'autres secteurs que le vôtre, vous pourrez glaner des idées et des avertissements sur ce qui vous attend demain dans votre propre secteur.

L'adhésion à une association professionnelle, industrielle ou commerciale, peut vous ouvrir l'accès à l'information sur les techniques nouvelles par le moyen des publications spécialisées, des rapports spéciaux et des services de consultation que ces organismes mettent à la disposition de leurs membres. Ne négligez pas non plus les publications et rapports des associations professionnelles existant dans d'autres secteurs d'activité économique apparentés au vôtre, car ils sont susceptibles de contenir des informations utiles à votre entreprise.

Il existe aussi une presse spécialisée qui compte nombre de revues et périodiques où l'on trouve des informations sur les produits et procédés nouveaux et où vous pourrez puiser des idées que vous ferez fructifier par la suite. Etudiez les produits nouveaux lorsqu'ils arrivent sur le marché, observez les nouvelles tendances, les changements qui se produisent dans les styles et les goûts du public. Votre succès dépend aussi, dans une mesure non négligeable, de votre aptitude à assimiler les informations qui vous parviennent et à en faire la synthèse.

> Ce qui est aujourd'hui une technique nouvelle a toutes les chances d'exercer demain une influence déterminante sur votre activité. C'est pourquoi vous avez le devoir de vous informer sur les innovations à mesure qu'elles apparaissent, d'imaginer en quoi elles pourront être bénéfiques demain à votre entreprise et d'agir en conséquence

LA RECHERCHE DES CAPITAUX

Une petite entreprise se trouve toujours un jour ou l'autre contrainte de trouver des capitaux. Nous avons évoqué ce problème au chapitre 9, mais compte tenu de l'importance vitale que revêtent les problèmes de financement, aussi bien durant la période de lancement d'une affaire que pour son développement ultérieur, la suite de ce chapitre y sera tout entière consacrée.

Le moment est venu pour vous d'emprunter

En cette matière comme en d'autres, il convient de procéder avec méthode. A partir de vos besoins réels de capitaux pour des fins précises, commencez donc par dresser un plan à long terme de financement par l'emprunt : recours au crédit auprès de vos fournisseurs, emprunts à court terme, emprunts à long terme. En assignant d'avance une destination aux capitaux que vous obtiendrez par le crédit ou par l'emprunt, vous vous prémunissez contre le risque de les utiliser à des fins autres que celles qu'il faudrait. Si par exemple vous placez des fonds dont vous auriez eu besoin pour vos affaires courantes, vous allez vous trouver dans l'obligation de recourir à l'emprunt à court terme puis, pour remédier à la situation ainsi créée, de rechercher un apport permanent de capitaux. Il vous faut éviter ce genre d'erreur.

Nombre d'établissements de crédit considèrent que le passé d'une entreprise est révélateur de la qualité de sa direction. Votre succès sera mesuré à l'état de votre compte de pertes et profits. Un prêteur vous jugera sur vos résultats, c'est-à-dire sur votre chiffre d'affaires, sur votre promotion, sur vos dépenses, sur le mouvement de vos stocks et sur votre bénéfice net.

> Vous ajoutez à vos difficultés si vous attendez pour emprunter d'être confronté à une crise financière, c'est-à-dire de vous trouver dans une situation où il vous faut absolument trouver de l'argent tout de suite. On vous imposera alors des intérêts très lourds et des conditions de remboursement impitoyables. Pour éviter cela, élaborez donc un plan d'emprunt à long terme

Les types de financement

En règle générale, une entreprise peut se trouver amenée à recourir à quatre formes essentielles de financement :

- ☐ *Le crédit commercial.* Il ne s'agit pas à proprement parler d'emprunt, mais plutôt de dettes contractées auprès de vos fournisseurs qui vous permettent de porter du stock en compte. Comme nous l'avons dit, efforcez-vous d'être ponctuel dans vos règlements, cela ne peut qu'accréditer votre solvabilité. Les banques dont vous solliciterez des prêts se renseigneront vraisemblablement auprès de vos fournisseurs pour savoir si vous êtes mauvais payeur.
- ☐ *L'emprunt à court terme.* Les établissements de crédit sont en général disposés à accorder des prêts à court terme pour vous permettre certaines

acquisitions dans des conditions particulières, par exemple pour acheter des marchandises en grandes quantités moyennant escompte. En principe, le prêt produit lui-même l'argent du remboursement puisqu'il va engendrer des ventes. Normalement, le délai de remboursement ne dépasse pas une année.

☐ *L'emprunt à long terme.* Il s'agit dans ce cas d'argent prêté pour plus d'un an, qui peut servir à financer l'expansion ou la modernisation de votre entreprise, et que vous rembourserez en prélevant sur les bénéfices accumulés. Aux petites entreprises ces crédits sont accordés sous la forme de prêts hypothécaires ou contre un billet à ordre assorti de conditions spéciales.

☐ *Les prises de participation.* Dans ce cas également, il ne s'agit pas d'emprunt à proprement parler, mais d'un apport de capital dans votre affaire, effectué par des tiers. En échange de cet apport, l'investisseur aura droit à sa part des bénéfices.

Vous avez intérêt à injecter l'argent obtenu à court terme dans des secteurs de votre affaire qui ont un rendement élevé, car vous devrez le rembourser sur vos ventes. Les capitaux provenant d'une prise de participation se fondent dans votre affaire et en augmentent la valeur. Assurez-vous que vous disposez toujours de liquidités en suffisance pour faire face à vos obligations. Ne commettez pas l'erreur de restreindre vos liquidités en investissant à long terme des capitaux qui ne se prêtent pas à cet usage.

A quelles questions devrez-vous répondre ?

Pouvoir emprunter en cas de besoin est un atout important. On ne prête qu'aux riches, dit le proverbe. En tout cas, les prêteurs seront mieux disposés à vous offrir leurs capitaux si votre affaire est prospère, si elle réalise des bénéfices, si votre situation financière est stable, si vos perspectives d'expansion sont bonnes. Le prêteur voudra se renseigner sur votre chiffre d'affaires, vos créances recouvrables, vos bénéfices, vos stocks, vos actifs stables, vos engagements à court et à long terme, et maints autres aspects de votre situation financière des deux ou trois dernières années. Ayez tous ces éléments d'information sous la main.

Nous allons énumérer ci-après quelques-unes des questions que posent actuellement les bailleurs de fonds. Répondez en toute franchise et produisez des preuves à l'appui de vos réponses :

Ventes

☐ Quel a été le volume de vos ventes l'année passée ?

☐ Quelle répercussion le prêt que vous demandez aura-t-il sur vos ventes de l'année prochaine ?

☐ Quelles seront, pour vos bénéfices, les conséquences des ventes que vous prévoyez ?

Créances recouvrables

- ☐ Quel a été le total de vos créances recouvrables durant les douze mois écoulés ?
- ☐ Pourquoi vos créances recouvrables ont-elles augmenté — ou diminué — l'année passée ?
- ☐ Quelle proportion de vos ventes représentent les ventes à crédit ?
- ☐ Quelle est la proportion de vos créances recouvrables dont le paiement est en retard : De deux mois ? De trois mois ? De plus de trois mois ?
- ☐ Quelles mesures prenez-vous pour recouvrer vos créances en retard ?

Bénéfices

- ☐ Quel est votre seuil de rentabilité ?
- ☐ Quelle a été votre marge bénéficiaire l'année passée ?
- ☐ Comment pensez-vous réussir à augmenter votre marge bénéficiaire ?
- ☐ Comment envisagez-vous de réduire vos prix de revient et d'augmenter vos bénéfices ?
- ☐ Quelle influence l'expansion du marché aura-t-elle sur votre marge bénéficiaire ?

Remboursement du prêt

- ☐ Vos prévisions de recettes sont-elles fondées sur votre expérience passée ?
- ☐ Votre calendrier de remboursement est-il réaliste ? Soyez prêt à répondre à toutes ces questions que l'on vous posera sur vos activités, et à d'autres encore.

Quelques conseils pratiques

Une demande de prêt mal préparée peut être la cause du refus du prêteur. La demande de prêt est votre ambassadeur. Elle doit être logique, claire et bien articulée. C'est elle qui fera savoir au prêteur que vous avez pour l'avenir un plan précis, que vous savez exactement combien d'argent vous devez emprunter et que vous pouvez justifier ce besoin, enfin, que votre plan de remboursement est réaliste.

Choisissez avec soin votre prêteur. L'établissement de crédit auquel vous vous adresserez doit être connu pour s'intéresser à la petite et moyenne entreprise. Dès que vous le pouvez, nouez les meilleures relations possibles avec votre prêteur. Cela suppose que vous ne lésiniez pas sur les renseignements concernant vos activités, en sorte qu'il puisse sans peine jauger votre solvabilité, la valeur nette de votre entreprise et ses potentialités. Dès que vous avez besoin du plus modeste complément de capital, n'hésitez pas à emprunter, quitte à rembourser avant l'échéance. Vous édifiez ainsi votre réputation de chef d'entreprise capable, d'homme intègre à qui l'on peut se fier, qui paie ses dettes à l'échéance ou même avant. Ayez une stratégie d'emprunt consistant à saisir les occasions d'emprunter qui se présentent et à avoir soin de rembourser avant l'échéance : empruntez une première fois, puis une deuxième, en remboursant avant l'échéance. La troisième fois, empruntez une somme plus forte et libérez-vous du prêt le plus rapidement possible, mais en tout cas à l'échéance. Vous ne tarderez pas à asseoir ainsi votre réputation en matière de crédit.

Deux sortes d'établissements financiers fournissent des capitaux aux entreprises : les banques et les sociétés de financement.

Les banques

La plus grande partie des capitaux que les entreprises obtiennent à long terme et à moyen terme provient des banques. Avant de vous consentir un prêt, leurs agents voudront disposer de nombreuses informations sur vous-même et sur votre entreprise. Il vous sera d'abord demandé un plan détaillé de la destination du prêt ou des projections à cette même fin et un calendrier prospectif de remboursement. Vos projections devront porter sur la manière dont le prêt va profiter à votre entreprise et accroître ses bénéfices.

La banque sollicitera d'autres sources de renseignements sur la solvabilité de votre entreprise. Son service des prêts se renseignera auprès de personnes qui vous connaissent pour savoir :

- ☐ si vous dirigez votre entreprise avec efficacité ;
- ☐ si vous avez l'habitude de payer vos dettes de façon ponctuelle ;
- ☐ si vous jouissez d'une réputation d'honnêteté ;
- ☐ si ceux à qui vous avez affaire vous font confiance ;
- ☐ si vous faites l'impossible pour tenir votre parole ;
- ☐ ce que sont les perspectives générales de votre entreprise.

Le service des prêts voudra aussi en savoir plus sur votre capacité de vous libérer de votre dette. Encore que ce soient vos qualités de gestionnaire qui déterminent votre aptitude à développer votre entreprise, le capital que vous avez personnellement investi dans votre affaire donnera la mesure du risque que, personnellement, vous êtes prêt à courir. Les capitaux que vous avez placés dans l'entreprise sont une preuve matérielle de votre confiance en son avenir. Enfin, plus vous réussissez en affaires, plus les banques sont disposées à vous prêter de l'argent.

> Faites-vous un devoir d'entretenir avec votre banquier des relations suivies. S'il vous connaît bien et se fie à vous, vous n'en serez que mieux placé pour obtenir un prêt quand vous en aurez besoin

Les sociétés de financement

En dehors des banques, les entreprises peuvent obtenir des capitaux auprès d'une société de financement. Alors que pour une banque c'est l'aptitude de l'entreprise à rembourser le prêt qui compte, pour une société de financement, ce sont ses perspectives d'avenir : la société se porte acquéreur d'une part du capital-actions de l'entreprise et s'intéresse par conséquent à ses produits actuels et futurs, ainsi qu'à la taille de ses marchés présents et à venir.

Les sociétés de financement se préoccupent avant tout de savoir dans quelle mesure une entreprise sera capable de réaliser à terme des bénéfices importants. D'une façon générale, elles comptent tripler ou même sextupler leur mise de fonds en six ans. Pour obtenir des capitaux d'une société de financement, vous devez commencer par lui soumettre un état détaillé des activités de votre entreprise, rigoureusement articulé et bien documenté, qui présente ses réalisations passées, son évolution et ses projets d'avenir.

Comment rédiger l'état de l'entreprise

Les sociétés de financement analysent en détail la documentation que leur soumettent les entreprises pour déterminer les meilleures perspectives d'investissement. Sur cent propositions reçues, elles n'en prennent sérieusement en considération que huit ou dix et n'en retiennent en définitive qu'une ou deux. Trop souvent, cette documentation est rassemblée à la hâte et les entreprises oublient d'y faire figurer des renseignements essentiels.

- ☐ Les sociétés de financement préfèrent investir dans des secteurs en expansion bien délimités, qui leur offrent un maximum de chances de revendre par la suite leur participation avec profit. Veillez à faire parvenir votre proposition à des sociétés connues pour l'intérêt qu'elles portent à votre branche d'activité.
- ☐ Si vous vous adressez à une société de financement qui s'intéresse à votre secteur, elle étudiera vraisemblablement votre proposition. Votre descriptif devra donc expliquer en détail la position que votre entreprise occupe dans la branche, la concurrence que vous devez affronter et vos projets pour accroître votre part du marché.
- ☐ Votre proposition doit susciter l'intérêt du bailleur de fonds. Parmi les modalités financières de l'opération, ne manquez pas de mentionner : *a)* le montant de la part de votre capital que vous êtes prêt à céder ; *b)* la possibilité de fractionner ce montant ; *c)* les droits que l'investisseur acquiert par sa participation (actions ordinaires, actions privilégiées, créances à intérêt simple, etc.) ; *d)* la valeur totale de votre entreprise après l'opération de financement.
- ☐ Les sociétés de financement entendent savoir à quel genre de direction elles ont affaire et, en particulier, connaître les qualifications du chef d'entreprise. Vous devrez aussi les renseigner sur les membres de votre conseil d'administration, vos investisseurs actuels et les spécialistes qui travaillent pour votre entreprise.

- ☐ Les sociétés de financement doivent être très bien informées des aspects financiers de votre entreprise : votre bilan et votre compte de pertes et profits y pourvoiront. Assurez-vous que ces documents ne contiennent pas d'erreurs.
- ☐ Votre proposition arrivant au milieu de beaucoup d'autres, mettez en relief les attraits qu'elle présente.

Un investisseur est à l'affût de la bonne affaire et vous devez être tout à fait conscient de la valeur réelle de ce que vous cédez en échange des capitaux obtenus. L'investisseur cherchera à tirer de vous le maximum, sous forme d'intérêts sur les capitaux investis, de privilèges par rapport aux autres actionnaires en cas de liquidation de l'entreprise, ou encore d'une participation importante aux bénéfices.

Il est indispensable que vous vous renseigniez sur les investisseurs possibles avec autant de soin qu'ils en mettent à se renseigner à votre sujet. Votre aptitude à trouver des capitaux est un des facteurs essentiels dont vous devez tenir compte lorsque vous choisissez le type d'affaire dans lequel vous allez vous lancer et la taille que vous allez lui donner. Votre habileté à négocier avec les bailleurs de fonds est une condition de votre succès dans la recherche de capitaux à des conditions raisonnables.

Les renseignements qui doivent figurer dans l'état de l'entreprise

L'état de l'entreprise doit être rigoureusement articulé et bien documenté. Faites-y figurer les informations dont vous pensez qu'elles seront utiles à l'investisseur pour se faire une idée des perspectives que l'investissement ouvrira dans votre entreprise. Ce document devrait contenir les renseignements suivants :

- ☐ *Vue d'ensemble* (une page). Présentez votre idée commerciale ou industrielle, vos objectifs immédiats et à terme, vos besoins de financement, avec les grandes lignes des activités de votre entreprise l'année précédente : chiffre d'affaires, bénéfices nets, effectifs employés, part du marché et situation géographique.
- ☐ *Historique.* Décrivez à grands traits le passé de votre entreprise, en particulier l'évolution de vos produits, vos sources de financement et les réformes intervenues dans votre mode d'administration et d'exploitation.
- ☐ *Les produits.* Décrivez en détail les produits actuels de votre entreprise (en indiquant les prix de revient et les prix de vente). Soulignez les caractères qui font leur originalité. Mentionnez les plans prévus pour l'amélioration des produits actuels et pour la création de nouveaux produits. Exposez votre politique des prix, en indiquant les prix à la distribution et les prix à la consommation. Montrez comment vos prix soutiennent la comparaison avec ceux de vos principaux concurrents et en quoi vos produits se distinguent de ceux de vos concurrents.

- ☐ *Le marché.* Décrivez le secteur du marché qui est le vôtre actuellement et celui que vous ambitionnez de conquérir. Montrez-en l'originalité, énumérez vos concurrents et exposez votre stratégie pour accroître votre part de ce marché. Montrez les objectifs et les stratégies de commercialisation qui sont les vôtres, en donnant des précisions sur les résultats de vos études de marché. Joignez-y une analyse de vos ventes des années précédentes, réparties par zone géographique (il s'agira d'une analyse quantitative : nombre d'articles vendus et valeur).
- ☐ *La clientèle.* Produisez vos statistiques annuelles de ventes, avec des précisions sur les conditions spéciales que vous avez consenties à certains clients et sur tout autre sujet utile. Si votre clientèle est relativement réduite, donnez des renseignements généraux sur vos principaux clients.
- ☐ *La concurrence.* Décrivez la situation de votre branche d'activité et ses perspectives d'avenir. Indiquez les facteurs de croissance. Présentez les concurrents de la branche en donnant des précisions sur les principaux d'entre eux. Indiquez les domaines dans lesquels votre entreprise a un avantage concurrentiel et ceux où vos concurrents vous surclassent. Indiquez votre part du marché et vos projets d'expansion. Décrivez les perspectives de développement de produits nouveaux et indiquez, parmi les tendances de la technologie dans votre branche, celles qui sont susceptibles d'avoir une incidence favorable ou défavorable sur votre entreprise.
- ☐ *Les avoirs stables.* Décrivez les bâtiments, les machines, l'équipement et les autres avoirs stables de votre entreprise, en donnant des précisions sur leur âge et leur amortissement. Indiquez la capacité de production et les possibilités de l'accroître. Evaluez les dépenses futures de capital et formulez des suggestions quant à leur financement.
- ☐ *Le personnel.* Indiquez, pour chaque subdivision de l'entreprise, les effectifs employés, la proportion des charges salariales dans le coût de revient des marchandises vendues, les qualifications spéciales et les salaires versés. Décrivez l'état d'esprit du personnel et l'influence du syndicat. Donnez brièvement votre appréciation de vos principaux collaborateurs en indiquant quelles sont leurs capacités de direction. Joignez l'organigramme reliant les secteurs de l'entreprise aux divers membres de la direction. Précisez les prestations complémentaires dont bénéficie le personnel, par exemple pensions, participation aux bénéfices, primes, assurance-vie, assurance-maladie et hospitalisation.
- ☐ *La recherche-développement.* Indiquez les dépenses engagées dans la recherche-développement et les résultats obtenus durant les cinq dernières années, vos projets actuels et vos prévisions pour l'avenir, en donnant des précisions sur le personnel affecté à la recherche-développement.
- ☐ *Les points forts de l'entreprise.* Indiquez les attraits que votre entreprise présente pour l'investisseur : par exemple, un client peut s'être engagé par contrat à acquérir toute votre production d'un article donné.

- ☐ *Les points faibles de l'entreprise.* Indiquez les dettes arrivées à échéance, les procès en instance, les problèmes que votre entreprise peut avoir avec le fisc et tout autre sujet de préoccupation susceptible de retentir sur vos activités. Faites preuve de franchise sur vos points faibles, car il vaut mieux que vos éventuels bailleurs de fonds les apprennent de vous avant qu'une autre source les renseigne. Chaque fois que vous énoncez une faiblesse, indiquez comment vous vous proposez d'y remédier.
- ☐ *La situation financière.* Tout investisseur en puissance s'informera très en détail de votre situation financière. Prenez soin que les informations et les données chiffrées que vous fournissez à ce sujet soient exactes. Au besoin, confiez l'analyse financière à une société fiduciaire. Communiquez vos comptes vérifiés et les états comparatifs de votre compte de profits et pertes des années précédentes, avec vos prévisions financières pour les cinq années à venir. Joignez des tableaux et graphiques illustrant les tendances des ventes, des coûts de main-d'œuvre, des dépenses administratives, etc. Vous présenterez aussi les ratios ordinaires de l'exploitation, en faisant ressortir les plus favorables.
- ☐ *Les besoins financiers.* Indiquez en détail vos besoins de fonds en précisant les montants, les dates et la destination de ces fonds, ainsi que la structure des arrangements financiers. Si votre demande constitue un élément d'un plus vaste projet de financement, donnez des précisions sur les autres éléments. Toute demande concernant l'acquisition de bâtiments ou autres biens de capital doit être justifiée par des estimations détaillées des coûts. Evaluez aussi l'augmentation de la capacité de gain de votre entreprise qui résultera du financement projeté. Si vous prévoyez d'autres besoins de financement durant les cinq prochaines années, indiquez-en les montants, avec le calendrier et la méthode de financement prévue.

En un mot, celui qui se propose d'investir dans votre entreprise veut au préalable tout savoir d'elle. Veillez à lui soumettre un plan très détaillé, sans lacunes, clair, méthodique et bien présenté.

N'oubliez jamais que, sur cent propositions faites aux sociétés de financement, huit ou dix au plus retiendront leur attention et une ou deux seulement seront retenues et acceptées en définitive. Que votre demande soit ou non acceptée par une société de financement, les plans et projections sur lesquels vous aurez dû réfléchir vous aideront à organiser votre gestion des prochaines années, à formuler vos objectifs à long terme et à préparer l'avenir de votre entreprise

SAVOIR FAIRE NAÎTRE ET SAISIR LES OCCASIONS DU MARCHÉ 13

Il ne manque pas d'entreprises qui fabriquent de bons produits, mais faute de savoir saisir les occasions que leur offre le marché, elles ne parviennent pas toujours à les vendre bien. Pour être à même de saisir ces occasions quand elles se présenteront, vous devez étudier le marché, confronter les informations que vous aurez puisées à des sources diverses et parfois même choisir avec le plus grand soin le lieu où s'installera votre entreprise

Un chef d'entreprise doit connaître son marché à fond et s'en informer sans cesse. Commercialiser un produit, c'est satisfaire la demande des consommateurs pour ce produit. Vous devez donc éclairer vos décisions en matière de commercialisation par des études de marché. Elles vous aideront :

- ☐ à trouver des marchés rentables ;
- ☐ à choisir des produits vendables ;
- ☐ à connaître les changements de comportement des clients ;
- ☐ à améliorer vos techniques de commercialisation ;
- ☐ à fixer vos objectifs de vente avec réalisme.

L'étude de marché n'a d'autre objet que de réunir les informations dont vous avez besoin pour prendre des décisions. Combien de chefs d'entreprise commettent l'erreur de décider d'après leurs sentiments ou leurs préférences personnelles, oubliant qu'une décision se fonde d'abord sur une information solide. Grâce aux études de marché, vous pourrez découvrir d'autres clients sur votre marché actuel et vous lancer à la conquête de marchés nouveaux. Vous devez connaître les raisons du succès ou de l'échec de vos produits sur le marché. De même, vous devez vous faire une opinion sur les produits nouveaux dont l'avenir est prometteur.

L'étude de marché consiste tout simplement à rassembler, enregistrer et analyser de façon systématique des informations sur la commercialisation des marchandises et des services. En étudiant un marché, posez-vous les questions suivantes. Les réponses que vous y apporterez vous aideront à préparer vos succès de demain :

☐ Quels sont les besoins présents et futurs de votre clientèle ?

☐ Quels autres marchés vaut-il la peine d'explorer ?

☐ Quelles sont les caractéristiques distinctives de votre clientèle ?

☐ Qu'est-ce qui distingue votre produit ou service de ceux de vos concurrents ?

☐ Quelle est l'efficacité de vos activités promotionnelles ?

L'étude de marché représente une approche scientifique de la commercialisation, mais c'est aussi un art, en cela qu'elle a affaire aux comportements instables et versatiles des gens. En ordonnant de façon systématique les données que vous aurez recueillies au sujet de vos marchés, vous serez en mesure d'en savoir plus à leur propos. Quelle que soit la taille de votre entreprise, vous n'échapperez pas à la nécessité de déterminer quels sont les attitudes, les opinions et les croyances de votre clientèle.

Une entreprise importante peut s'offrir les services d'un spécialiste de la commercialisation, mais vous-même, en tant que patron de petite entreprise, ne pourrez probablement pas vous permettre ce luxe. Il ne vous en faudra pas moins connaître votre clientèle et apprendre à vous renseigner sur les fluctuations de ses goûts, de ses aversions, de ses habitudes.

La simple observation de vos clients vous sera d'une aide précieuse pour les mieux connaître. Comment sont-ils vêtus ? Quelle est leur moyenne d'âge ? Sont-ils en majorité mariés ou célibataires ? Combien ont-ils d'enfants ? Ces questions tombent sous le sens et la plupart des chefs d'entreprise ont une bonne perception de ce que sont leurs clients. Notez vos impressions pendant une semaine afin de garder une trace de ce que vous pouvez dire de vos clients d'après leur seule apparence extérieure.

L'étude de marché vous procure à temps l'information factuelle et statistique dont vous avez besoin :

☐ pour limiter les risques commerciaux ;

☐ pour cerner les problèmes auxquels se heurtent ou risquent de se heurter vos efforts de commercialisation ;

☐ pour trouver de nouveaux débouchés commerciaux ;

☐ pour mieux connaître les réalités du marché et, partant, pour décider et planifier à bon escient.

> Les petites entreprises concentrent souvent tous leurs efforts sur l'amélioration de leurs méthodes de production. Grâce aux études de marché, vous ferez de la commercialisation un outil plus efficace et améliorerez encore vos résultats

COMMENT PROCÉDER A UNE ÉTUDE DE MARCHÉ

Quand ce serait à votre insu, vous faites certainement de l'étude de marché dans le cadre de vos activités routinières de chef d'entreprise. C'est ce qui arrive, par exemple, lorsque vous examinez des marchandises retournées pour déterminer le motif de leur renvoi, lorsque vous demandez à d'anciens clients pourquoi ils vous ont quitté, lorsque vous lisez avec attention les annonces publiées par vos concurrents pour vous informer de leurs méthodes de promotion.

L'étude de marché procède seulement de façon plus systématique. Elle vous fournit un tableau ordonné des informations recueillies qui vous permet de les mettre en perspective. Une étude de marché s'articule de la façon suivante :

- ☐ définir le problème ;
- ☐ conduire l'étude préliminaire ;
- ☐ planifier l'étude de marché proprement dite ;
- ☐ rassembler les informations disponibles à l'intérieur de l'entreprise ;
- ☐ rassembler des informations de source extérieure ;
- ☐ interpréter les données recueillies ;
- ☐ prendre une décision ;
- ☐ mettre votre décision en application et en évaluer les résultats.

Définir le problème

Avant de pouvoir isoler les problèmes particuliers de commercialisation que vous devrez résoudre, formuler les questions auxquelles votre étude devra répondre et vous faire une idée des solutions que vous devrez trouver, il vous faudra avoir clairement défini le problème dans son ensemble, savoir sur quoi va porter votre étude. Cela fait, vous devrez énumérer tous les facteurs qui peuvent être à l'origine de ce problème ou qui auront exercé sur lui une influence quelle qu'elle soit.

Conduire l'étude préliminaire

L'étude préliminaire viendra étayer votre définition initiale. Elle permettra en outre de poser les jalons de solutions provisoires que vous pourrez mettre à l'épreuve. C'est pour vous le moment de décider si l'étude de marché proprement dite est vraiment nécessaire et si les résultats qu'on en peut attendre justifient ou non la dépense de temps, d'argent et d'énergie.

Planifier l'étude de marché proprement dite

Lorsque vous en êtes arrivé au stade de la planification de votre étude, vous avez une notion claire du problème et des divers facteurs qui influent sur sa solution. Sur cette base, vous allez élaborer la méthode par laquelle vous recueillerez les données et préparerez une solution. Le rassemblement des données peut faire intervenir diverses techniques et notamment les questionnaires, les méthodes statistiques quantitatives et le calcul des paramètres du marché.

Les études de marché peuvent se présenter sous des formes diverses : l'analyse statistique, l'analyse des ventes, les enquêtes, les études fondées sur des observations, la recherche expérimentale.

Rassembler les informations disponibles à l'intérieur de l'entreprise

Avant d'entreprendre votre étude de marché, considérez les informations dont vous disposez déjà. Les fichiers et registres consacrés aux clients sont à cet égard des sources précieuses. Etudiez votre carnet de commandes, votre compte de recettes, les réclamations reçues et toute autre source de renseignements au jour le jour. Vous pouvez ainsi apprendre à mieux situer vos clients, connaître leurs habitudes et les articles auxquels vont leurs préférences, savoir comment ils achètent, quand et où. Si vous gardez le contact avec votre marché, vous pouvez en outre vous tenir au courant des changements de goûts ou de besoins de la clientèle. Ce sont là des informations qui ne coûtent rien — ou qui coûtent peu — et qui peuvent vous être utiles.

Votre personnel est lui aussi une source non négligeable d'informations sur la clientèle. Demandez-lui de noter les réclamations qui lui sont faites, les articles en rupture de stock qui lui sont demandés et les observations formulées par les clients au sujet de votre entreprise et de ses services. En vous entretenant avec vos employés au sujet de leurs relations quotidiennes avec les clients, vous pourrez considérer vos méthodes de commercialisation sous un angle différent.

Rassembler des informations de source extérieure

Une fois que vous avez rassemblé les renseignements pertinents dont dispose votre entreprise, vous rechercherez des sources extérieures d'informations. Il existe de nombreuses références sur l'étude de marché, qu'il s'agisse d'articles de journaux ou de périodiques spécialisés, d'études de marché publiées, de rapports ou d'ouvrages qui constituent une information dite «secondaire». On les trouve dans les bibliothèques, dans divers services publics, dans des établissements d'enseignement, chez des libraires et chez les éditeurs.

L'information secondaire devrait être utile dans la préparation d'une étude de marché, que ce soit pour des recherches préliminaires consistant simplement à remettre un questionnaire à tous les clients qui se présentent à vos bureaux afin d'analyser ensuite leurs réponses, ou pour une étude plus raffinée, dont vous pourrez confier la réalisation à une agence spécialisée (auquel cas le coût de l'opération risque d'être élevé).

Interpréter les données recueillies

Le rassemblement des données fait certes partie de la marche à suivre normale dans le cas d'une étude de marché, mais c'est l'interprétation de ces données qui va déterminer le choix d'une solution pour le problème de commercialisation qui se pose en l'occurrence. Il faut connaître l'importance relative des divers éléments d'information et savoir en tirer parti pour prendre des décisions bien motivées.

Prendre une décision

La décision que vous allez prendre est bien entendu conditionnée par votre interprétation des données recueillies, mais il vous appartient aussi de prendre en considération tous les impondérables qui se rapportent à l'étude de marché envisagée ainsi que votre point de vue personnel. Si ce point de vue concorde avec l'interprétation objective des données, vous n'en aurez que plus de confiance en votre décision. S'il y a divergence, par contre, il sera prudent d'approfondir l'analyse.

Mettre en application votre décision et en évaluer les résultats

C'est la dernière phase de l'étude de marché. Une évaluation bien conduite pourra seule vous permettre de déterminer les conséquences de votre décision. Cette évaluation vous amènera peut-être à conclure à la nécessité de nouvelles études. L'interprétation des données à laquelle vous vous êtes livré pourra servir de point de départ à d'autres études de marché. L'étude de marché pourra être pour vous l'occasion de vous poser plusieurs questions :

- ☐ Quels sont mes objectifs commerciaux ?
- ☐ Comment puis-je décrire ma clientèle ?
- ☐ Comment mes clients voient-ils mon entreprise ?
- ☐ Comment puis-je décrire mes concurrents ?
- ☐ Quelles sont les caractéristiques de mes produits ?
- ☐ Quelle est ma politique de prix ?
- ☐ Quelle est ma politique de promotion des ventes ?
- ☐ L'emplacement de mon entreprise se justifie-t-il par ma capacité de servir mes clients ?

Le choix des produits ou des services que vous allez proposer à la vente est une importante décision. Il est de fait que beaucoup de petites entreprises se lancent sur le marché parce qu'il existe une demande qui n'est pas satisfaite.

Avant de vous engager dans tel ou tel secteur au moment de créer une affaire, entreprenez une étude de marché afin de choisir un produit ou un service qui soit nécessaire sinon indispensable à une clientèle donnée et installez-vous en un lieu où un besoin réel se fait sentir ou peut se développer relativement facilement

LE LANCEMENT DE PRODUITS NOUVEAUX

Il est difficile mais tout à fait nécessaire d'évaluer les perspectives de succès de tout nouveau produit. En vous posant les questions ci-après, vous apercevrez mieux les débouchés qui peuvent s'offrir pour un produit donné :

- ☐ Ce produit relève-t-il d'une branche d'activité en expansion ?
- ☐ La demande de ce produit est-elle appelée à croître, à demeurer stationnaire ou à diminuer ?
- ☐ A quelle concurrence faudra-t-il faire face ?
- ☐ Dans quelle mesure l'entreprise à créer sera-t-elle tributaire des fournisseurs et des distributeurs ?
- ☐ La trésorerie de l'entreprise suffira-t-elle à couvrir les dépenses liées au lancement du nouveau produit, au moins pendant la première année ?
- ☐ Quels sont les inconvénients particuliers du nouveau produit ?
- ☐ En quoi le produit sera-t-il analogue à ceux de la concurrence et en quoi sera-t-il différent ?
- ☐ Comment repousser les limites du marché de ce produit ?
- ☐ Dans quelle mesure des campagnes de promotion commerciale seraient-elles susceptibles de contribuer au succès du produit ?

L'entreprise a pour fonction primordiale de satisfaire les besoins de l'être humain. C'est par la recherche et le développement des produits que l'on réussit à définir ces besoins et, partant, que les entreprises parviennent à produire des marchandises ou des services qui seront vendus avec un profit

LES STATISTIQUES OFFICIELLES

La plupart des gouvernements publient des statistiques qui reflètent la vie économique de la nation. Ces statistiques représentent une source d'informations que les chefs d'entreprise dans leur majorité ne mettent pas à profit de façon efficace. Maintes statistiques disponibles n'ont pas de rapport direct avec ce que vous concevez comme étant de nouveaux débouchés. Quoi qu'il en soit, vous serez mieux informé si vous les étudiez.

Pour mener une petite entreprise et pour soutenir la concurrence d'entreprises plus grandes, il est indispensable de bien connaître les marchés. En tirant parti des recensements et autres statistiques officielles, vous serez mieux à même de prendre vos décisions et de mettre sur pied une politique de commercialisation efficace. Ces statistiques sont complètes et détaillées, il vous reste à les interpréter. Définissez vos besoins d'information statistique sous forme de questions au sujet de votre clientèle en puissance et vous y verrez plus clair. L'une de ces questions pourrait être : «Dans quelles régions du pays la production de l'entreprise a-t-elle le plus de chances de conquérir de nouveaux clients ?» En préparant votre réponse à cette question, vous consulterez les tableaux statistiques du recensement — notamment ceux qui concernent la densité de la population, le revenu, la taille des familles et les professions exercées — qui vous seront d'une utilité immédiate.

A partir des résultats du recensement, vous pouvez déterminer des territoires de prospection commerciale. Une fois délimités ces territoires, le recensement vous aidera à fixer des contingents équitables de ventes à réaliser. L'étude des rapports détaillés qui accompagnent les résultats d'un recensement, notamment des rapports sur les niveaux de l'emploi, les revenus et la densité de la population, pour chacune des zones que vous aurez attribuées à vos vendeurs, vous fournira un indice du volume de ventes à espérer.

Les informations recueillies dans le cadre du recensement renseignent même sur certains produits. Les statistiques concernant le logement peuvent par exemple contenir des données sur l'équipement ménager, les machines à laver ou les réfrigérateurs. En l'absence de toute information sur la catégorie de produits qui est la vôtre, force vous sera d'exploiter les statistiques se rapportant à des produits connexes. La forte concentration d'un produit donné dans telle ou telle région peut laisser augurer des ventes intéressantes pour produit analogue, ce qui vous permet de déduire les potentialités de votre propre marché.

Lorsque vous lancez des produits nouveaux, vous pouvez exploiter les statistiques du recensement de deux manières. Premièrement, l'idée des produits nouveaux à lancer peut vous être suggérée par le mode de vie de la clientèle virtuelle, tel qu'il ressort des statistiques. Deuxièmement, les données statistiques pourront vous servir à tester le marché. Le recensement vous renseigne sur les caractéristiques démographiques d'une région : la répartition suivant l'âge, le sexe, l'ethnie, l'état civil. Cela vous aide à choisir les agglomérations urbaines où se déroulera votre promotion expérimentale.

A titre d'exemple d'exploitation des données du recensement en vue du développement d'un produit nouveau, prenons le cas d'une petite conserverie de viande. Le patron de cette fabrique a appris par les statistiques qu'il existait sur son territoire de vente un nombre impressionnant de congélateurs domestiques : c'était l'ouverture sur un marché nouveau, celui de la viande découpée vendue en demi-gros en vue de sa conservation au congélateur.

> Le recensement se pratique dans presque tous les pays. Ne laissez pas échapper cette occasion de vous informer sur les débouchés commerciaux qui s'offrent à vous : renseignez-vous auprès de l'administration

Les réponses que vous apportent les statistiques de recensement

En ce qui concerne vos méthodes de commercialisation, les données du recensement vous aident à répondre aux questions suivantes :

- ☐ Quelle est la situation économique et commerciale dans telle ou telle région ?
- ☐ Quelles sont les villes qui se prêtent le mieux à la conduite d'une étude de marché ?
- ☐ Quelles sont les régions les plus prometteuses pour la vente de tels ou tels articles ?
- ☐ Quels sont les revenus, les habitudes de dépenses, les préférences à l'achat de la population de telle ou telle région ou agglomération urbaine ?
- ☐ Quelle région faut-il choisir pour y diffuser les produits de l'entreprise ?
- ☐ Quel est le lieu le plus favorable pour l'installation de l'entreprise ?
- ☐ Quels sont les traits caractéristiques de la clientèle à prospecter ?
- ☐ Quelle est la situation de l'emploi et quelles sont les professions exercées dans telle ou telle région ?
- ☐ Quelles sont les caractéristiques des revenus et les habitudes de dépenses de la population ?

Les statistiques de recensement sont parfois riches en renseignements sur le commerce de détail, le commerce de gros et les services, avec des précisions sur les volumes de vente, sur l'emploi et sur les salaires. Cependant, elles n'auront de valeur que dans la mesure où vous saurez les exploiter en fonction de vos besoins propres.

OÙ INSTALLER VOTRE ENTREPRISE ?

Le lieu géographique a son importance pour certains établissements commerciaux, comme un magasin de vêtements ou une épicerie. Ce n'est plus aussi vrai pour un magasin d'antiquités ou un atelier de réparation d'automobiles. Il est extrêmement difficile de déplacer une entreprise : soyez donc très prudent lorsque vous décidez d'un emplacement. Commencez par répondre aux questions suivantes :

☐ Dans quelle région du pays ?

☐ Dans quelle ville ?

☐ Dans quel quartier de la ville ?

☐ Où exactement dans ce quartier ?

L'importance de l'emplacement diffère selon la nature de votre affaire. De façon générale, le choix de l'emplacement va dépendre :

☐ de la proximité des marchés ;

☐ de la facilité des relations avec la clientèle ;

☐ de la possibilité de trouver du personnel qualifié ;

☐ de la possibilité de s'approvisionner en matières premières.

Plus votre marché est vaste et moins le lieu de votre établissement a d'importance. Au contraire, si votre marché est restreint, vous devez choisir l'endroit où vous vous installerez avec le plus grand soin. En principe, cependant, vous choisirez un lieu où vous puissiez facilement être en contact avec votre clientèle et surtout auquel elle ait facilement accès. Quoi qu'il en soit, n'arrêtez pas votre choix avant d'avoir consulté :

☐ *les banques,* qui connaissent bien le commerce et sont au courant des avantages et des inconvénients des divers emplacements possibles dans un quartier ou dans la ville ;

☐ *la chambre de commerce locale,* qui pourra vous suggérer divers emplacements compatibles avec le genre d'activité que vous envisagez ;

☐ *les fabricants, les grossistes et les distributeurs,* qui sont très familiarisés avec la topographie de leur territoire commercial ;

☐ *les associations professionnelles,* qui sont bien informées de la situation économique des marchés selon les régions ;

☐ *les services officiels* chargés de la promotion industrielle et commerciale, qui pourront vous éclairer de leurs conseils ;

☐ *d'autres organismes,* tels que les agences de zone pour le développement industriel, les compagnies de distribution d'énergie, les compagnies de chemin de fer, les agences immobilières, les agences pour l'emploi et les commerçants du lieu.

Avant de vous décider, vous voudrez sans doute comparer plusieurs emplacements possibles. Les différents postes de dépense pour l'achat et l'équipement d'un terrain peuvent servir de base de comparaison. La formule d'analyse comparative de la figure 19 vous permettra d'ordonner les renseignements que vous recueillerez sur plusieurs sites visités et de préparer votre décision. Après avoir rempli cette formule et avoir instruit votre dossier à l'aide des cartes de la ville et de la région et des statistiques concernant la population et les revenus, vous serez mieux armé pour prendre une bonne décision.

Figure 19. Formule d'analyse comparative du coût de plusieurs emplacements possibles

Elément du coût	Site n° 1	Site n° 2	Site n° 3	Site n° 4
Prix d'achat Du terrain Du bâtiment				
Coût d'équipement Main-d'œuvre Installation électrique et chauffage Assurance Autres éléments				
Impôts Impôt foncier Impôt sur le revenu Impôt sur les salaires Taxe locale				
Frais de transport Des fournisseurs à l'entreprise De l'entreprise vers la clientèle				
Autres éléments du coût				
Total				

Pour améliorer vos chances de succès, vous devez accorder une très grande attention au choix de l'emplacement de votre entreprise. Un bon emplacement permet à une entreprise marginale de survivre, un mauvais condamne à l'échec l'affaire la mieux organisée

SAVOIR COMMERCIALISER SON PRODUIT

14

Quelle que soit votre habileté dans tous les aspects de la gestion de votre affaire, vous ne réussirez vraiment que si vous parvenez à vendre vos produits. Le succès d'une entreprise est déterminé par la demande qui se porte sur sa production

LA CLIENTÈLE

La raison d'être de votre entreprise c'est de satisfaire ses clients. Votre produit doit répondre aux besoins de la clientèle mieux que ceux de vos concurrents. Votre premier souci doit être de définir les besoins de votre clientèle, puis de mettre au point un produit ou un service propre à satisfaire ces besoins. C'est ainsi que procèdent en particulier les petites entreprises qui n'ont pas les moyens d'engager des capitaux importants pour créer de toutes pièces le marché de leur production.

Souvent, un chef d'entreprise se lance dans les affaires pour imposer un produit ou un service dont il a eu l'idée ou qui lui tient particulièrement à cœur. Il est persuadé — peut-être à tort — qu'il existe une clientèle pour son produit. Un patron de petite entreprise doit se garder d'agir ainsi pour la simple raison qu'il faut beaucoup d'argent, de temps et d'efforts pour créer une demande[1]. D'autre part, si votre entreprise essaie de prendre pied sur un marché déjà occupé par la concurrence, vous allez consacrer l'essentiel de votre temps, de votre énergie et de votre argent à prospecter de nouveaux débouchés ou à persuader la clientèle de changer ses habitudes pour venir à vos produits, de préférence à ceux de vos concurrents.

Votre produit, votre service doit permettre au client de mieux satisfaire ses besoins et à meilleur compte. La taille de votre entreprise ne vous permet pas

[1] Voir BIT : *Création d'un marché* (Genève, 1970).

de prétendre vendre à tout le monde. Vous devez vous borner à vendre quelque chose qui s'adresse en particulier à une certaine clientèle, par exemple à une catégorie donnée de revenus, aux habitants d'une certaine région, aux hommes plutôt qu'aux femmes ou vice versa, à une certaine tranche d'âge, voire aux adeptes d'une mode ou d'une distraction particulière.

Votre entreprise se trouve donc totalement dépendante de ses clients, c'est pourquoi vous devez tout faire pour répondre à leurs exigences ou même à leurs désirs. Si vous avez le sentiment d'une évolution dans le comportement de votre clientèle, vous devez en rechercher les causes sans perdre de temps. Pour cela, vous pourrez procéder de la façon suivante :

☐ Le volume des ventes est, bien entendu, un indice de première importance. Comparez vos ventes du mois en cours avec celles du même mois de l'année précédente. Soyez aux aguets pour détecter toute baisse des ventes au cours des deux ou trois derniers mois : vous y trouverez peut-être l'amorce d'une tendance défavorable.

☐ Vérifiez si les achats à crédit des clients fidèles commencent à baisser et si le nombre des clients nouveaux diminue. Si oui, agissez aussitôt : parlez-en à votre personnel et interrogez vos clients pour savoir s'ils sont moins satisfaits de vos produits ou de vos services.

☐ Si les contacts avec la clientèle augmentent sans que le volume des ventes enregistre une augmentation parallèle, demandez à votre service des ventes de rechercher la cause de ce phénomène.

☐ Si le volume de marchandises retournées après achat augmente, enquérez-vous de la raison de ces retours auprès de votre personnel et de vos clients.

Soyez attentif à ces indices du comportement de la clientèle. Agissez sans délai pour renverser la tendance dès que vos ventes commencent à baisser.

Les petites entreprises n'ont presque jamais les moyens de s'offrir la recherche-développement nécessaire au lancement d'un produit nouveau. Comme la commercialisation exige elle aussi une mise de fonds importante, vous devez vous inquiéter de savoir si vos ressources vous permettent de faire face à la fois au développement d'un nouveau produit et à son lancement sur le marché. Il est bien rare qu'une petite entreprise dispose des liquidités nécessaires pour financer les deux opérations. Vous en serez donc réduit le plus souvent à comprimer au maximum vos dépenses de développement et de commercialisation de produits nouveaux et, par conséquent, à concentrer vos efforts sur une demande connue, mais non entièrement satisfaite.

Tout change avec le temps, même les habitudes et les goûts des consommateurs. Ce qui fait justement la force des petites entreprises, c'est leur faculté d'adaptation aux caprices du marché. Ne manquez pas de tirer parti de cette souplesse : adaptez-vous tout de suite aux variations que vous observez dans les goûts et les préférences de votre clientèle, tout en restant sélectif dans votre orientation commerciale. Entretenez de bonnes relations avec vos clients, sachez toujours pourquoi ils viennent chez vous et pourquoi ils vous quittent.

Lancer des produits ou des services révolutionnaires dépasse les moyens de la plupart des petites entreprises. Toutefois, en innovant dans les domaines de la production ou de la distribution pour s'adapter aux fluctuations de la mode ou aux besoins nouveaux des consommateurs, la petite entreprise peut rester compétitive

LA FIXATION DES PRIX

C'est un lieu commun de dire que les prix doivent être calculés de manière à couvrir le coût de revient tout en ménageant une marge de profit. Il est cependant d'autres facteurs dont il faut tenir compte. Lorsqu'il n'existe pratiquement pas de concurrence, ou si vous vendez un produit ou un service unique sur le marché, vous n'avez aucun point de repère pour en fixer le prix, qui ne peut guère être calculé par rapport au coût de production ou au prix d'achat et ne subit d'autre loi que celle de la demande.

Le plus souvent, toutefois, la concurrence limite votre marge de manœuvre dans la fixation du prix et devient un facteur décisif dès lors que votre produit s'apparente à ceux de vos concurrents. En pareil cas, vous devrez chercher à fonder votre prix sur ce qui distingue votre produit des autres.

Le prix n'est pas le seul facteur déterminant des ventes. Le service à la clientèle — les facilités de crédit, la livraison à domicile, les égards de votre personnel — ainsi que l'abondance et la variété de votre assortiment sont autant d'avantages que vous pouvez avoir sur la concurrence.

Assurez-vous que tous vos services et tous vos employés savent garder le souci du client et entretenir de bonnes relations avec lui. Evaluez périodiquement vos relations avec la clientèle de manière à pouvoir étudier à temps les moyens susceptibles de les améliorer et, partant, d'accroître les ventes.

«Le client a toujours raison.» Appliquez ce mot d'ordre à la lettre et efforcez-vous de comprendre votre client en vous intéressant à lui. Le client achète plus volontiers à ceux qui lui font bon accueil et qui savent s'occuper de lui

SAVOIR ATTIRER DES CLIENTS NOUVEAUX

Fort heureusement, nombre de petites entreprises n'ont nul besoin de publicité parce que leurs ventes sont en majeure partie le fruit de leurs contacts personnels avec la collectivité. Un client satisfait en fait venir d'autres. N'hésitez pas à demander à vos clients de vous recommander et de donner votre adresse autour d'eux si vos produits leur donnent satisfaction.

Pour vous faire reconnaître de vos clients et connaître de ceux qui ne le sont pas encore, vous devez choisir une marque ou un slogan que vous ferez figurer sur votre papier à lettres, vos cartes de visite, vos factures, vos emballages, vos véhicules, vos panneaux publicitaires, etc.

Votre personnel devrait participer à la prospection de clients nouveaux. Il doit comprendre que le niveau de l'emploi dans la maison dépend du succès de ses produits et que les postes seront d'autant plus stables que les ventes seront plus abondantes.

Un chef d'entreprise peut aussi nouer des relations utiles avec de futurs clients en prenant une part active à la vie communautaire. Outre la satisfaction que vous en éprouverez personnellement, vous constaterez que les efforts que vous déployez pour la communauté seront appréciés, et parmi ceux qui y auront été sensibles, beaucoup voudront vous le témoigner en devenant vos clients.

L'insertion d'annonces publicitaires dans la presse et les médias en général coûte habituellement très cher. Si vous voulez tenter l'expérience, faites-le sur une petite échelle, à la radio ou dans les journaux, et observez soigneusement l'effet produit sur vos ventes. Les prospectus et les dépliants vous permettent de faire passer un message précis à des groupes particuliers de clients en puissance. Vous pouvez aussi envoyer par la poste des imprimés publicitaires adressés à un public choisi. Tous vos imprimés publicitaires appellent de votre part une préparation attentive et des soins tout particuliers de présentation. N'oubliez pas qu'ils vous représentent, vous et votre entreprise.

> N'attendez pas que les clients viennent à vous.
> Allez au-devant d'eux

LA PROMOTION DES VENTES

Dans une petite entreprise, c'est le patron qui assume la responsabilité première des bonnes relations avec la clientèle et par conséquent des ventes, d'où il s'ensuit que la réputation de toute l'entreprise repose en fait sur les épaules de celui qui la dirige.

Il vous appartient donc de distinguer entre les différentes catégories de clients auxquels vous devez faire connaître vos produits et vos services par des campagnes spéciales de promotion. Quand vous aurez gagné la confiance du public pour vous-même et pour votre entreprise, vous verrez augmenter le nombre de vos clients.

Une campagne de promotion représente un effort particulier pour augmenter le volume des ventes au moyen d'un faisceau d'initiatives telles qu'offre spéciale de début de campagne, rabais sur les prix, démonstrations, présentations spéciales de certains articles, distribution d'échantillons gratuits, le tout accompagné d'une publicité spéciale.

Pour que votre campagne promotionnelle soit efficace, vous devez comprendre le marché que vous cherchez à pénétrer. Renseignez-vous sur vos clients potentiels, sur les professions qu'ils exercent, leurs niveaux de revenu, les tranches d'âge auxquelles ils appartiennent, et leurs préférences. Sachez qui sont vos futurs clients, d'où ils viennent, quand ils font leurs achats, à qui ils achètent et les raisons qu'ils ont d'acheter chez vous. Connaissez la part exacte du marché total que vous détenez en ce moment. Arrangez-vous pour que votre campagne de promotion ne ressemble pas à celle de vos concurrents. Etudiez avec soin les campagnes réussies de vos confrères et d'entreprises particulièrement dynamiques appartenant à d'autres secteurs. Que votre campagne de promotion soit axée sur les besoins réels de vos clients.

Ayant défini votre marché, vous vous déciderez pour le type de campagne promotionnelle qui vous conviendra le mieux. Lorsque vous choisirez vos arguments de vente, gardez à l'esprit les mobiles profonds de vos acheteurs. Les raisons pour lesquelles ils achètent sont diverses : *a)* raisons de prestige (vêtements à la dernière mode, mobilier dans le vent) ; *b)* besoins essentiels (nourriture, logement) ; *c)* besoins accessoires (récepteurs de télévision, cosmétiques) ; *d)* besoins professionnels (machines à écrire, camionnettes, meubles de bureau).

Les modalités de votre campagne de promotion seront différentes suivant les réponses que vous apporterez aux questions ci-après :

- ☐ Quelle est ma politique commerciale ?
- ☐ Quels marchés puis-je pénétrer ?
- ☐ A quelle catégorie de clients dois-je m'adresser ?
- ☐ Quels moyens publicitaires dois-je mettre en œuvre ?
- ☐ Les fonds dont je dispose sont-ils suffisants pour assurer le succès d'une campagne de promotion ?
- ☐ Quand faudra-t-il lancer la campagne ?
- ☐ Comment vais-je évaluer les résultats de ma campagne de promotion ?
- ☐ En quoi ma campagne de promotion diffère-t-elle de la publicité courante de mes produits ?
- ☐ Comment puis-je intéresser mon personnel à la campagne promotionnelle ?
- ☐ La campagne de promotion aura-t-elle fait de la publicité à l'entreprise tout entière ou seulement à tel ou tel produit ou service ?

Avant de décider de l'ampleur d'une campagne promotionnelle, vous prendrez en considération plusieurs facteurs. C'est ainsi qu'une entreprise établie de longue date, honorablement connue et dont les affaires sont florissantes n'en aura guère besoin, cependant qu'une autre, de création récente ou qui vient d'opérer son transfert en un autre lieu, sera tenue d'y recourir ne serait-ce que pour se faire connaître. La nature de la production est un autre facteur qui contribue à déterminer le type de promotion le mieux approprié (plus le produit est spécialisé, plus le rôle de la promotion est important) de même que l'emplacement de l'entreprise (plus elle est éloignée de sa clientèle, plus elle a besoin de promotion).

Il importe de comparer les résultats d'une campagne de promotion avec ceux des campagnes précédentes. Le tableau de la figure 20 vous aidera à déterminer l'efficacité de votre campagne.

Figure 20. Evaluation des campagnes de promotion des ventes

Nature de la campagne	Date	Coût	Ventes			
			Avant la campagne	Pendant la campagne	Après la campagne	Pendant la période correspondante de l'année précédente
1.						
2.						
3.						

Si vous contrôlez vos ventes avant, pendant et après une campagne de promotion, vous vous donnez les moyens d'en mesurer les effets, et la comparaison avec les résultats de l'année précédente vous apportera un complément d'information.

A mesure qu'elle se développe, une petite entreprise doit étendre ses marchés. La campagne spéciale de promotion est un bon moyen de faire connaître l'entreprise et ses produits à une clientèle nouvelle et sur des marchés différents

LA PUBLICITÉ

La publicité est faite pour attirer le client et l'inciter à acheter, c'est-à-dire pour lui faire faire le premier pas vers votre produit ou votre service, mais c'est par la qualité de ce produit ou de ce service que vous pourrez retenir l'acheteur et en faire un client fidèle. La publicité a aussi pour fonction de vous aider à garder vos clients réguliers, à qui vous devez l'essentiel de vos ventes. C'est elle qui rappelle au public l'existence de votre entreprise et de sa production.

Les imprimés publicitaires

Une bonne partie de la publicité se présente sous forme imprimée. Il importe donc que vous vous familiarisiez avec les caractéristiques que doit présenter la publicité imprimée :

- ☐ elle doit «attirer l'œil», être originale et spécifique ;
- ☐ elle doit être simple et facile à comprendre ;
- ☐ son message doit porter sur des faits concrets et faire ressortir un seul trait marquant ;
- ☐ elle doit imposer l'image de marque d'une entreprise solide.

Une petite entreprise ne recourt presque jamais aux services d'une agence de publicité, s'en remettant à son personnel du soin de trouver les idées et de préparer les textes publicitaires. N'oubliez pas que le message publicitaire doit toujours être simple et aller droit au but.

La presse locale est un excellent véhicule publicitaire pour les petites entreprises, car beaucoup de lecteurs y cherchent tout spécialement des informations sur les soldes, les ventes promotionnelles, les ventes au rabais, etc.

Le service spécialisé du journal ou de la station de radiodiffusion que vous allez charger de faire passer votre publicité pourra peut-être vous aider à préparer une bonne annonce. L'insertion publicitaire dans l'annuaire officiel du téléphone est en général peu coûteuse et productive.

Savoir user de la publicité avec discernement

La publicité est très chère. C'est donc un instrument dont une petite entreprise doit user avec discernement pour en tirer le meilleur parti possible. Vous devez vous efforcer d'évaluer l'impact de votre publicité. Pour obtenir le maximum d'efficacité au moindre coût, choisissez avec soin une population cible bien déterminée et un véhicule publicitaire particulier qui lui corresponde. Ce n'est pas tant le montant de votre budget publicitaire qui compte que la manière dont vous le gérerez. Une bonne annonce doit vous rapporter plus d'argent qu'elle n'en n'a coûté. La publicité ne se borne pas à faire vendre un produit ou un service, elle contribue à créer l'image de marque de l'entreprise.

Les auxiliaires publicitaires

Certains chefs d'entreprise renoncent à faire de la publicité parce qu'ils n'en trouvent pas le temps ou parce qu'ils ne se jugent pas compétents pour mettre en train une bonne campagne publicitaire. Il est possible en effet que vous vous y entendiez mieux à la production qu'à la commercialisation, auquel cas vous chercherez à vous assurer les concours extérieurs nécessaires pour mettre sur pied votre programme publicitaire. Une campagne est faite de plusieurs éléments disparates qu'il convient d'harmoniser et de coordonner entre eux. C'est là que les professionnels de la publicité peuvent vous être d'un grand secours.

Vous pourrez notamment utiliser à titre onéreux les services de dessinateurs et de rédacteurs publicitaires, de maquettistes et de graphistes, ainsi que d'autres spécialistes de la publicité, qui travaillent souvent sous contrat à temps partiel. Il arrivera qu'ils soient très empressés à travailler pour vous, par exemple s'ils exécutent votre commande pendant leurs loisirs ou si elle leur offre l'occasion d'acquérir la pratique du métier, ou encore parce qu'elle leur permettra de faire la preuve de leur talent.

Une agence spécialisée peut prendre à sa charge toute votre publicité. En pareil cas, elle assumera la conception, la planification, l'organisation, la mise à exécution puis l'évaluation de vos campagnes publicitaires. Trouvez une agence qui ait l'habitude de travailler dans votre branche d'activité, qu'il s'agisse de services, de commerce de détail ou de production industrielle. Renseignez-vous sur l'agence auprès de ses clients. Etudiez-la sur pièces : procurez-vous des échantillons de ce qu'elle a produit pour d'autres entreprises et cherchez à savoir le profit que celles-ci en ont tiré en ce qui concerne leurs ventes. Demandez à l'agence un synopsis de la campagne projetée et un devis détaillé. Obtenez la justification de tous les postes du devis qui vous paraissent trop élevés et, plus généralement, de toutes les dépenses envisagées.

Nombre d'agences de publicité ont passé contrat spécial avec les journaux, les stations de radiodiffusion et les chaînes de télévision, qui leur accordent des ristournes sur la publicité qu'elles leur placent. A mesure que votre budget publicitaire augmente, vous serez plus enclin à engager un agent publicitaire à plein temps, ce qui vous permettrait de suivre de plus près votre programme de publicité. La publicité doit être une composante constante de votre entreprise et chacune de ses phases doit être reliée à la direction du programme dans son ensemble.

Dans certaines catégories d'activité, il est possible d'obtenir une aide publicitaire des fournisseurs, qui sont prêts à passer des annonces ou à fournir du matériel publicitaire, notamment lorsqu'il s'agit de produits de consommation. Les périodiques spécialisés publient à l'occasion des articles ou des conseils sur la publicité pour telle ou telle branche d'activité. Certaines associations professionnelles diffusent parmi leurs membres des informations qui les aident à préparer leurs programmes publicitaires.

La publicité peut faire venir à vous des clients nouveaux, mais c'est vous et votre personnel qui devrez réaliser la vente et transformer ces nouveaux venus en clients fidèles

LA VENTE SOUS CONTRAT D'EXCLUSIVITÉ (FRANCHISAGE)

Dans ce système, qui connaît actuellement une rapide extension, une entreprise concède par contrat à des entreprises indépendantes, contre redevance, le droit de se présenter sous sa raison sociale et sa marque pour vendre des produits ou des services dans des conditions déterminées. Le contrat peut aussi permettre au partenaire de fabriquer les produits en question ou d'exploiter un brevet sous licence, à l'intérieur d'un territoire donné.

Le contrat d'exclusivité vous offre un moyen de développer votre entreprise. Lorsque vous envisagerez de recourir à un système de franchisage, souvenez-vous que, suivant la nature de l'entreprise concessionnaire, vous pourrez être appelé à lui prêter votre concours sous diverses formes :

- ☐ aide pour le choix et l'acquisition d'un terrain ou d'un local de vente ;
- ☐ aide pour la construction d'un local de vente ou d'un autre bâtiment nécessaire ;
- ☐ intervention pour faciliter l'accès au crédit ;
- ☐ contribution à l'établissement de méthodes normalisées dans les divers domaines d'application du contrat d'exclusivité : gestion, production, comptabilité, publicité.

Les candidats à l'exclusivité de la vente de vos produits voudront savoir en quoi cette vente sous licence est pour eux préférable à l'exploitation en propre d'une entreprise productrice. Vous devriez être en mesure de répondre de façon satisfaisante à des questions comme celles-ci :

Au sujet du produit

- ☐ Quels sont les marchés actuels et prévisibles de vos produits ?
- ☐ Qui sont vos concurrents ?
- ☐ Comment vos produits soutiennent-ils la comparaison avec ceux des autres producteurs ?
- ☐ Votre produit ou votre service satisfait-il une mode passagère ou un besoin durable ?

Au sujet des modalités du contrat

- ☐ Le contrat est-il équitable pour chacune des deux parties ?
- ☐ Le contrat a-t-il prévu toutes les éventualités ?
- ☐ Couvre-t-il tous les aspects de l'affaire ?
- ☐ Les modalités d'acquisition du droit de vente exclusive sont-elles raisonnables ?
- ☐ Les conditions spéciales du contrat sont-elles raisonnables, notamment celles qui concernent : *a)* les versements à échéance fixe ; *b)* les accords pour l'achat de marchandises ; *c)* les contingents prévus ; *d)* le territoire sur lequel porte le droit d'exclusivité ; *e)* les modalités de rachat de l'ex-

clusivité ; *f)* les modalités de dénonciation du contrat d'exclusivité ; *g)* le montant total de la redevance ?

Au sujet de l'aide au concessionnaire

☐ Quelle sorte de formation avez-vous prévu pour les cadres et le personnel du concessionnaire ?

☐ Quelles modalités particulières avez-vous fixées pour le contrôle des stocks ?

☐ Quelles études de marché avez-vous faites ?

☐ Quelles dispositions avez-vous prises pour la publicité et les campagnes spéciales de promotion des ventes ?

☐ Quelle aide financière avez-vous prévue ?

Au sujet de l'aire géographique de l'exclusivité

☐ Quelle est l'étendue du territoire sur lequel porte la concession d'exclusivité ?

☐ Le marché de ce territoire est-il suffisant ?

☐ Quel profit les autres bénéficiaires de l'exclusivité de votre produit ont-ils tiré du contrat ?

☐ Leurs comptes de fin d'exercice indiquent-ils que l'exclusivité leur a été profitable ?

☐ Peut-on consulter une documentation sur les prévisions de ventes, les dépenses d'exploitation et les recettes nettes ?

Le contrat d'exclusivité est un bon moyen de promotion si vous avez un produit à vendre mais manquez des ressources suffisantes pour le commercialiser dans de bonnes conditions. Il vous permet de donner à votre entreprise une expansion rapide dont le coût sera presque totalement supporté par les concessionnaires. Le contrat d'exclusivité devrait être limité dans le temps. S'il se révèle stérile, il devrait pouvoir être résilié.

> Veillez à ne passer de contrat d'exclusivité qu'avec des gens tout à fait qualifiés : votre succès dépend du leur

L'EXPORTATION ET L'IMPORTATION

La plupart des sociétés d'exportation sont de petites entreprises et leurs activités sont susceptibles de vous ouvrir de nouveaux marchés. Exporter n'est pas facile : cela demande une bonne connaissance de la législation, des marchés et des usages commerciaux d'un ou de plusieurs pays étrangers.

Dans tous les pays, les pouvoirs publics favorisent l'exportation parce qu'elle contribue à l'équilibre de la balance des paiements. Il existe certainement dans votre pays des organismes d'Etat qui pourront vous aider à trouver des marchés et des revendeurs dans d'autres pays. Si, par contre, vous vous orientez vers le commerce d'importation, vous vous adresserez aux organismes publics et aux exportateurs des autres pays. Dans certains cas, l'aide ainsi accordée pourra revêtir la forme d'un concours financier.

Si vous projetez d'axer l'expansion de votre entreprise sur les marchés d'exportation, il vous faut au préalable être sûr de votre capacité de production.

La différence entre votre production actuelle et la capacité de vos installations représente la production potentielle disponible pour l'exportation. Ce sont les questions de réglementation, les obstacles linguistiques et l'éloignement qui vous poseront les problèmes les plus ardus. Vous serez peut-être même appelé à adapter votre produit ou votre service, de même que les moyens de promotion des ventes correspondants, aux conditions des marchés nouveaux.

L'exportation peut vous ouvrir de nouveaux débouchés. N'hésitez pas à vous adresser aux administrations compétentes de votre pays pour qu'elles vous conseillent à ce sujet

LA CONCURRENCE

La concurrence à laquelle vous devez faire face ne se compose pas seulement des entreprises qui vendent des produits ou proposent des services comparables aux vôtres, mais aussi de celles dont la production diffère de la vôtre, tout en s'adressant à la même clientèle. Un restaurateur ne fait pas uniquement concurrence à ses confrères, mais aussi aux exploitants d'établissements de restauration rapide, aux épiceries et aux commerçants des marchés d'alimentation en plein air, à qui ils disputent l'argent que le public est disposé à dépenser pour son alimentation.

Vos clients actuels et potentiels ont le choix entre vos produits et ceux de vos concurrents, et c'est à vous de faire en sorte qu'ils préfèrent se fournir chez vous. Il vous arrive d'avoir de bonnes idées, mais cela arrive aussi à vos concurrents. Apprenez à combiner vos bonnes idées avec celles de vos concurrents et vous prendrez l'avantage sur eux. Vous pourrez tirer la leçon de leurs succès et éviter de commettre les mêmes fautes qu'eux. Vous devez être toujours prêt à changer de cap.

Une seule erreur peut être fatale. Vous devez vous tenir au courant des faits et gestes de vos concurrents. Une bonne connaissance de la concurrence vous aide à appréhender la conjoncture économique générale dans laquelle vous évoluez. Si vous ne pouvez prévoir comment vos concurrents vont réagir aux changements que vous projetez, c'est sans doute que votre gestion n'est pas efficace.

Il y a plusieurs façons de se renseigner sur ses concurrents. Les fournisseurs qui leur vendent leurs matières premières, des produits semi-ouvrés, des pièces ou d'autres marchandises savent ce que vos concurrents achètent, et si vous vous présentez à eux comme un client possible, ils ne feront pas de difficulté pour vous expliquer les avantages de leurs produits et la manière dont d'autres acheteurs les utilisent.

Certains renseignements financiers sur les entreprises sont du domaine public. C'est le cas pour les prêts spéciaux consentis par l'Etat à de petites entreprises, l'impôt immobilier et certaines données financières. Des employés de vos concurrents pourront vous transmettre des renseignements utiles sur les opérations et les activités de ceux-ci. Les réunions de votre association professionnelle ou de la Chambre de commerce sont d'excellentes occasions de s'informer, de même que les entrevues avec les candidats à un emploi, les rencontres mondaines, etc. Elles pourront aussi vous permettre d'entendre des critiques constructives et de connaître l'opinion que les autres se font de la manière dont vous menez votre entreprise.

Ne soyez pas surpris, cependant, si vos concurrents cherchent à se renseigner sur vous. Vous devrez déterminer les informations que vous estimez ne pas devoir parvenir à leur connaissance et, bien entendu, prendre les précautions nécessaires pour qu'elles ne filtrent pas hors de l'entreprise.

Assistez aux réunions, colloques ou conférences où il pourra arriver que d'autres chefs d'entreprise exposent telle ou telle innovation, ou encore une méthode originale de gestion. Prêtez une oreille particulièrement attentive à ceux qui ont le vent en poupe. Ce sont les plus prodigues de ce genre de renseignements ou de conseils.

Gagner les clients de vos concurrents est un autre moyen de développer votre affaire. Cela risque toutefois de créer des difficultés dans tout le secteur d'activité où vous évoluez. Vos concurrents réagiront peut-être violemment s'ils perdent des clients à votre profit et les relations de concurrence risquent de s'envenimer. Il faut donc mieux chercher à étendre votre marché par d'autres procédés. A la lutte ouverte avec vos concurrents pour une même clientèle, préférez la prospection de clients nouveaux. Si vous êtes en concurrence avec un grand nombre de petites exploitations — des restaurants ou des stations-service, par exemple — vous pourrez vous développer en offrant quelque chose de nouveau qui distingue votre exploitation des autres.

Lorsqu'une grande entreprise domine le marché, la situation est toute différente et vous devez éviter à tout prix la concurrence ouverte. Cherchez à produire un article ou un service complémentaire de ce que réalise votre concurrent le plus puissant. Vous pourrez par exemple concurrencer une grande entreprise par le service personnalisé que vous êtes à même d'offrir à la clientèle. Concentrez-vous toujours sur tout ce que le concurrent de grande taille ne pourra jamais faire aussi bien que vous. Il n'est pas rare de voir un chef d'entreprise qui n'adresse pas la parole à ses concurrents ou les trouve antipathiques. Ne tombez pas dans ce travers, c'est une réaction négative. Le but à atteindre avant tous les autres, c'est d'améliorer votre entreprise.

Afin de développer votre affaire et de satisfaire ainsi un marché plus vaste, il peut arriver que vous deviez adapter la conception de vos produits ou revoir votre stratégie de vente. Peut-être élargirez-vous la gamme de vos produits ou des modèles d'un même produit. Les ventes à vos clients habituels pourront s'en trouver augmentées, aussi bien que le nombre de vos clients nouveaux. Vous pouvez aussi éviter de prendre la concurrence de front et mettre au point un produit résolument nouveau, qui sorte de votre ligne de production habituelle, surtout si vous pouvez le faire sans changer vos méthodes de fabrication, votre équipement et vos circuits de financement et de distribution.

> En règle générale, mieux vaut s'efforcer de gagner des clients nouveaux que s'acharner à ravir ceux des concurrents et rivaliser loyalement plutôt que se battre à couteaux tirés. Evitez d'entrer en conflit avec vos concurrents, cela n'en vaut pas la peine

LES FACTEURS EXTÉRIEURS À L'ENTREPRISE

Il existe certains facteurs extérieurs à l'entreprise qui exercent sur elle et sur son activité une influence indéniable. Le plus souvent, vous n'avez aucune prise sur eux, mais ils n'en pèsent pas moins sur vos décisions et vos projets. Vous devez être en mesure de prévoir avec le plus de précision possible l'effet sur votre entreprise des facteurs présentés dans la figure 21.

Figure 21. Les facteurs extérieurs à l'entreprise

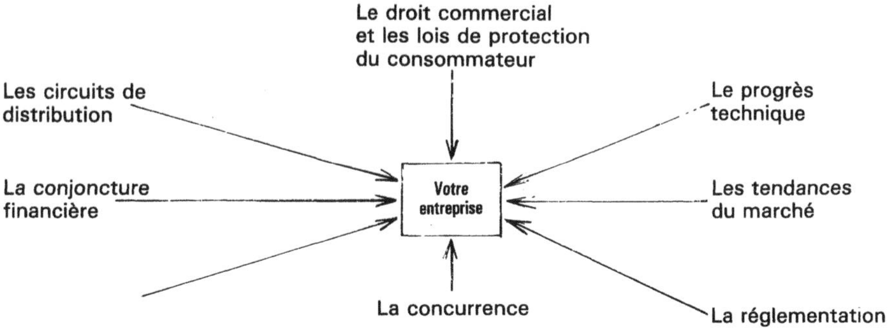

Des lois ont été promulguées pour prévenir les pratiques commerciales déloyales et pour protéger le consommateur. Tenez-vous au courant des textes anciens et nouveaux, ainsi que des projets de loi qui pourraient demain affecter votre activité.

Si vous avez consacré d'importants investissements à l'acquisition de machines et de matériel, les techniques nouvelles risquent de vous mettre en difficulté en démodant brusquement votre équipement. Informez-vous des tendances, soyez prêt à vous adapter au progrès technique pour en tirer parti et accroître votre compétitivité.

Les services officiels tiennent à votre disposition des statistiques et des informations récentes sur les tendances du marché. Les associations professionnelles et la presse spécialisée peuvent vous être utiles. Vous devez vous exercer à saisir en quoi une réglementation nouvelle risque de retentir sur la marche de vos affaires.

Votre situation face à la concurrence se modifie à mesure que des entreprises disparaissent et que d'autres se créent, briguant les faveurs de votre clientèle. Il existe une concurrence sur les produits dont vous avez besoin pour travailler comme sur les produits que vous cherchez à vendre. Une entreprise doit avoir le souci constant de disposer au meilleur compte des quantités de matières premières qui lui sont nécessaires.

L'évolution de la conjoncture économique influe aussi sur votre entreprise. Votre situation financière peut se trouver modifiée selon que la conjoncture est favorable ou défavorable, que les capitaux sont faciles ou difficiles à trouver, que les taux d'intérêts sont bas ou, au contraire, prohibitifs.

Pour vendre, vous pouvez recourir à plusieurs circuits de commercialisation. Ces circuits se modifient constamment, tantôt se dilatant, tantôt se contractant, car ils sont eux-mêmes soumis à l'influence d'un grand nombre de facteurs extérieurs.

Pour que votre entreprise reste prospère, vous devez vous tenir au courant de phénomènes et d'événements qui se produisent au-dehors, sur lesquels vous n'avez pas de prise, mais devant lesquels vous ne devez pas rester passifs. Vous ne pourrez pas toujours empêcher qu'ils influent sur la marche de votre entreprise, mais vous pourrez en atténuer les effets en réagissant par une adaptation rapide et efficace

SAVOIR EXPLOITER LES RESSOURCES EXTÉRIEURES À L'ENTREPRISE

15

Soyez vigilant ! Vous ne pouvez savoir quand une information recueillie par hasard vous sera utile. La plupart du temps, l'information ne coûte rien, mais il faut savoir où la trouver. Lorsque vous jugerez nécessaire de recourir aux services d'un spécialiste pour vous la procurer, assurez-vous bien que vous en aurez pour votre argent

Elles sont légion les petites entreprises qui font faillite, la plupart durant les premières années de leur existence. Au début de votre carrière de chef d'entreprise, vous devrez faire face à maints problèmes qui risquent de conduire votre affaire au désastre. Combien de décisions ne devrez-vous pas prendre avec un minimum d'information et sans bien connaître les problèmes ? Vous pourriez bien souvent disposer de certaines informations et bénéficier d'une assistance, mais vous n'avez pas le temps de vous renseigner ni la volonté de profiter de l'aide qui vous est offerte.

Il serait vain d'espérer posséder l'information la plus précise et les connaissances les plus approfondies sur tous les aspects de votre affaire, alors qu'une grande entreprise compte toujours au sein de son personnel des spécialistes de la commercialisation, des finances, de la production et de la gestion[1].

Vous devez néanmoins pouvoir vous y retrouver dans tous les sujets qui se rapportent à votre entreprise. Comme vos collaborateurs aptes à la gestion et qui pourraient vous seconder sont très peu nombreux, si tant est qu'il y en ait parmi votre personnel, vous devez être à même de puiser à d'autres sources d'informations et d'assistance. Nous allons examiner dans le présent chapitre

[1] Voir l'ouvrage publié sous la direction de Milan Kubr : *Le conseil en management, op. cit.*

les sources possibles d'informations et d'aide aux petites entreprises que vous avez intérêt à connaître, ainsi que les modalités de leur collaboration.

POURQUOI SE FAIRE AIDER ?

En principe, le chef d'entreprise est jaloux de son indépendance et de sa liberté de décider par lui-même, mais comme il vaut toujours mieux prendre une décision en pleine connaissance de cause, il faut parfois savoir accepter de se faire aider pour être mieux informé.

Les conseils et les suggestions des autres ne sont pas toujours bien accueillis. Il arrive de temps à autre que vos clients, vos collaborateurs, vos fournisseurs ou même vos concurrents vous prodiguent des conseils, mais vous estimez peut-être avoir mieux à faire que de les écouter. Vous pensez peut-être aussi que le temps que vous allez prendre pour exposer votre situation à un interlocuteur pourrait être mieux employé à résoudre les problèmes du moment. Ne vous y trompez pas, pourtant, il y a beaucoup à tirer de la discussion de vos problèmes avec autrui : des idées, des jugements, parfois même des solutions. Les échanges de vues avec autrui ont une grande importance pour plusieurs raisons :

- ☐ Renseignements et idées utiles peuvent provenir de bien des sources. Chacun voit les choses sous un jour différent, suivant sa situation, ses antécédents, son expérience. Débattre de vos problèmes avec des gens de points de vue divers vous apporte des idées neuves pour les résoudre.
- ☐ Ces avis divers devraient améliorer votre aptitude à décider. Mieux vous êtes informé, plus vous êtes apte à prendre une décision intelligente.
- ☐ Quand vous aurez compris tout le parti que vous pouvez tirer de telle ou telle source d'informations ou d'assistance, vous saurez mieux comment y puiser à l'avenir.
- ☐ Si vous parvenez à convaincre les autres que leurs idées et leurs suggestions vous intéressent, ils seront plus volontiers disposés à se déranger pour vous prodiguer d'autres conseils ou vous renouveler leur aide.

Si vous avez conscience des lacunes de votre information, si vous savez n'être pas en possession de toutes les bonnes réponses à un problème, vous prêterez une oreille plus attentive aux avis et aux idées des autres. Combien de chefs d'entreprise seraient plus efficaces s'ils savaient mieux écouter.

LES AIDES GRATUITES ET LES SERVICES SPÉCIALISÉS D'ASSISTANCE A TITRE ONÉREUX

Il est des renseignements, des idées, des conseils ou des concours que l'on peut obtenir gratuitement ; il en est d'autres que l'on se procurera moyennant paiement. A la première catégorie appartient l'assistance que vous pouvez demander à vos collaborateurs, à vos clients, à vos fournisseurs ou même à vos confrères. Les services des cabinets d'avocats, des sociétés fiduciaires, des conseils en gestion et d'autres spécialistes entrent dans la seconde catégorie.

Prendre des décisions est une des fonctions primordiales du chef d'entreprise. Si l'entreprise est modeste, son chef doit en général prendre seul toutes les décisions importantes. Une décision éclairée se fonde sur une information exacte. Plus la décision est importante, moins il y a de chances pour que l'information qui s'y rapporte puisse être recueillie exclusivement dans l'enceinte de l'entreprise. Il importe donc au plus haut point que vous connaissiez toutes les sources d'informations extérieures à l'entreprise qui sont susceptibles de vous fournir les renseignements indispensables à certaines grandes décisions.

Plus une décision diffère de la routine habituelle, plus il est nécessaire de l'appuyer sur des renseignements recueillis en dehors de l'entreprise

Quelques sources d'assistance gratuite

Le personnel

Le patron qui réussit à faire tout par lui-même est un spécimen extrêmement rare. Dans la pratique, vous ne pouvez pas vous passer d'une phalange de collaborateurs qualifiés qui vous déchargent de la plupart des problèmes de la routine quotidienne, pour vous permettre de vous occuper à loisir du long terme de l'entreprise. Ceux qui travaillent pour vous sont en mesure de vous proposer des réponses aux questions particulières de leur ressort. Ainsi, vous pourrez vous enquérir auprès de votre personnel des articles qui se vendent bien, de la meilleure façon de présenter les produits, du comportement de la clientèle. Vos employés seront parfois à même de vous donner des avis précieux s'ils savent que vous tenez compte de leurs suggestions.

La clientèle

Vos clients peuvent vous communiquer des renseignements sur certains points particuliers de la production et des services qu'ils vous achètent. Vous devez donc les consulter. Ils représentent une source essentielle d'informations sur les qualités et les faiblesses de votre production.

Les fournisseurs

La prospérité des fournisseurs étant liée à celle des entreprises qu'ils servent, il tombe sous le sens que votre succès les intéresse au premier chef. Bien des fournisseurs sont à même de vous prodiguer des conseils de gestion éclairés, parce qu'ils savent comment travaillent d'autres entreprises qui réussissent en affaires. Vous pouvez donc leur prêter une oreille attentive lorsqu'ils vous font des suggestions pour la bonne marche de votre entreprise.

Les autres chefs d'entreprise

Bien des problèmes sont communs à la plupart des entreprises et les patrons sont en général tout disposés à discuter entre eux de leurs soucis. Il peut arriver que les impératifs de la concurrence fassent obstacle à la franchise des échanges. Au contraire, si des entreprises travaillent dans des secteurs différents, pour des clientèles différentes, leurs responsables échangeront volontiers leurs idées pour trouver des solutions aux problèmes qu'ils ont en commun. Tous les chefs d'entreprise peuvent de la sorte tirer profit de leurs relations mutuelles pour le plus grand bien de leurs affaires.

Les banquiers

Les cadres dirigeants des banques peuvent être une source précieuse de renseignements, et pas seulement en ce qui concerne la conjoncture financière ou le crédit. En choisissant votre banque, donnez la préférence à celle où vous connaissez un membre de la direction en qui vous avez confiance et qui possède une solide expérience. Il vous sera plus facile de traiter de vos problèmes d'argent avec un directeur de banque si vous pouvez lui faire tenir un plan financier détaillé des activités de votre entreprise. Mettez ce plan à jour périodiquement et analysez-le en sa compagnie.

Un directeur de banque est une excellente source d'informations sur la conjoncture économique et les tendances qui se manifestent dans votre secteur. Gardez le contact avec ceux que vous connaissez. Si vous avez emprunté de l'argent à une banque pour lancer votre affaire, le développement ultérieur de celle-ci pourra vous mettre en situation de demander une extension de crédit. Les directeurs de banque passent une bonne partie de leur temps à conseiller leurs clients sur une foule de questions et surtout sur l'emploi judicieux de l'argent. Enfin, vous avez intérêt, lorsque vous travaillez à la planification à long terme, à tenir compte de l'opinion que peut avoir, sur les points forts et les points faibles de votre entreprise, une personne qui possède une grande expérience de la banque.

Les spécialistes divers

Nous traiterons plus loin de la consultation à titre onéreux des «professionnels» de l'assistance en affaires — conseils en gestion, courtiers d'assurances, agent de bureaux fiduciaires, avocats — mais il n'est pas inutile de rappeler ici qu'à la faveur de simples conversations, et pour peu que vous sachiez poser vos questions, vous pourrez en obtenir, sans bourse délier, maintes informations précieuses.

Les autres sources gratuites

En dehors des personnes ou des services qui peuvent vous aider directement, il existe maintes autres sources d'informations où vous pourrez à l'occasion puiser des renseignements utiles à la bonne marche de votre entreprise. Cependant, c'est seulement si vous savez exploiter les renseignements ainsi obtenus pour éclairer vos décisions que vous n'aurez pas perdu votre temps en les consultant. Les idées, les connaissances et l'information ne vous serviront que dans la mesure où vous aurez su établir la relation qu'elles ont avec les besoins de votre entreprise.

Il n'est pas facile de se tenir constamment informé des changements susceptibles de retentir sur l'entreprise dont on a la charge, aussi ne manquez pas de puiser à l'une ou à l'autre des sources suivantes d'informations gratuites :

☐ *Les statistiques officielles* relatives à votre secteur d'activité vous permettent de comparer la performance de votre entreprise à celle des autres. Les renseignements dont vous avez besoin peuvent aussi être obtenus auprès des associations professionnelles ou des services officiels, qu'il s'agisse des coefficients de rotation des stocks, des marges bénéficiaires, des ventes mensuelles ou des remises pour les achats au comptant.

☐ *L'affiliation à une association professionnelle* vous mettra en relation avec vos confrères dans votre pays et vous ouvrira peut-être l'accès à des groupes de pression qui défendent les intérêts de votre profession. De plus, les associations professionnelles se livrent à des enquêtes statistiques, organisent des programmes d'éducation et de formation, étudient les moyens de mettre en œuvre les techniques nouvelles, répondent aux questions techniques de leurs adhérents, diffusent des informations dans des bulletins internes, des rapports spéciaux et des revues. Des groupements particuliers comme les organisations d'employeurs peuvent vous aider de leurs conseils sur des questions de relations professionnelles et, plus généralement, sur les relations avec le public, cependant que les chambres de commerce ou d'industrie vous informent sur les marchés d'exportation et vous ménagent des contacts utiles avec eux, et organisent des expositions, des foires commerciales et des manifestations propices aux relations avec la clientèle.

☐ *Les programmes éducatifs* vous permettront d'améliorer votre aptitude à la gestion et vos qualités de dirigeant. Maintes institutions, agences et associations organisent des cours de formation et d'éducation des adultes à l'intention des chefs d'entreprise. Tenez-vous au courant de ces possibilités de développement personnel et mettez-les à profit.

☐ *Les conseils en organisation ou en gestion d'entreprise* dont vous vous êtes peut-être assuré les services à titre onéreux pourront aussi vous renseigner gratuitement de façon indirecte. Etudiez-les, observez comment ils procèdent dans leur recherche de la solution de vos problèmes. Plus tard, dans une circonstance analogue, vous pourrez vous instituer votre propre conseil et appliquer les mêmes méthodes.

- *Les bibliothèques* devraient être une de vos principales sources d'informations. Nombres d'établissements d'enseignement supérieur ou universitaire, d'administrations publiques et d'autres organismes possèdent une bibliothèque ouverte au public. Les instituts de recherche et certaines grandes sociétés accueillent aussi le public dans leur bibliothèque spécialisée, de même que certaines associations professionnelles et certains organismes sociaux. Une bibliothèque est une mine de renseignements de toutes sortes qui pourront vous être utiles dans la conduite de vos affaires. Les ouvrages, rapports, périodiques et journaux qu'on y trouve contiennent peut-être l'information qui vous manque pour résoudre tel ou tel de vos problèmes de gestion. Demandez au bibliothécaire de vous indiquer les sources auxquelles vous pouvez puiser. Si la référence que vous cherchez ne se trouve pas dans la bibliothèque à laquelle vous vous êtes adressé, celle-ci pourra peut-être vous la procurer par le moyen des échanges entre bibliothèques. Vous serez en meilleure position pour fonder vos décisions sur des faits plutôt que sur des opinions personnelles si vous rassemblez des données statistiques et des renseignements au sujet des problèmes qui vous préoccupent, et si vous enrichissez votre savoir par des lectures sur les théories commerciales et la pratique des affaires.

> Les gens avec qui votre entreprise est en affaires sont vos sources premières d'informations. Soyez attentifs aux avis, suggestions et commentaires des membres de votre famille et de votre personnel, de vos clients, de vos fournisseurs et de vos confrères. Information et statistiques publiées peuvent être obtenues auprès des associations professionnelles, des services officiels, des bibliothèques, des journaux et des revues. Puisez à ces sources et vos décisions seront mieux préparées

Quelques sources d'assistance à titre onéreux

Vous pouvez vous assurer, par contrat, les services de divers spécialistes tels qu'avocats, agents de bureaux fiduciaires, courtiers d'assurances ou conseils en organisation et en gestion. Vous aurez une idée de la valeur de leur concours en vous informant auprès de vos confrères qui y ont déjà fait appel. Un autre professionnel en qui vous avez confiance pourra aussi vous renseigner : un juriste, par exemple, pourra sans doute vous recommander un bon comptable.

Quel que soit le problème que vous avez à résoudre, il vous faudra vous conformer à une certaine procédure pour choisir le professionnel le mieux qualifié. Dès que vous savez, parmi les spécialistes qui vous intéressent, quels sont les deux ou trois qui se sont imposés comme les meilleurs, arrangez-vous pour prendre rendez-vous avec eux et pour leur poser quelques questions pertinentes, comme celles-ci :

- ☐ Depuis quand êtes-vous dans la profession ?
- ☐ Quelles sont vos sphères de spécialisation ?
- ☐ Quelle assistance avez-vous déjà apportée à des entreprises dont les problèmes étaient analogues aux miens ?
- ☐ Pouvez-vous me citer les noms de quelques-unes des entreprises que vous avez conseillées ?
- ☐ Comment calculez-vous vos honoraires ?

Il n'existe aucun moyen de vous assurer que vous avez choisi le spécialiste le plus apte à aider votre entreprise de façon efficace. Il vous faudra néanmoins évaluer sa prestation tout comme vous le faites pour les membres de votre personnel. Mieux vous connaîtrez votre entreprise, mieux vous pourrez apprécier les efforts déployés par les spécialistes que vous aurez engagés. Comme il s'agit de collaborateurs qui ne font pas partie du personnel de l'entreprise, vous devriez être en mesure de résilier leur contrat s'ils ne vous donnent pas satisfaction. Cependant, vous devrez être prêt à leur communiquer toutes les informations dont ils auront besoin pour s'acquitter convenablement de leur tâche. Plus vos problèmes sont complexes et spécifiques, plus vous aurez besoin d'un spécialiste pour les résoudre.

Les avocats

Vous aurez besoin un jour ou l'autre de consulter un avocat d'affaires car la réglementation que les petites entreprises doivent respecter est fort complexe. Certes, les lois et les règlements sont censés aménager les relations commerciales et faciliter l'exercice des professions de l'industrie et du commerce, mais, malheureusement, ils n'en posent pas moins aux chefs d'entreprise de délicats problèmes d'application.

Les services d'un juriste ne vous seront sans doute pas nécessaires en permanence, mais il vous arrivera plus d'une fois de devoir y recourir pendant la durée de la vie de votre entreprise. Les relations de travail que vous entretiendrez avec votre avocat devront donc être extrêmement étroites ; c'est pourquoi vous devrez prendre le plus grand soin de choisir, pour vous représenter, le meilleur juriste possible. Entretenez-vous avec plusieurs avocats avant d'en choisir un. Demandez un devis pour toute intervention que vous envisagez.

La fonction première de l'avocat d'affaires est d'écarter de votre chemin les complications juridiques. Rappelez-vous cependant qu'un avocat est souvent plus prudent que de raison. Il vous conseillera plus volontiers sur ce que vous ne devez pas faire que sur ce que vous devez faire, aussi n'hésitez pas à considérer ses recommandations d'un œil critique. Pour régler un problème juridique, un avocat doit être capable de vous proposer plusieurs solutions et de justifier celle de ses propositions qui lui paraît la meilleure. De tous les auxiliaires extérieurs auxquels vous devez faire appel, l'avocat sera celui dont la réaction à vos plans et à vos projets sera la plus négative. En règle générale, les avocats sont gens très prudents, peu soucieux de prendre des risques. Peut-être aurez-vous avantage à proposer à votre avocat des actions ou des parts dans votre affaire à titre d'honoraires : il prendra sans doute un intérêt plus marqué pour vos affaires.

Pour un avocat, les problèmes juridiques qui se posent dans une petite entreprise sont presque toujours des affaires mineures, peu susceptibles d'exciter son imagination. Vous devrez vous assurer que votre avocat n'en défend pas moins vos intérêts avec toute l'ardeur nécessaire. Le plus souvent, les honoraires des avocats sont calculés à l'heure ou à la journée, aussi devrez-vous veiller à ne vous voir facturer que des services effectivement rendus.

Il est conseillé de faire appel à un avocat chaque fois :

☐ que vous devez signer un contrat de longue durée ;

☐ qu'un avocat prend contact avec vous au nom d'une autre entreprise au sujet d'un litige ;

☐ que vous projetez d'engager une importante somme d'argent ;

☐ que vous n'arrivez pas à un compromis raisonnable au sujet d'un différend en relation avec votre entreprise ;

☐ que vous devez prendre une décision en matière fiscale ;

☐ que vous avez à interpréter une loi ou un règlement ;

☐ que vous vous préparez à acheter ou à vendre des actions, des bons du Trésor ou d'autres valeurs ;

☐ qu'un tiers vous accuse d'avoir commis un acte répréhensible, malhonnête ou illicite.

La plupart des problèmes juridiques sont la conséquence d'un malentendu. Si vous comprenez mal un aspect quelconque d'une tractation à laquelle vous êtes partie, le mieux est de vous mettre en rapport avec l'autre partie et de discuter du différend avec elle avant de vous adresser à un avocat. Si vous tenez à éviter d'aller en justice pour régler vos différends, vous devez :

☐ chercher toujours à traiter avec des partenaires que vous connaissez et en qui vous avez confiance ;

☐ vous efforcer d'observer la plus grande rectitude en affaires ;

☐ donner une forme écrite à tous vos arrangements importants : un accord verbal est difficile à faire appliquer.

Votre avocat pourra vous être d'un grand secours dans une infinité de circonstances, notamment pour interpréter les textes de lois et les contrats, et aussi pour vous assurer que votre entreprise agit en conformité avec la loi. Vos décisions importantes auront presque toujours des prolongements juridiques : consultez votre avocat avant de les prendre.

Les experts-comptables et les bureaux fiduciaires

En affaires, pour prendre les décisions en connaissance de cause, il faut savoir manier les chiffres. L'expert-comptable recueille les informations financières qui se rapportent au passé de l'entreprise, les analyse, puis les ordonne d'une manière qui en facilite l'interprétation. Les résultats antérieurs de votre entreprise sont une source de renseignements extrêmement précieux pour éclairer les décisions qui vont orienter son avenir.

Suivant les besoins de l'entreprise, il peut être plus intéressant d'engager un expert-comptable à temps partiel qu'à plein temps. Pendant la période de lancement de l'affaire, son concours sera particulièrement nécessaire pour mettre sur pied le système de comptabilité de l'entreprise.

Vous devez distinguer entre l'expert-comptable et le simple comptable préposé à la tenue de vos livres. Ce dernier a pour fonction principale d'enregistrer informations et données et de tenir les livres correspondants avec exactitude. L'expert-comptable diplômé est un spécialiste qui s'est formé pendant plusieurs années à l'interprétation des données financières et qui est officiellement habilité à exercer cette profession. A mesure que votre entreprise se développe, il lui est de plus en plus nécessaire de pouvoir compter sur le concours d'un expert-comptable très qualifié. Vous aurez sans doute besoin de l'un et de l'autre, du simple comptable préposé aux livres et de l'expert-comptable professionnel.

Comme les chefs d'entreprise sont le plus souvent peu avertis de toutes les lois et procédures relatives à la fiscalité, il incombe avant tout à l'expert-comptable de veiller à ce que les pratiques de l'entreprise soient conformes à la législation fiscale. Il doit vous aider à lire vos bilans et autres relevés de situation financière et être à même de vous épargner les difficultés financières. Il devrait non seulement vous présenter les informations dont vous avez besoin, mais aussi vous proposer des stratégies de rechange pour affermir vos plans de financement.

Préparé par un expert-comptable compétent, un relevé de situation financière est un avis précieux sur la santé d'une entreprise. Si vous cherchez à agrandir votre entreprise et souhaitez intéresser des investisseurs, vous pourrez demander à une société fiduciaire réputée de préparer pour vous une déclaration de situation financière vérifiée. On est plus enclin à investir dans une affaire dont la situation financière est certifiée par un bureau fiduciaire connu.

Certaines grandes sociétés fiduciaires mettent à la disposition de leur clientèle des services spécialisés dans le conseil en gestion de petites entreprises. Le personnel d'un tel service pourra :

- ☐ vous conseiller et vous aider dans la phase de lancement de votre petite entreprise, notamment pour son immatriculation au registre du commerce, pour sa constitution en société en nom collectif ou en société anonyme, pour l'obtention des appuis financiers nécessaires, pour l'organisation de l'ossature financière de l'entreprise ;

- ☐ concevoir et ouvrir une série complète de livres de gestion financière dont elle assurera la tenue pour l'entreprise (y compris les rapports de routine et les rapports spéciaux) ;
- ☐ vous conseiller sur les finances et le financement en général et sur vos problèmes particuliers, comme celui de votre capacité d'autofinancement ;
- ☐ mettre sur pied et surveiller des systèmes de crédit ;
- ☐ vous conseiller sur le contrôle des coûts et la fixation des prix ;
- ☐ vous orienter en matière fiscale.

Les conseillers financiers doivent être capables de fournir des avis et des services en ce qui concerne la gestion, le service comptable et les opérations financières de l'entreprise, mais aussi de formuler des suggestions quant à ses grandes orientations et ses procédures et opérations commerciales.

Les courtiers d'assurances

Votre entreprise ne saurait se passer d'une bonne couverture d'assurances. Par ce moyen, vous la prémunissez contre les risques majeurs, encore qu'il ne soit jamais possible de se garantir contre tous les risques (la baisse du chiffre d'affaires, par exemple).

Certains risques, tels que l'incendie ou le vol, sont communs à la plupart des entreprises. Par ailleurs, diverses assurances sont obligatoires, comme l'assurance contre les accidents du travail et les maladies professionnelles pour les travailleurs et l'assurance responsabilité civile pour les véhicules à moteur. Vos installations et machines essentielles devraient aussi être bien assurées.

Il ne faut en fait s'assurer que contre les risques de très lourdes pertes, c'est-à-dire que vous devrez commencer par déterminer le montant des pertes que vous pourriez supporter sans conséquences financières graves. Si votre entreprise est assez puissante, vous pouvez borner votre couverture d'assurance au minimum statutaire. Evitez de prendre une assurance dont vous n'avez pas réellement besoin.

Efforcez-vous de suppléer à l'assurance par des initiatives de prévention du risque : équipez-vous par exemple d'une installation anti-incendie automatique à sprinklers, d'extincteurs d'incendie, de cloisons et de portes coupe-feu, de détecteurs d'incendie et de vol avec système d'alarme et d'autres moyens de protection propres à réduire à la fois les risques et les frais d'assurance. Choisissez une compagnie d'assurances dont les primes soient faibles tout en vous ménageant la couverture nécessaire.

Soyez conscient de l'évolution des risques à assurer et épargnez-vous les inconvénients de la sous-assurance en révisant vos polices au moins une fois par an. Vos besoins d'assurance évoluent en même temps que votre entreprise.

Votre agent d'assurances devrait vous rendre attentif à toutes les éventualités de pertes auxquelles votre entreprise est exposée. Toutefois, il reste l'employé de sa compagnie. Vous devrez donc être vigilant et vous assurer que ses initiatives servent bien les intérêts de votre entreprise et pas seulement les siens propres et ceux de son employeur. Trouvez un agent d'assurances capable de vous fournir au moindre coût les services qui vous sont nécessaires.

L'agent d'assurances fait partie de l'équipe de vendeurs de sa compagnie. Plus vous contractez de polices, plus forte est sa commission. Surassuré, vous êtes en aussi fâcheuse position que sous-assuré. Par exemple, si vous assurez pour 400 000 dollars des bâtiments dont la valeur réelle est de 250 000 dollars, vous jetez l'argent par les fenêtres, car en cas de sinistre l'assurance vous remboursera la valeur réelle des biens (250 000 dollars) et non pas le montant pour lequel vous les avez assurés (400 000 dollars).

Si vous êtes seul propriétaire et exploitant de votre affaire, il est de première importance que vous restiez en bonne condition physique. Votre absence pour maladie ou votre décès obligeraient l'entreprise à vous trouver un remplaçant. Les indemnités touchées au titre de votre assurance personnelle pourraient alors servir à couvrir la rémunération d'une personne possédant l'expérience et les aptitudes nécessaires pour diriger efficacement l'entreprise à votre place.

La souscription de polices d'assurance s'apparente à toutes les autres transactions de votre entreprise. Si vous opposez les offres de plusieurs compagnies, vous serez mieux en mesure d'obtenir une couverture moins onéreuse. Vos relations personnelles avec un agent d'assurances ne devraient pas influencer votre décision. Vous pouvez saisir l'occasion de la mise à jour annuelle de votre portefeuille d'assurances pour obtenir de nouvelles offres d'autres compagnies.

Faites en sorte que les agents d'assurances consultés puissent déterminer en détail vos besoins en matière d'assurance. Chacun d'eux aura sans doute sa propre conception des besoins de votre entreprise et cela vous aidera à mieux évaluer les solutions entre lesquelles vous serez appelé à choisir. Les risques d'une entreprise varient suivant le site de ses bâtiments, la nature de ses installations et son équipement, ses produits, ses services, ses effectifs de travailleurs et ses clients. Parmi les risques les plus courants, il faut citer :

- ☐ *La responsabilité civile.* Un client peut se blesser pendant une visite à votre siège, votre camionnette peut causer un accident de la circulation pendant ses livraisons, un de vos employés peut être victime d'un accident du travail.
- ☐ *L'incendie.* Le risque est proportionnel à la valeur des bâtiments, aux équipements qu'ils contiennent et au volume des stocks qui y sont entreposés. L'incendie peut avoir pour conséquence la fermeture de l'entreprise pendant un temps variable, ce qui entraîne un manque à gagner et la perte d'un certain nombre de clients. Parmi les mesures de prévention qui vous sont accessibles figurent les matériaux de construction résistant au feu, les installations d'extinction à sprinklers, l'information du personnel sur la prévention des incendies.

☐ *La fraude et le vol.* On peut en réduire le risque par de bonnes pratiques commerciales. Entourez-vous de précautions au moment du recrutement, n'engagez que des personnes de confiance et assurez-vous que vos employés sont au courant des mesures de sécurité et de surveillance que vous avez prises.

☐ *Les catastrophes naturelles (orages, inondations, etc.)* contre lesquelles il n'est pas possible de se prémunir et pour lesquelles l'assurance constitue l'unique défense matérielle. Il va sans dire que vous devez vous efforcer d'installer votre exploitation en un lieu où ces risques sont notoirement minimes.

Les questions d'assurance peuvent devenir très complexes en certaines circonstances et leur technicité peut alors atteindre un niveau élevé, c'est pourquoi vous devez traiter avec un agent extrêmement compétent, avec qui vous puissiez discuter des risques de votre entreprise, de leur couverture, du coût de l'assurance et des diverses prestations annexes qui font la qualité d'un portefeuille d'assurances. Donnez la préférence à un agent qui connaît bien les besoins des petites et moyennes entreprises et qui les comprend. Assurez-vous que vous avez à faire à un agent à plein temps. Si vous traitez avec un courtier à temps partiel, vous vous exposez à n'en recevoir qu'une assistance partielle.

Les conseils en gestion d'entreprise

C'est parce que la plupart des petites entreprises ne disposent pas d'une équipe dirigeante nombreuse qu'il leur arrive plus souvent qu'à d'autres d'avoir besoin des services d'un conseil en gestion. Pour être utiles, ces auxiliaires doivent posséder des connaissances étendues en matière de direction d'entreprise, et surtout de petite entreprise. Quelque assistance que vous obteniez de ces spécialistes, c'est à vous qu'il incombera en dernier ressort de prendre les décisions importantes pour votre affaire.

On peut ramener à trois les cas dans lesquels le concours d'un conseil en gestion peut se révéler particulièrement utile ; ce sont :

☐ les problèmes qui ne se posent qu'une seule fois : conception d'un nouveau système de production ou conduite d'une étude de marché ;

☐ les études récapitulatives périodiques qui portent sur l'activité de l'entreprise, comme l'analyse annuelle des résultats ;

☐ les études de praticabilité, par exemple la recherche du site d'un nouveau magasin ou l'analyse préalable de l'accueil que le consommateur réservera à un produit nouveau.

Le conseil en gestion d'entreprise peut être un auxiliaire précieux lorsque vous avez à analyser et à résoudre des problèmes avec lesquels vous ne vous sentez pas à l'aise, qu'il s'agisse de problèmes de gestion proprement dite, de problèmes d'exploitation ou de problèmes techniques. Il en existe plusieurs catégories, qui vous offrent leurs services dans différents domaines spécialisés tels que la comptabilité, la publicité, le traitement des données, les exportations, les études de praticabilité, la gestion financière, l'esthétique industrielle, les systèmes d'information, l'organisation scientifique du travail, la commercialisation, la manutention, la bureautique, l'implantation industrielle, la production, les relations publiques, la sécurité du travail, le recrutement et la formation professionnelle, la motivation du personnel.

Il ressort de cette énumération qu'un chef d'entreprise pourra être appelé à consulter un conseil pour chacune de ces disciplines. Rares sont cependant les patrons qui ont recours au conseil en gestion d'entreprise, et cela pour plusieurs raisons dont les principales sont les suivantes :

- ☐ l'idée que leurs tarifs sont prohibitifs ;
- ☐ la crainte que le conseil consulté livre par la suite à d'autres personnes des informations confidentielles sur l'entreprise ;
- ☐ la conviction que le patron est le seul à pouvoir cerner ses problèmes et les résoudre ;
- ☐ la répugnance à constituer le dossier dont le conseil a besoin pour s'acquitter convenablement de sa tâche.

Ces considérations, entre autres, font que nombre de chefs d'entreprise ignorent les avantages qu'ils pourraient tirer de la collaboration de conseils extérieurs et ce qu'il leur en coûterait. De fait, les conseils en gestion d'entreprise ne représentent qu'une ressource de plus et vous devriez en faire l'expérience avant de vous prononcer sur leur valeur.

Lorsque vous songez à recourir à un conseil en gestion, vous devriez au préalable :

- ☐ savoir exactement en quoi consiste la mission que vous comptez lui confier ;
- ☐ avoir pris des renseignements auprès de vos relations d'affaires sur plusieurs conseils de la place, sur leur réputation et sur les services qu'ils peuvent rendre, et avoir demandé ses références à chaque conseil avec qui vous envisagez de collaborer ;
- ☐ être au fait de la compétence particulière de chaque conseil dans sa spécialité ;
- ☐ vous assurer, lorsque vous envisagez de vous adresser à un important cabinet de conseil en gestion, que vous avez affaire aux personnes mêmes qui seront chargées de votre dossier ;
- ☐ demander à chaque conseil de vous faire tenir une proposition écrite où il devra préciser la manière dont il compte articuler son intervention, comment il entend mener à bien chacune des phases de l'opération, en combien de temps il pense en venir à bout, comment se présentera son rapport final et le montant de son devis.

La rémunération d'un conseil peut revêtir des formes diverses, selon que vous avez opté pour un tarif forfaitaire ou pour un contrat au temps stipulant que le conseil sera à votre disposition chaque fois que vous en aurez besoin au cours d'une période convenue (un mois, trois mois, six mois, une année ou plus). A votre gré — ou au gré du conseil —, la rémunération peut être liée aux résultats, qu'il s'agisse de l'accroissement des ventes, de l'abaissement des coûts de production ou de la diminution des frais généraux.

Un conseil en gestion fait bénéficier l'entreprise d'un service particulier. Les entreprises importantes engagent des conseils pour résoudre certains problèmes techniques ou pour rendre certaines opérations plus rentables dans des domaines très divers — financement, gestion, production, commercialisation. Une petite entreprise a souvent plus besoin qu'une autre du concours de conseils en gestion, mais c'est parfois un luxe qu'elle ne peut guère se permettre.

Etant aux prises avec les problèmes quotidiens de votre affaire, vous pouvez fort bien manquer du recul nécessaire pour cerner les grands problèmes qui se posent à elle. Les arbres vous cachent la forêt. Ce recul, un spécialiste venu du dehors le prendra plus aisément, il verra votre entreprise d'un œil neuf et, grâce à ses connaissances et à son expérience, il pourra vous apporter des idées originales porteuses de progrès pour votre affaire. Dans un autre ordre d'idées, le conseil peut vous aider à mettre en train l'application de recommandations que vous ne parvenez pas à assurer seul.

Les services d'un conseil en gestion d'entreprise représentent un investissement d'avenir, car les améliorations qu'ils vous auront permis de réaliser dans deux ou trois secteurs de votre affaire pourront se traduire, à terme, par des bénéfices ou des économies non négligeables. Les conseils vous aident non seulement à résoudre vos problèmes, mais aussi à prévenir des situations critiques dont ils auront diagnostiqué les causes à temps.

Une petite entreprise dispose de peu de personnel, de peu de temps et de peu d'argent. Ses besoins d'informations et de conseils n'en sont pas moins constants. Informez-vous, faites-vous aider en exploitant toutes les ressources à votre disposition en dehors de votre entreprise : banquiers, avocats, experts-comptables, agents d'assurances, conseils en gestion d'entreprise, fournisseurs et clients. Sachez écouter leurs avis et en tirer profit, sans nécessairement les suivre à la lettre. Vous pourrez y gagner une meilleure compréhension de votre situation et de celle de votre entreprise. Les concours extérieurs peuvent vous épargner maints déboires à venir

L'ENTREPRISE DANS SES RAPPORTS AVEC LES POUVOIRS PUBLICS

16

Divers services officiels exercent des fonctions de réglementation, de contrôle ou d'assistance en ce qui concerne les petites entreprises. Une bonne connaissance de vos droits et de vos devoirs vis-à-vis de l'Etat vous aidera à tirer tout le parti possible de ces services et vous en épargnera les désagréments

L'ÉTAT ET LES PETITES ENTREPRISES

Depuis quelques années, les gouvernements se préoccupent de venir en aide au secteur de la petite et moyenne entreprise, que certains d'entre eux ont déjà soutenue dans le passé par des mesures financières, techniques ou d'organisation.

L'Etat est ordinairement le principal acheteur d'un pays et, à ce titre, il peut passer commande par priorité aux petites et moyennes entreprises ou fixer d'avance — pour certains produits ou services — un contingent de commandes à leur réserver.

L'Etat accepte parfois que de petites entreprises se groupent pour répondre à ses appels d'offres, conscient que c'est pour elles le seul moyen d'entrer en concurrence avec les grands soumissionnaires, mais la petite entreprise doit avoir fait entendre sa voix la première et proclamé sa volonté de participer pour que l'Etat puisse prendre ses besoins en considération. D'ailleurs, nombreuses sont encore les petites entreprises qui répugnent à s'organiser et à saisir les pouvoirs publics de leurs revendications.

Dans maints pays, un ministère — le ministère du Commerce, par exemple — possède un service spécialisé chargé des relations avec les petites et moyennes entreprises, qui a pouvoir de leur accorder des aides financières sous forme de prêts ou de garantie des prêts qu'elles ont obtenus d'autres sources. Ces aides favorisent la création d'entreprises nouvelles ou l'extension d'entreprises existantes. Elles peuvent viser telle ou telle catégorie de personnes, ou être destinées à remédier aux conséquences d'une situation de crise dont les dirigeants des entreprises en cause ne portent pas la responsabilité. Dans les régions rurales, les pouvoirs publics soutiennent souvent la petite entreprise parce qu'elle constitue la principale source d'emploi en dehors de l'agriculture.

LA LÉGISLATION APPLICABLE AUX PETITES ET MOYENNES ENTREPRISES

Pour exploiter une entreprise, vous devrez probablement solliciter une autorisation des pouvoirs publics. L'autorité compétente pour délivrer cette autorisation peut se situer à l'échelon local, cantonal, provincial ou national. Les industriels jugent souvent que les formalités administratives et les systèmes d'autorisation d'exploiter n'ont d'autre objet que de leur donner du travail supplémentaire, et du travail improductif. Il n'empêche qu'en subordonnant l'exploitation des entreprises à une autorisation, l'Etat fait obstacle aux pratiques illicites et déloyales, et que la réglementation des usages commerciaux et industriels favorise le déroulement harmonieux des affaires pour le plus grand bien des entreprises comme des consommateurs.

Si les objectifs nationaux en matière de développement sont censés favoriser la prospérité des petites et moyennes entreprises, une réglementation exagérément tracassière peut aller à l'encontre du résultat souhaité. La loi oblige les entreprises à remplir de nombreuses déclarations statistiques ou autres rendant compte de leurs activités. A l'échelon local ou national, la réglementation porte en général sur l'autorisation d'établir ou d'exploiter un commerce ou une entreprise industrielle, que nous venons d'évoquer ; les restrictions d'emplacement ; la réglementation des constructions ; l'impôt sur la fortune, le revenu, le chiffre d'affaires ou les sociétés ; les cotisations au régime d'assurance-maladie et d'assurance-chômage. Il convient également de mentionner les lois sur la protection de l'environnement édictées dans de nombreux pays et de relever que votre entreprise sera peut-être assujettie à des règlements concernant la prévention de la pollution de l'air et de l'eau, la lutte contre le bruit, l'élimination et le traitement des rejets industriels.

C'est à dessein que nous avons réservé pour la fin le chapitre fondamental de la législation applicable aux entreprises : celui qui concerne directement ou indirectement les travailleurs que vous employez. Il englobe avant tout l'assurance contre les accidents du travail et les maladies professionnelles, la sécurité et l'hygiène du travail, les traitements et salaires, la durée du travail, la liberté syndicale et le droit de négociation collective, les relations professionnelles et les conflits du travail, et enfin l'âge minimal d'admission à l'emploi, toutes questions qui peuvent être réglementées de façon différente d'un pays à un autre.

L'assurance contre les accidents du travail et les maladies professionnelles et l'assurance-chômage ont pour but de ménager aux travailleurs une juste réparation lorsque les risques qu'elle couvre viennent à se matérialiser. Dans certains pays, le taux des accidents du travail et l'incidence des maladies professionnelles dans une entreprise déterminent le montant de la cotisation que l'employeur devra verser à chacun des régimes d'assurance. Les entreprises qui appliquent une politique rationnelle et efficace de sécurité et d'hygiène du travail paient par conséquent des cotisations moins élevées que les autres. Il va de soi qu'il vaut toujours mieux prendre le plus grand soin de la santé et de l'intégrité physique des travailleurs que l'on emploie, mais, en l'occurrence, il s'y ajoute un avantage économique certain. La réglementation en matière de sécurité et d'hygiène du travail a précisément pour objet de faire en sorte que partout où des hommes ou des femmes sont employés leur travail ne porte atteinte ni à leur santé ni à leur intégrité physique. L'employeur a le devoir d'assurer à ses travailleurs de bonnes conditions de sécurité et d'hygiène. Le travailleur, pour sa part, est tenu d'appliquer les règlements de sécurité et d'hygiène de l'entreprise et d'utiliser les moyens de protection qui sont mis à sa disposition.

Des prescriptions légales relatives aux salaires et à la durée du travail sont en vigueur dans plusieurs pays. Il existe peut-être dans le vôtre une réglementation du salaire minimal applicable dans certaines professions, des dispositions fixant le taux de rémunération des heures supplémentaires et limitant le nombre d'heures supplémentaires qu'un travailleur peut effectuer dans la journée ou dans la semaine. Ces dispositions ont pour objet de protéger le travailleur contre le risque d'exploitation.

La législation sur la liberté syndicale et la négociation collective en vigueur dans votre pays intéresse aussi directement votre entreprise. Respectez scrupuleusement les dispositions qui garantissent aux travailleurs le droit de constituer un syndicat et de s'y affilier. En ce qui concerne le règlement des conflits du travail, il existe certainement une procédure légale dans votre pays et un organisme — inspection du travail ou autre administration — chargé d'aider à ce règlement.

De même, un nombre croissant de pays prescrivent un âge minimal d'admission à l'emploi, notamment en ce qui concerne les travaux dangereux, insalubres ou pénibles.

Enfin, vous pouvez, en tant qu'employeur, être appelé à prélever certains impôts à la source pour le compte de l'Etat. Respectez les procédures fixées pour les prélèvements et tenez registre de toutes les opérations effectuées à ce titre.

Sans nul doute, votre pays compte divers organismes qui surveillent l'exécution de la réglementation applicable aux entreprises industrielles et commerciales, par exemple les lois, décrets et règlements concernant la sécurité du travail ; les denrées alimentaires, les boissons et les médicaments ; la constitution des sociétés et les accords d'entreprises ; les autorisations spéciales, les brevets et les droits d'auteur ; les offres publiques d'achat ; les contrats d'exclusivité et de franchisage ; le règlement des conflits du travail ; la vente ou la concentration d'entreprises.

Le chef d'entreprise peut s'estimer lésé par les dispositions légales et réglementaires de toutes sortes qui limitent l'exercice de la libre entreprise et y voir une ingérence de l'Etat dans ses affaires. Or il s'agit au contraire de mesures qui sont prises pour protéger aussi bien les entreprises elles-mêmes que les consommateurs. Tenez-vous constamment au courant de l'évolution de la réglementation qui vous est applicable et renseignez-vous au besoin à ce sujet auprès des organismes officiels compétents ou auprès de conseillers indépendants

LES OBLIGATIONS FISCALES DE L'ENTREPRISE

Etant donné que les divers impôts directs sont recouvrables chaque année à des dates fixes et que vous devez savoir d'avance les sommes que vous devrez débourser à ce titre, il est prudent, pour vous éviter des problèmes de trésorerie, de tenir à jour un registre de l'acquittement de vos obligations fiscales, qui pourra s'inspirer du modèle de la figure 22. Il serait également indiqué :

- ☐ de tenir registre de toutes vos opérations financières de manière à pouvoir calculer vous-même le montant de vos impôts ;
- ☐ de payer vos impôts par chèque, afin de garder trace de vos versements ;
- ☐ de payer vos impôts à leur échéance, pour vous épargner sanctions et amendes ;
- ☐ de vérifier l'exactitude de tout renseignement que vous porterez sur votre déclaration d'impôts.

Figure 22. Modèle de registre des échéances fiscales de l'entreprise

Impôt	Echéance	Formules de déclaration nécessaires	Payable à	Montant total	Versements effectués			Sanction encourue en cas de retard
					Date	Montant	Chèque n°	

Considérez vos obligations fiscales comme toute autre activité commerciale. Les divers services de perception des impôts sont tenus de vous fournir tous les formulaires de déclaration, les imprimés explicatifs et les renseignements dont vous avez besoin. Vous estimerez peut-être nécessaire de recourir aux services d'un conseiller fiscal pour interpréter les formulaires de déclaration, pour mieux comprendre vos obligations et vos droits en matière fiscale et pour ne pas vous exposer à payer plus que ce que vous devez

LE STATUT JURIDIQUE DE L'ENTREPRISE

Une entreprise peut revêtir diverses formes juridiques. Elle peut appartenir à un seul propriétaire exploitant ou être constituée en société sous une forme ou une autre. C'est là aussi une matière qui est régie par la législation de votre pays, par son Code du commerce en particulier. Ainsi, avant de fonder une entreprise, vous devez choisir pour elle la forme juridique qui vous semble le mieux convenir à votre situation et à vos besoins et, lorsque vous dresserez vos plans, vous devrez prendre en considération les dispositions applicables des divers textes législatifs et réglementaires qui régissent la constitution et le fonctionnement des sociétés. Ce n'est qu'après avoir examiné les diverses possibilités qui s'offrent à vous que vous pourrez arrêter votre choix sur la formule la mieux adaptée à vos objectifs.

Suivant la forme juridique que vous aurez retenue, votre entreprise devra ou non remplir certaines obligations, payer certains impôts, traiter avec tel ou tel organisme. Nous nous bornerons ici à mentionner les avantages et les inconvénients des trois principales formes que peut prendre une entreprise : propriétaire unique, société en nom collectif, société anonyme. Cependant, il ne faudra pas oublier qu'il existe d'autres formes et qu'à l'intérieur des trois dont nous allons parler, il est des modalités de détail que nous aurons passées sous silence pour nous en tenir aux généralités, ne serait-ce que parce qu'en cette matière, les dispositions particulières de la législation varient considérablement d'un pays à un autre. Il se pourra donc que votre législation ne comporte pas tel avantage ou tel inconvénient que nous allons évoquer plus loin et en présente d'autres, dont nous ne parlerons pas.

L'entreprise à propriétaire unique

C'est la forme de la plupart des petites entreprises. Lorsqu'il n'y a qu'un propriétaire unique, la seule obligation préalable à la charge de celui-ci est le plus souvent d'obtenir une autorisation d'exploiter et de se faire immatriculer au registre du commerce ou à ce qui en tient lieu.

Avantages

- ☐ La constitution de l'entreprise n'est pas soumise à des formalités importantes et la loi n'impose qu'un minimum d'obligations. Lorsqu'une autorisation préalable est nécessaire, elle s'obtient facilement. C'est la constitution d'entreprise la moins coûteuse de toutes.
- ☐ Le propriétaire n'a pas à partager ses bénéfices avec quiconque.
- ☐ Le propriétaire n'est pas tenu de prendre l'avis des copropriétaires ou de ses partenaires (l'épouse exceptée dans certains cas). Il est seul aux commandes et seul maître de ses décisions.
- ☐ Le propriétaire est en mesure de réagir rapidement aux nécessités de la gestion par des décisions prises au jour le jour.
- ☐ L'entreprise à propriétaire unique est relativement peu soumise aux mesures d'encadrement prises par les pouvoirs publics ou assujettie à des impôts spéciaux.

Inconvénients

- ☐ La responsabilité du propriétaire unique est illimitée. Il doit notamment répondre de la totalité des dettes de l'entreprise, dont le montant peut dépasser son investissement total. Le propriétaire unique engage donc tout ce qu'il possède, sa maison et ses autres biens.
- ☐ Ce type d'entreprise dispose en général de moins de capitaux que les autres.
- ☐ Il peut être difficile à un propriétaire unique d'obtenir du crédit à long terme. L'affaire est tout entière tributaire du savoir-faire de son propriétaire, ce qui en compromet la stabilité. La maladie ou le décès du propriétaire de l'entreprise risquent de remettre en question son activité même.

Il arrive qu'un chef d'entreprise entre dans la carrière comme propriétaire unique, puis convertisse son affaire en société en nom collectif ou en société anonyme si elle se révèle prospère.

La société en nom collectif

La société en nom collectif est l'association de deux personnes ou davantage pour la copropriété d'une entreprise, en vue de réaliser des profits. Ces personnes répondent à l'infini sur leur patrimoine des dettes de la société. Dans certains pays, un seul des associés assume la responsabilité à l'infini. Le contrat définit les apports respectifs des associés et le rôle de chacun d'eux dans la société. Les articles de ce contrat portent en général sur les points suivants :

— raison sociale, objet et siège ;

— durée du contrat d'association ;

— fonctions de chaque associé ;

— nature de la relation d'association (globale ou limitée, active ou passive) ;
— apport de chaque associé (participation initiale et participations ultérieures) ;
— règlement des dépenses de la société ;
— autorité respective de chaque associé dans la direction de l'entreprise ;
— livres et dossiers à tenir, système comptable choisi ;
— répartition des profits et des pertes ;
— retraits et paiement des salaires ;
— procédure en cas de décès d'un associé (dissolution) ;
— gestion ;
— cession des parts sociales ;
— arbitrage ;
— révision du contrat d'association ;
— règlement des conflits entre associés.

La société en nom collectif se distingue des autres formes de société par la durée limitée du contrat d'association, la responsabilité illimitée des associés, la copropriété des avoirs de la société, la participation des associés à la direction et aux profits.

Avantages

☐ Les formalités juridiques à remplir et les frais sont insignifiants par rapport à ce qu'exige la constitution d'une société anonyme.
☐ La part que les associés retirent des bénéfices les incite à mettre en œuvre tous leurs talents pour le succès de l'entreprise.
☐ Dans une société en nom collectif, il est souvent plus facile de trouver des capitaux et de s'assurer une gamme plus large de concours compétents que dans une société à propriétaire unique.
☐ Le mode de prise de décisions est plus souple que dans la société anonyme.
☐ Une société en nom collectif échappe relativement mieux aux mesures d'encadrement et aux impôts spéciaux.

Inconvénients

☐ Les associés répondent à l'infini sur leur patrimoine des dettes de la société.
☐ La société prend fin dès qu'un associé meurt ou en demande la dissolution. Toutefois, l'entreprise peut poursuivre ses activités si une nouvelle association est constituée ou si les héritiers de l'associé décédé se substituent à lui.
☐ Il est relativement plus difficile à une société en nom collectif qu'à une société en commandite ou à une société anonyme de trouver des crédits importants, surtout à long terme.

- ☐ Les associés sont gérants de la société et leurs actes engagent leurs co-associés aussi bien que l'entreprise.
- ☐ Il n'est pas facile à un associé de se défaire de ses parts sociales. Le rachat des parts d'un associé se heurte aussi à divers obstacles, à moins d'avoir été expressément prévu dans le contrat écrit d'association.

La société anonyme

C'est de loin la forme la plus complexe des trois. Personne fictive, invisible et intangible, qui n'existe qu'au regard de la loi, la société anonyme est une personne morale distincte de la personne physique des individus qui la composent.

Une société anonyme ne peut être constituée qu'avec l'assentiment de l'organisme officiel compétent en la matière et conformément aux dispositions du Code du commerce et des lois et règlements locaux, cantonaux et provinciaux en vigueur, qui varient suivant les pays. La procédure de constitution la plus courante s'ouvre sur la souscription du capital-actions, suivie de l'organisation provisoire de la société et de la demande d'autorisation de constitution officielle. Cette autorisation prend habituellement la forme de l'approbation des statuts où sont définis les pouvoirs, les obligations et les activités de la société.

Avantages

- ☐ La responsabilité des actionnaires est limitée à un montant déterminé, égal en général à l'investissement de chacun d'eux.
- ☐ La propriété des actions est aisément transmissible.
- ☐ La société jouit de la personnalité juridique.
- ☐ L'entreprise en société anonyme est très stable et de grande longévité. Si, par exemple, le directeur général meurt ou disparaît, la société ne cesse pas d'exister pour autant et reste en activité.
- ☐ Il est relativement facile à une société anonyme de trouver des capitaux importants et d'intéresser des investisseurs nombreux. Le capital s'acquiert par l'émission de divers types d'actions et de titres à long terme. Il n'est pas moins aisé d'obtenir de la part des établissements de crédit des moyens de financement à long terme en engageant comme garantie les avoirs de la société.
- ☐ Les actionnaires délèguent leurs pouvoirs de propriétaires à des gestionnaires professionnels.
- ☐ La forme «société anonyme» se prête particulièrement bien aux grandes entreprises, donc au recrutement d'un personnel nombreux, ce qui donne toute latitude d'engager les spécialistes nécessaires.

Inconvénients

- ☐ Les statuts de la société et les lois en vigueur en limitent le champ d'activité.

- ☐ La réglementation applicable est foisonnante et les sociétés anonymes doivent remplir régulièrement une foule de formules, déclarations et rapports exigés par les autorités locales, cantonales, provinciales ou nationales.
- ☐ La constitution d'une société anonyme revient plus cher que celle d'une société en nom collectif.
- ☐ Dans de nombreux pays, il existe des impôts qui grèvent uniquement les sociétés anonymes ou qui les frappent plus durement que les autres formes de société.

La société à responsabilité limitée est une autre forme de société, qui s'apparente à la société anonyme en ceci que la responsabilité des associés ne s'étend qu'au montant de leur investissement.

Comment choisir entre l'une ou l'autre forme de société ?

Si vous envisagez de créer une entreprise ou de modifier le statut juridique de celle que vous dirigez actuellement, posez-vous au préalable les questions suivantes, et la manière dont vous y répondrez orientera votre décision :

- ☐ Quelle est, dans chaque structure juridique possible, l'étendue de la responsabilité des investisseurs au regard des dettes de l'entreprise ?
- ☐ Quelle est la structure juridique qui offre la plus grande souplesse de gestion ?
- ☐ Dans quelle mesure les lois et règlements du pays influent-ils sur chacune des structures possibles ?
- ☐ L'entreprise à créer aura-t-elle besoin d'un apport supplémentaire de capitaux dans le proche avenir ? Pour quel montant ?
- ☐ L'entreprise à créer devra-t-elle engager un contingent supplémentaire de cadres dirigeants ? Lesquels ?
- ☐ Quelles formalités et quelle mise de fonds exige la création de l'entreprise (ou la modification de son statut actuel) suivant la structure juridique choisie ?
- ☐ Quels seront la nature et les objectifs de l'entreprise à créer ?
- ☐ Quelle est la structure juridique la plus propice à l'activité de l'entreprise à créer ?

> La réglementation nationale et le régime fiscal influenceront nécessairement le choix de la forme de société qui convient pour votre entreprise. Posez-vous de nouveau chaque année la question de la structure juridique de votre affaire et changez-en si les avantages que promet ce changement l'emportent sur les inconvénients

www.ingramcontent.com/pod-product-compliance
Ingram Content Group UK Ltd.
Pitfield, Milton Keynes, MK11 3LW, UK
UKHW021828190726
13853UKWH00003B/1245

9 789222 028467